国家社科基金
后期资助项目

基于组织认同的并购企业文化整合研究

董进才 著

科学出版社
北京

内 容 简 介

过高的企业并购失败率一直激励着人们去探究并购失败的个中原因，文化冲突逐渐被看作并购初衷难以实现的重要因素，然而文化的一致性程度与并购绩效并不总是成正比，单纯用文化匹配程度很难解释并购的成败。本书从分析组织价值观影响行为的内在机制入手，发现个体指向价值观与组织价值观的不同作用，指出了并购完成后组织文化建设的重点是组织认同的培育，并结合吉利集团并购沃尔沃的案例证明了这一实证结果，提出了基于组织认同的并购后企业文化整合建议。

本书适合从事并购业务活动的经营管理者以及工商管理类专业的学生阅读。

图书在版编目（CIP）数据

基于组织认同的并购企业文化整合研究 / 董进才著. —北京：科学出版社，2024.3

国家社科基金后期资助项目

ISBN 978-7-03-078218-2

Ⅰ.①基… Ⅱ.①董… Ⅲ.①企业文化-研究-中国 Ⅳ.①F279.23

中国国家版本馆 CIP 数据核字（2024）第 060379 号

责任编辑：郝　悦 / 责任校对：贾娜娜
责任印制：张　伟 / 封面设计：有道设计

科 学 出 版 社 出版
北京东黄城根北街 16 号
邮政编码：100717
http://www.sciencep.com

北京中石油彩色印刷有限责任公司印刷
科学出版社发行　各地新华书店经销
*
2024 年 3 月第 一 版　开本：720×1000　1/16
2024 年 3 月第一次印刷　印张：12 3/4
字数：240 000
定价：140.00 元
（如有印装质量问题，我社负责调换）

国家社科基金后期资助项目
出版说明

　　后期资助项目是国家社科基金设立的一类重要项目，旨在鼓励广大社科研究者潜心治学，支持基础研究多出优秀成果。它是经过严格评审，从接近完成的科研成果中遴选立项的。为扩大后期资助项目的影响，更好地推动学术发展，促进成果转化，全国哲学社会科学工作办公室按照"统一设计、统一标识、统一版式、形成系列"的总体要求，组织出版国家社科基金后期资助项目成果。

全国哲学社会科学工作办公室

前　言

  并购活动在企业界盛行多年，但以失败告终的居多，主要原因在于并购方通常考虑更多的是战略、市场、规模等因素，而忽略双方的文化差异，这种差异既包括跨国并购中的民族文化差异，也包括本国并购中的组织文化差异。文化差异可能会导致并购失败，因此并购企业通常也会非常重视文化整合，但是为什么整合效果不理想呢？主要原因在于没有抓住文化整合的重点，对于文化在并购中影响员工行为的机制的认识不清晰。

  本书选取组织认同作为切入点，以组织价值观反映组织文化，遵循"价值观—认同—行为"的逻辑思路，探讨并购发生后组织价值观的各个构成维度对并购后组织认同和领导认同的影响，进而探讨组织认同对员工多种行为的影响。通过寻找并购后对员工组织认同和行为影响比较大的价值观维度，提出文化整合的重点，为并购后文化整合提供具有可操作性的建议。本书以中国浙江吉利控股集团有限公司（以下简称吉利集团）并购沃尔沃轿车公司（以下简称沃尔沃）为研究样本，详细分析了并购完成后的文化整合过程，并与实证分析的结果进行了比较，验证了研究结论的正确性。

  本书对河北、北京、浙江等地并购企业 406 名员工进行了问卷调查，采用内部一致性方法、信度效度分析、相关分析法、验证性因子分析法，检验测量量表的信度和效度，运用独立样本 t 检验和方差分析法检验控制变量的作用，采用结构方程方法检验提出的假设，并以吉利集团并购沃尔沃为研究对象，采用案例分析方法，检验了实证分析的结果。主要工作和成果如下。

  （1）研究影响员工认同的组织价值观。本书聚焦于价值观层面的文化特质，从员工感知并购前后组织价值观差异角度切入，分析了九种典型的组织价值观维度与组织认同和领导认同的关系。研究结果显示：尊重员工、结果导向、风险承担、伦理道德和社会责任五种组织价值观与组织认同有显著相关关系，其中，风险承担为显著的负相关关系；尊重员工、风险承担和结果导向等组织价值观与领导认同有显著的相关关系，其中，结果导向和风险承担与领导认同是显著的负相关关系。

  （2）分析两种并购后认同对员工行为的影响。研究发现：组织认同与贡献行为、支持行为、越轨行为和留职倾向都具有显著的相关关系；领导认同与支持行为、越轨行为和留职倾向都具有显著的相关关系，但与贡献行为的关系不显著。

（3）检验了两种并购后认同在组织价值观和员工行为之间的中介效应。研究发现尊重员工、风险承担、伦理道德等组织价值观完全或部分通过并购后认同对员工行为产生影响。

实证分析的结果验证了本书提出的研究模型，主要得出以下结论。

（1）组织价值观是影响员工认同和行为的重要前因变量，但是九种组织价值观的作用程度有所不同，一般来说，在并购发生初期，"个体指向"的价值观，比"组织指向"的价值观更能够影响员工的认同感和员工的行为取向。

（2）并购后员工行为的影响机制与正常状态的组织不一样，一般组织中领导认同对员工行为的影响大都会强于组织认同，但是，对于处在变革中的组织，组织认同的作用要强于领导认同。

（3）价值观通过并购后认同对员工行为产生影响，企业并购完成后推行价值观一定要注意员工认同的培育，只有这样才可以强化价值观对员工行为的正向作用，同时化解价值观对员工的负向影响。

（4）结果导向对于激励员工的作用明显，但如果让员工感受到领导对业绩过于看重，就会出现相反的效果，因此领导者不能过度表现出"以成败论英雄"的业绩观，而应该采用巧妙的方式推动绩效考核办法的改变。

（5）"尊重员工"是在短期内消除员工的"被并购"心理、获得组织认同和领导认同的重要因素，也是并购方迅速打开局面，赢得"民心"的关键，是企业应该高度重视的价值观。

（6）案例研究的结果表明，吉利集团并购沃尔沃初期实行了隔离式的文化整合策略，最先缓和了与工会的关系，承诺保障员工的利益，"个体指向"的组织价值观满足得很好；"沃人治沃"分离式整合，对组织认同的培育非常有利；吉利集团董事长李书福并购后的一系列表态，以及聘用的全球化高管团队，令沃尔沃员工的"领导认同"比较高；后期吉利集团的一些文化整合策略，尤其是"全球文化观"的提出，符合文化整合的发展趋势。

目 录

第一章 绪论 ... 1
第一节 并购与文化融合 ... 1
第二节 研究内容与结构安排 ... 6
第三节 研究思路与研究方法 ... 12
第四节 研究发现与管理启示 ... 14

第二章 并购文化整合相关理论 ... 17
第一节 并购理论研究 ... 17
第二节 组织文化理论研究 ... 23
第三节 组织认同理论研究 ... 30
第四节 员工行为理论研究 ... 42
第五节 相关文献评述 ... 48

第三章 并购企业的文化影响模型 ... 57
第一节 组织价值观、并购后认同与员工行为关系分析 ... 57
第二节 组织价值观、并购后认同与员工行为关系模型 ... 69

第四章 变量测量与数据收集 ... 71
第一节 变量测量与调整 ... 71
第二节 样本选择与数据收集 ... 79
第三节 量表的信度效度分析 ... 82

第五章 并购影响员工行为的实证分析 ... 94
第一节 方法适用条件检验 ... 94
第二节 假设检验与结果分析 ... 98

第六章 并购冲突与企业文化整合 ... 115
第一节 并购后文化冲突的原因 ... 116
第二节 并购后企业文化整合的内容 ... 120
第三节 基于组织认同的文化整合 ... 124

第七章 吉利集团并购沃尔沃文化整合案例分析 ... 131
第一节 并购过程与并购绩效 ... 132
第二节 并购双方文化差异分析 ... 134

第三节　并购后文化整合研究 …………………………………… 148
第八章　并购企业文化整合的建议 ……………………………………… 160
  第一节　文化整合必须与员工的认同结合 ……………………… 160
  第二节　个体指向价值观是组织价值观培育的重点 …………… 163
  第三节　组织认同比领导认同的培育更加重要 ………………… 169
  第四节　谨慎推行结果导向的组织价值观 ……………………… 172
  第五节　尊重员工是最重要的企业文化建设任务 ……………… 174
  第六节　研究局限与展望 ………………………………………… 177
参考文献 …………………………………………………………………… 179
附录　调查问卷 …………………………………………………………… 189

第一章 绪　　论

跨国并购中的"七七定律"是指70%的并购未能实现预期商业价值，而70%的失败源于并购后的文化整合不力。并购是商业活动中最常见的一种经济现象，每一个做大了的公司，无论出于什么目的，大都有并购的冲动和需求。并购或是为了扩大市场，或是为了扩大产能，抑或是为了减少对手，总之，并购是大企业通常难以绕过去的话题。然而，并不是所有的并购都有好的结果，相反，大多数企业的并购难以达到目的。失败的原因有多种，其中文化冲突导致并购效果大打折扣，是公认的重要原因之一，因为文化涉及的是人的工作，而人的融合往往是最难开展的。并购有国内企业间并购、跨国并购等，相对于国内企业间并购来说，跨国并购由于企业面临的政治、经济、科技、社会文化等因素更为复杂，差异更大，与国内并购相比整合的难度也更大。我国是发展中国家，市场经济体制建设时间比较短，企业各方面的经验还不成熟，比起发达国家的企业并购来说，中国企业并购国外特别是发达国家企业的成功率也就更低了。

随着市场经济发展进程的不断深入，并购在中国经济活动中越来越频繁。以往理论界和实践部门侧重从企业整体角度研究并购文化整合的具体流程和策略，较少考虑员工内心的文化接受情况。本书立足于分析员工在并购过程中的心理变化，寻找对组织认同和员工行为最有影响力的组织价值观，确定文化整合的重点，研究基于组织认同的文化整合策略，解决文化整合中的盲目推进问题，以求达到事半功倍的效果。在实证分析的基础上，通过吉利集团并购沃尔沃的文化整合过程分析，验证实证研究的结果合理性。

第一节　并购与文化融合

一、并购并不一定带来效益

并购活动始终是经济领域的一个热点，全球企业并购交易规模在2007年高达4.2万亿美元，其中跨国并购交易规模就有1.64万亿美元。2008年的美国次贷危机引发全球金融市场动荡，全球并购交易规模连创新高的势头终止，2008年降为2.9万亿美元，较前一年减少30.1%。此后几年全球企业交易规模持续走低，2012年相较2007年缩减了47%。2013年全球企业并购转入活跃期，并于2015年再次创下新高，交易规模达到4.9万亿美元，随后几年一直保持在高位。中国企业并购规模不断扩大，在全球并购中扮演着越来越重要的角色，一方面从交易规模上看，近些年总体保持在15%左右的比例，并且跨国并购活动日益增多。普华永道发布的《2021年中国企业并购市场回顾与2022年前瞻》报告显示，2021年中国国内并购交易数量创下历史新高，达到12 790宗，较2020年增长了21%，但交易金额从2020年历史最高水平下降19%，由7845亿美元下降至6374亿美元，交易规模的下降，重要原因之一是新冠疫情影响。不过，由于中国国力不断强大，到国外从事并购活动的中国公司越来越多，2021年中国企业宣布的海外并购交易数量为516宗，同比减少4%，但交易总额为570亿美元，同比增长19%，表明中国企业的海外并购的单项交易额上升，大型并购活动越来越多。

然而，在并购活动如火如荼展开的同时，大量的并购失败随之而来。麦肯锡咨询公司对公司重组做过一次大规模调查，结果发现企业并购重组十年后只有近四分之一的公司获得成功。到底是什么原因导致并购企业不能如愿以偿呢？King等（2004）对并购文献的元分析表明，最常用来预测并购绩效的前因变量（收购者的多元化程度、相关程度、支付方式、并购经验等）竟然没有一个是显著的，尽管并购问题已经被研究了数十年，但是究竟是什么因素影响了参与并购活动的公司的财务绩效仍然没有得到解释。公司并购成功率不高，主要原因是考虑到公司的战略、市场不同，而没有考虑到文化的差异。自20世纪80年代开始，一些学者的注意力转向并购中的文化因素方面，通过分析并购中的文化冲突，解释影响绩效的原因，认为文化差异是并购失败的主要原因，这些学者开始关注文化差距、文化兼容性、文化适应性、管理风格相似性、文化变革等因素（Buono et al.，1985；Cartwright and Cooper，1993；Weber，1996；Weber and Camerer，2003）。

实践中由于文化差异导致公司并购失败的案例很多，20世纪80年代埃克森公司并购高科技企业后因未考虑公司文化差异，导致"埃克森办公系统"项目失败。1988年和1990年，索尼和松下分别收购了美国的哥伦比亚广播公司唱片公司和美国音乐公司，从战略角度来看，这两宗并购都是非常完美的交易，但是日本集体主义文化与美国个人主义文化产生了强烈冲突，最终致使索尼公司的投资损失高达30亿美元，松下公司则被迫将美国音乐公司转手卖给了西格拉姆。90年代巴黎迪士尼乐园因过于注重美国文化而忽略了欧洲文化背景，造成经营上的举步维艰。2000年美国在线公司和美国时代华纳公司合并，组建美国在线-时代华纳公司，新公司的资产价值达3500亿美元，但两家企业并购重组后，因为文化难以融合而难题不断。科尔尼管理顾问有限公司调查了欧美和亚洲的115个并购案例，结果显示，在导致并购失败的因素中，文化差异因素高居首位。

中国企业跨国并购的规模和数量不断创下新高，但海外并购重组的道路是曲折的，由文化融合问题导致的并购失败屡见不鲜。21世纪初TCL科技集团股份有限公司（以下简称TCL）与国际彩电巨头汤姆逊公司（以下简称汤姆逊）合资的TCL-汤姆逊公司和与手机巨头阿尔卡特公司（以下简称阿尔卡特）合资的TCL-阿尔卡特公司，曾经引起一时轰动，但很快就陷入财务危机。上海汽车集团股份有限公司（以下简称上汽）并购韩国双龙汽车公司（以下简称双龙汽车），5年间上汽蒙受了20多亿元人民币的损失。联想收购国际商业机器公司（International Business Machines Corporation，IBM）的个人电脑业务后仅4年就陷入困境。海尔集团曾经是中国最积极的收购者之一，1984年以后的20多年中，海尔在中国收购了18家工厂，在日本、意大利、印度等国也收购了一些工厂。但是在2009年，也就是联想的并购陷入困境后，海尔做出了战略调整，停止了海外收购活动。海尔集团创始人张瑞敏说出了个中理由，"为什么我们变得更加谨慎？原因之一是我们缺乏跨国并购之后整合两种文化的能力"。2009年10月，德勤咨询公司曾第一次完整披露了1998~2008年中国并购交易情况，称60%的企业并购没有实现期望的商业价值，其中三分之二的失败源自并购后的文化整合。

以往学者们研究并购中的文化差异时，大多是从大的范围考虑国家文化、民族文化的不同，因为在他们看来，国家文化的差异使得跨国并购的难度远远大于境内的并购。学者们关注这方面的文化差异是有理由的，正是因为国家层面的文化差异在跨国并购中的影响非常明显，才使它们最容易引起人们的注意。然而，组织间文化的差异，或许才是真正让员工感到不适应的关键。因为每个组织都有自己的价值观念，它们是组织文化的基石，形成了组织间文化的差异，当两个具有不同价值观的公司合并的时候，并购方如果试图用自己的价值观来同化目标公司员工，由于这些员工的头脑中可能根深蒂固地存在着原组织的价值观，新旧价值观冲突问题自然会产生。如果并购双方的企业文化差别较大，但目标公司员工却非常欣赏并购方的企业价值观,这种差别不仅不会形成认同障碍,相反还会促进员工对并购组织的认同。如果并购双方的企业文化差别大,目标公司员工又非常反感并购方的一些价值理念,就会影响员工对并购组织的认同。价值观决定人的行为,从价值观差异感知角度研究并购后员工的认同和行为,具有现实意义。组织认同理论研究表明,认同组织的员工,更倾向于从组织的整体利益来思考问题,采取行动,具有更高的组织忠诚性,组织的凝聚力和竞争力更强。

当然,在众多的跨国并购中,也有非常成功的案例。2010年3月28日,中国民营汽车制造企业的代表——吉利集团与美国福特汽车公司(以下简称福特)在瑞典哥德堡正式签署收购沃尔沃的协议,成功收购沃尔沃,获得沃尔沃100%的股权以及相关资产(包括知识产权)。此次收购,吉利集团出资18亿美元,是当时中国汽车行业最大的一次海外并购。并购十多年来,吉利集团成功地克服了文化上的种种不适应,当时人们并不看好的并购,正在结出累累果实,其经验值得总结。

二、并购成功的关键在于文化融合

(一)组织认同是文化融合的前提

组织认同涉及社会学、心理学、管理学等学科,因此,应该从文化角度对组织认同进行研究。研究组织认同就是要了解组织成员共有的价值观、行为规范等,就是要了解组织的文化。在组织认同前因变量的研究中,Ashfort和Mael(1989)实证分析表明,组织声望、组织特性、外组织的显著性和组织形成的传统因素(人际作用、相似性、喜好、相近性、共享目标或威胁、共同的历史等)影响组织认同。也有的学者研究了组织支持、同事关系、组织公平、变革型领导、职业认同、职业发展机会等因素对组织认同的影响,这些都是组织层面的因素;而个人层面的因素主要包括任职期限、人格因素等。目前对并购文化整合的研究,主要是以企业整体为视角,分析并购文化整合的动因、整合模式、影响整合模式选择的因素、整合策略或建议等问题(陈春花和郭燕贞,2010;唐炎钊等,2008),较少从企业微观层面进行研究,很少将组织文化因素作为组织认同的前因变量加以研究。事实上,并购发生以后,组织文化冲突会非常激烈,很容易导致员工对组织的认同感下降。从员工对并购前后公司价值观感知匹配角度进行研究,对于研究并购这一特殊的企业变革时期员工的认同问题,分析员工各种行为产生的原因非常有意义。所以说,从文化角度研究组织认同问题，是组织认同理论研究的一个新领域。很多研究都在讲文化整合，并提出了整合的方式，但是切入到文化内部，到底要整合哪些内容，在不同阶段、不同情境下整合哪些文化内容，都还有待研究。本书深入分析组织文化构成中，不同的价值观维度的作用机制，提出文化整合的重点，从而使文化整合更具操作性。

本书的理论意义在于更好地解释特定情形下的员工认同形成机理，预测并购后员工的行为趋向，从组织价值观差异感知角度研究员工的认同问题，以及认同对行为的影响，研究将揭示组织价值观的各个维度如何在员工组织认同和领导认同的形成过程中发挥作用以及具有的规律性。通过实证研究证明，组织价值观是员工认同的重要前因变量之一，而且，不同的组织价值观维度对两种认同的作用也不一致，这些研究成果对于全面认识员工认同形成的机理具有一定的理论价值。此外，本书从组织认同和领导认同两个角度探讨并购后认同问题，拓展了组织认同问题研究的领域。目前关于领导认同的研究文献还相对较少，而现实中并购的领导认同问题却非常突出，将领导认同纳入并购后认同的研究范畴，对于全面地了解并购后员工的心理特征，分析他们的行为诱因更具合理性。研究还将揭示两种认同分别在影响员工贡献行为、支持行为、越轨行为和留职倾向等员工行为方面的作用机理，丰富认同理论、行为理论的研究，准确把握员工的行为规律、揭示员工的行为机理，为并购完成后有效地开展组织文化建设和合理引导员工行为奠定理论基础。

（二）文化融合的模式选择很重要

企业并购过程中，考虑最多的是战略、财务因素，本书关注的则是并购中的文化因素，对于指导我国企业并购，特别是跨国并购有积极的指导意义。并购后的组织文化差异是许多冲突产生的源泉，进行文化整合是化解文化冲突，构建新型企业文化的重要途径。文化整合模式有吸纳式整合模式（目标公司完全放弃原有的价值理念和行为假设，全盘接受并购方的企业文化，使并购方获得完全的企业控制权）、融合式整合模式（指并购双方在文化上互相渗透，都进行不同程度的调整）、分离式整合模式（在这种模式中目标公司的原有文化基本无改动，在文化上保持独立）、消亡式整合模式（目标公司既不接纳并购方的文化，又放弃了自己原有文化，从而处于文化迷茫的整合情况），选择什么样的文化整合模式，主要取决于并购双方组织文化优势的比较。并购方的文化非常强大且极其优秀，能赢得目标公司员工的一致认可，同时目标公司原有文化又很弱的情况，采用吸纳式整合；并购双方的企业文化强度相似，且彼此都欣赏对方的企业文化，需要调整各自文化中的一些弊端时采用融合式整合；并购双方均具有较强的优质企业文化，企业员工不愿文化有所改变，并且员工接触少时用分离式整合模式。文化整合模式的选择只给管理者提供了一个大体的思路，具体如何做需要研究。比如，融合式整合中，组织文化要进行哪些调整，调整的程度多大，没有理论上的依据，就会陷入被动。本书从文化的核心——价值观角度出发，分析目标公司价值观差异，以及对员工认同产生影响的价值观维度。研究发现的这些需要调整的组织价值观维度，将是管理者进行文化整合的重点，也是事关并购成败的关键。本书通过分析组织文化中的价值观部分，了解哪些价值观会对认同产生较大的影响，哪些价值观对认同的影响较小。研究成果可以指导企业在文化整合时对相应的组织价值观维度进行维护或有针对性地进行加强。

　　大量的实践证明，并购过程及其并购后的整合过程，是员工对新企业的认同产生过程。并购导致员工角色转变、工作稳定性及信任水平下降，严重影响了企业并购后员工的认同，从而导致了员工工作绩效降低，更严重的甚至产生离职行为。因此，企业并购中，员工认同是影响企业并购的关键因素。并购产生以后，管理者希望员工的行为符合组织的期望，组织公民行为、角色内行为越多越好，然而事实并非如此，员工往往会出现越轨行为。组织文化包含的内容很多，在不同的并购过程中，可能只是一部分文化起到关键作用，会直接影响到并购效果。那么，到底是哪些因素在起作用呢？组织文化中的哪些价值观会影响员工的行为？这些组织价值观是直接影响员工行为，还是经过组织认同或领导认同中介影响员工行为？分析员工行为产生的机理，是本书的核心内容。本书通过对吉利集团并购沃尔沃案例的分析，验证实证结果的合理性，从而为企业并购完成后的文化整合提供参考。

第二节　研究内容与结构安排

一、研究内容

　　本书从组织价值观角度对并购后员工认同和行为问题进行研究，主要分析的是并购后员工认同形成机理和认同对行为的影响机制，具体内容如下：

(一) 组织价值观对并购后认同的影响研究

Mael 和 Ashforth (1995) 构建了组织认同关系模型，从组织层面看，影响组织认同的前因变量有组织特色、组织声誉、组织间竞争和组织内部竞争。在他们的研究中，组织特色是一个组织区别于其他组织的个性，可以赋予组织成员鲜明的"自我"定义。组织特色一定意义上说是组织文化建设的成果，但二者有着不同的内涵，学者们很少把组织文化当作组织认同的前因变量来研究。组织文化的核心是组织成员共享的价值观，而价值观的塑造需要较长的时间，一旦形成就具有相对的稳定性，让拥有某一特定价值观的员工接受另外一种全新的价值观并不是容易的事情，可能会产生抵触心理，特别是在并购前后两家企业的组织文化差异比较大，而且后者并没有明显优势的情况下，抵触心理肯定会很强烈。这种文化差异感知越大，员工对新组织的认同就会越弱，所以，本书将组织价值观匹配感知作为并购后认同的前因变量来研究，探索在组织并购的情况下，由于文化差异带来的员工并购后认同问题，分析哪些组织价值观对员工认同的影响更强烈。

(二) 并购后组织认同与领导认同的形成机理研究

目前学者们对于认同的研究重点是组织认同，也就是员工对于整个组织的认同。事实上，并购后员工的认同是比较复杂的，既存在着对原来组织的认同，也有对新组织的认同问题。同时，由于高层领导更换，对新的高层领导同样存在认同问题，所以本书将并购后的员工认同分成组织认同和领导认同来研究。因为并购发生以后，企业的老板换了，新老板具有什么样的特性很重要，"他是带着什么目的收购我们企业的？""他会不会关心我们员工的切身利益？""他是不是我们喜欢的那种类型？"当然，除了老板外，并购后组织新聘任的高层管理者能否得到员工的认可也很关键，员工可能由于认同新的组织而对新领导产生认同感，也可能由于对新领导产生高度认同感而对新的组织充满信心和期望，进而形成比较强的组织认同，因此应该结合领导认同研究组织认同问题，从而全面了解并购发生后员工的态度。

(三) 并购后认同对员工行为的影响分析

组织认同、领导认同影响员工的组织公民行为、角色外行为、离职倾向等，已经被许多学者所证实 (Mael and Ashforth, 1995; van Dick, 2001)。而且，Chen (2001) 等学者还证实领导认同比组织认同对员工的绩效影响更大。按照这一研究成果，企业并购完成后树立管理者的形象成为重要任务，那么真的是这样吗？在我们看来，如果目标企业员工反感并购方，那么企业管理者的形象再好可能也难以得到他们的认同，因为并购组织不同于常规组织，这个研究成果未必成立，所以，研究领导认同和组织认同哪个对员工的行为影响更大，也是本书的目的之一。本书将采用实证方法分析组织认同和领导认同在影响员工行为上存在的差异，探索并购环境的组织与稳定环境的组织中两种认同的作用机制是否一致。

（四）检验并购后认同在组织价值观和员工行为之间的中介效应

组织价值观差异，会对员工行为绩效产生影响，人们对此已经接受，但组织价值观如何影响人们的行为还不清楚，寻找其作用机制非常关键。本书认为并购后认同可能是起中介作用的变量，组织价值观差异可能会通过认同影响员工绩效。企业并购后之所以没有获得预期的绩效，主要原因可能就是在没有得到目标企业员工认同的情况下，盲目推行自己的价值观，不仅起不到正面的效果，反而可能会引起员工的对抗，从而导致大量的越轨行为、离职行为。因此本书将组织认同和领导认同作为中介变量，验证其在组织价值观和员工行为绩效之间的作用机制。

（五）分析吉利集团并购沃尔沃的文化整合过程与理论模型的吻合程度

实践证明吉利集团并购沃尔沃后的文化整合是成功的，那么分析吉利集团的文化整合过程和整合模式，看其是否符合本书的实证分析结果，也是本书的主要研究内容之一。通过了解吉利集团并购沃尔沃过程和文化整合工作开展的情境及效果，分析吉利集团并购沃尔沃的文化情境及其实施相应文化整合策略的合理性。重点观察文化整合阶段吉利集团在重要组织价值观塑造、组织认同和领导认同培育、共同企业文化建设等方面的做法，证明实证分析结果用来指导并购后企业文化整合的合理性，检验其与本书构建的文化整合模型的吻合程度。

（六）结合实证和案例研究结果提出基于并购后认同的文化整合建议

主要建议包括：文化整合必须与员工的认同结合，这个认同包括组织认同和领导认同，没有认同的培育，企业再如何努力推进企业文化的建设也很难见效；并购完成后的企业，在培育员工的组织认同和领导认同时，要根据不同价值观的性质区分对待，总体来讲，"个体指向"的价值观是企业并购后文化整合的重点，如倡导尊重员工、结果导向、风险承担、社会责任的价值观，而组织指向的价值观，如革新性、容忍冲突、团队导向、伦理道德、关注细节等要慎重推行。此外还建议从文化整合团队建立、文化审查工作展开、文化整合计划的制订等方面提出相关策略，以指导企业并购完成后的文化整合，特别是为国内企业跨国并购优势国际企业的文化整合提供借鉴，提高并购的成功率。

二、结构安排

在文献研究的基础上，确定重点研究问题和拟探索的研究方向，构建自己的理论模型，对各个变量进行清晰定义，建立科学的测量标准，通过大规模的数据资料收集，利用统计分析软件进行数据处理，对理论模型进行实证检验，得出研究结论和有关的管理建议。本书主要由以下八章构成。

第一章为绪论。共分为四节内容：①并购与文化融合，目的是阐述并购与文化融合的重要关系；②研究内容与结构安排，明确本书研究的关键问题、逻辑关系以及结构安排；③研究思路与研究方法，阐述研究问题的思路、采用的研究方法和使用的研究手段；④研究发现与管理启示，介绍实证分析的结果与研究结论，以及基于实证分析的管理建议。

第二章为并购文化整合相关理论。本章共分为五节内容。①并购理论研究。本书研究的是员工对并购行为发生后的组织认同问题，这部分理论研究的目的是梳理并购的定义、动机、类型，以及理论界在并购研究方面存在的几大类别，通过文献的梳理，发现从组织价值观差异感知方面研究并购发生后文化冲突对员工认同、行为影响的意义。②组织文化理论研究。包括组织价值观的定义，组织价值观维度与测量，组织价值观的结果变量等，目的是明确本书中的"组织价值观差异感知"对组织认同的必要性和可行性。③组织认同理论研究。包括组织认同的定义与理论基础，组织认同的测量，认同的分类，组织价值观差异与认同的关系，组织认同的前因变量和结果变量，以及理论界是如何研究并购后组织认同问题的。通过这部分文献研究，探讨组织认同选择，以及组织认同与组织文化差异、员工行为的关系。④员工行为理论研究。分析学者们研究的员工行为类型，包括贡献行为、支持行为、越轨行为和留职倾向等，目的是研究员工的两种并购后认同分别对不同类型员工行为的影响程度。⑤相关文献评述。概括提炼以往学者的主要研究贡献以及存在的不足，为本书的研究奠定理论基础。

第三章为并购企业的文化影响模型。①在理论研究和文献梳理的基础上，概括总结以往学者在相关理论研究方面的贡献。研究贡献体现在学者们对并购中文化差异的研究、价值观契合的研究、价值观维度研究、组织认同与相关概念的区分、多重认同问题以及认同对行为的影响等。②分析以往学者在研究方面存在的不足和研究不充分的地方。主要是在组织价值观、领导认同、非企业组织并购方面存在的研究薄弱环节。③根据对学者们研究的高度概括，提炼整理出本研究主要探索的问题，拟取得的研究突破。重点是分析组织价值观差异感知对员工认同的影响，以及影响员工行为的认同因素等。④根据理论构想，提出研究组织价值观、并购后认同、员工行为等变量之间可能存在的假设关系。包括九种组织价值观与两种并购后认同之间的假设关系，两种并购后认同与四种员工行为之间的假设关系。⑤在研究假设的基础上，构建本研究的理论研究模型。

第四章为变量测量与数据收集。①变量测量与调整。根据文献研究的结论以及研究的构想，确定本书引用的组织价值观、并购后认同和员工行为的定义，相关构成维度，各维度的测量条款及条款的来源等。小样本测试后，通过对测量条款的修正，对问卷的措辞、排列顺序的优化，对条款的删减与增加等，形成本书正式采用的调查问卷。②样本选择与数据收集。介绍研究样本的选择过程，样本组织并购基本情况、特点及选择其作为研究样本的原因，问卷的发放情况以及质量控制过程等，并对大样本调查的结果进行描述性统计分析，阐述样本的分布情况和数据整体情况。③量表的信度效度分析。通过量表的信度、效度分析，确定采集的数据是否符合实证检验的需要。

第五章为并购影响员工行为的实证分析。①检验方法的选择。②研究方法适用条件检验。③控制变量检验。分析控制变量对并购后认同和员工行为的影响。④假设检验。运用结构方程模型（structural equation modeling，SEM）对假设进行检验。

第六章为并购冲突与企业文化整合。①并购后文化冲突的原因。从国家与民族、企业、团体、个体层面分析可能形成企业文化冲突的原因。②并购后企业文化整合的内容。包括物质、行为、精神和制度等方面的整合。③基于组织认同的文化整合。根据研究结果，提出基于组织认同的文化整合原则、文化整合过程和文化整合模型。

第七章为吉利集团并购沃尔沃文化整合案例分析。通过分析吉利集团并购沃尔沃以后的文化整合过程，整合的具体方案，验证与实证分析的结论相符合，从另一角度证明企业并购完成后注重"个体指向"价值观和培育员工组织认同的重要性，为其他企业的并购文化整合活动提供借鉴。

第八章为并购企业文化整合的建议。①对研究结果进行整理，在此基础上概括出研究结论。根据研究结论提出组织并购完成后，为了合理引导员工的行为应该采取的相应做法和管理建议,结合多家企业的并购案例,说明应该重点构建哪种类型的价值观,应该如何进行组织认同、领导认同的塑造等。②指出存在的不足之处以及后续研究建议。本书的逻辑思路,如图 1.1 所示。

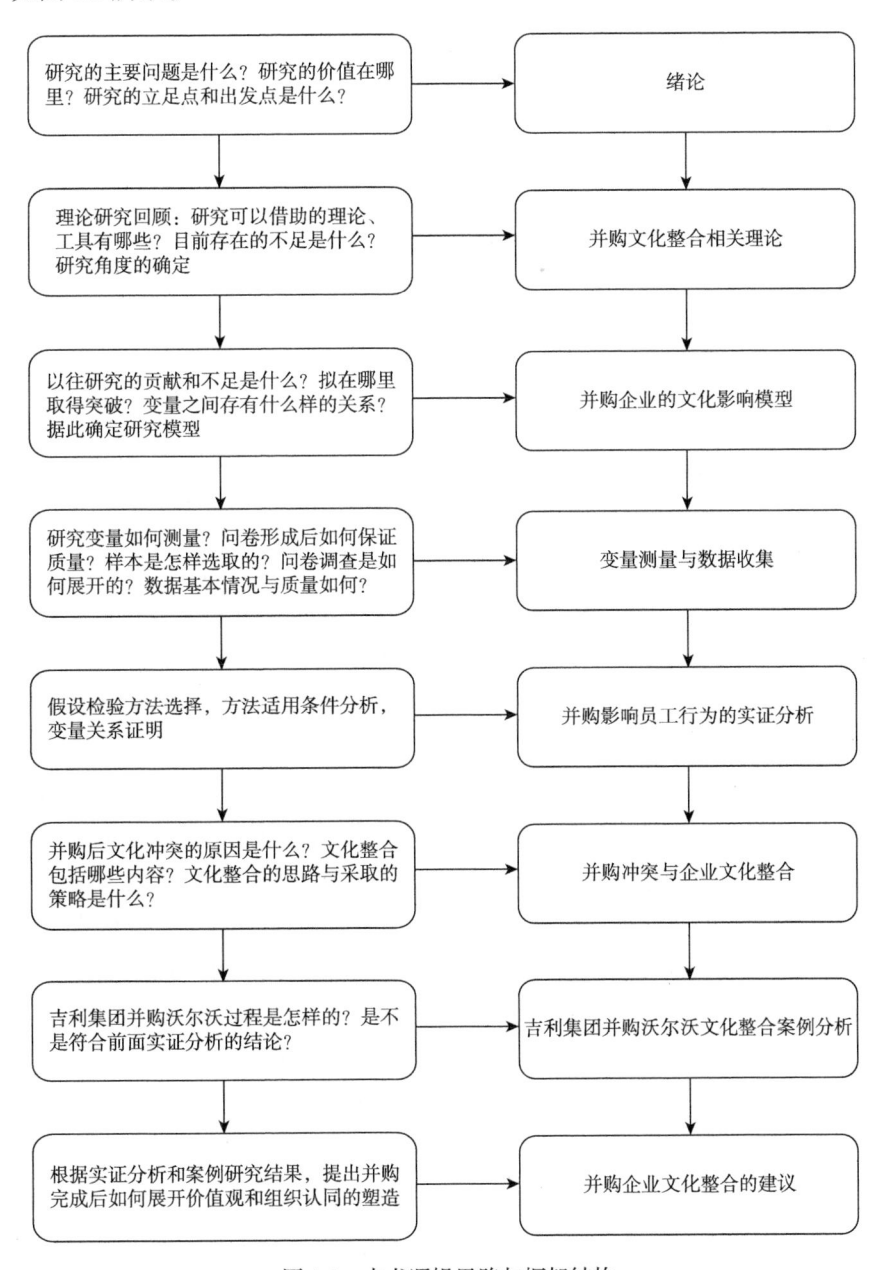

研究思路问题	章节内容
研究的主要问题是什么?研究的价值在哪里?研究的立足点和出发点是什么?	绪论
理论研究回顾:研究可以借助的理论、工具有哪些?目前存在的不足是什么?研究角度的确定	并购文化整合相关理论
以往研究的贡献和不足是什么?拟在哪里取得突破?变量之间存有什么样的关系?据此确定研究模型	并购企业的文化影响模型
研究变量如何测量?问卷形成后如何保证质量?样本是怎样选取的?问卷调查是如何展开的?数据基本情况与质量如何?	变量测量与数据收集
假设检验方法选择,方法适用条件分析,变量关系证明	并购影响员工行为的实证分析
并购后文化冲突的原因是什么?文化整合包括哪些内容?文化整合的思路与采取的策略是什么?	并购冲突与企业文化整合
吉利集团并购沃尔沃过程是怎样的?是不是符合前面实证分析的结论?	吉利集团并购沃尔沃文化整合案例分析
根据实证分析和案例研究结果,提出并购完成后如何展开价值观和组织认同的塑造	并购企业文化整合的建议

图 1.1 本书逻辑思路与框架结构

第三节　研究思路与研究方法

一、研究思路

合适的研究方法对于充分解释变量间关系，研究内部规律具有非常重要的意义，本书在对并购、组织价值观、组织认同、员工行为等相关理论文献进行系统分析之后，结合并购企业实际情况，以及与并购后员工访谈的结果，确立了"价值观—认同—行为"研究思路，目的是探讨并购后组织价值观差异对组织认同和领导认同的影响机理，进而解释员工行为的形成机理。

二、研究方法

要达此目标，需要进行实证研究，具体方法如下。

（一）文献研究法

基于对国内外文献资料的梳理，本书对并购理论、组织文化理论、组织认同理论和员工行为理论进行了比较系统的分析。在总结以往研究成果、研究进展的同时，找出现有文献研究的不足，从而确立拟突破的方向，要解决的主要问题和研究视角——从员工对组织价值观差异的感知出发，分析并购后认同形成的原因，以及经由认同对员工行为产生的影响。①并购文献问题研究的重点是并购动机、并购类型和并购绩效，目的是为确定适合本书的目标组织提供依据；组织价值观文献研究的重点是组织价值观的维度、测量和结果变量，目的是确定本书要使用的组织价值观维度以及测量方法，并通过结果变量的分析，确定将其作为认同前因的依据。②认同文献研究的重点是认同的分类、前因变量和结果变量，目的是分析将组织认同研究扩大到领导认同的可行性，探讨将组织价值观作为前因变量的可行性，以及并购后认同与行为结果变量的联系。③行为文献研究的重点是员工行为的类型和前因变量，目的是为本书确定要研究的员工行为种类。根据这些理论以及中国传统文化的一些基本思想，推演出一系列需要验证的理论假设，并由此构建了本书的概念构架。

（二）问卷调研法

基于调研的实证研究是目前社会科学研究中最常用的研究方法之一。随着调研技术的不断进步以及统计方法的不断完善，调研方法在当今科学研究中的地位日益突出。调查研究的优点一方面表现在依靠它能够获取大量的研究资料,这是实验研究、观察研究等研究方法所不能比拟的;另一方面,根据抽样原理抽取的样本具有较高的代表性,在此基础上得出的分析结论以及理论假设检验结果是真实可靠的(Creswell,2008)。为了确保研究质量,本书采用的量表条款,主要来源于国内外成熟的测量量表,结合我国企业的实际情况以及专家访谈的结果编制而成,实际应用于调研的问卷,是由价值观、并购后认同和员工行为三个态度测量量表组合构成的。为了确保被调查者能够正确理解问卷的准确含义,在正式调查之前,做了30人的小样本测试,征求了企业管理者、研究人员对问卷的意见和建议,进行了修改,并多次在学术例会上对每个测量条款进行讨论,形成最终量表,使得正式问卷更加科学完整。正式调研以摩托罗拉并购浙江大华数字科技有限公司(以下简称浙江大华数字)和杭州晶图微芯技术有限公司(以下简称晶图公司)、北京三元食品股份有限公司(以下简称北京三元)并购石家庄三鹿集团、冀中能源股份有限公司(以下简称冀中能源)并购华北制药股份有限公司(以下简称华药集团)、吉利集团并购沃尔沃、浙江传化股份有限公司(以下简称浙江传化)并购浙江天松新材料股份有限公司(以下简称天松公司)等为样本,以目标企业管理者和员工为调查对象,根据科学的抽样原则和方法,确定调研对象,每份问卷都得到了调研对象的认真配合,历时半年之久,共获取406份有效问卷,保证了研究结论的可靠性。

(三)统计分析法

本书遵循组织价值观影响认同、认同影响行为的理论假设,采用结构方程的方法研究变量之间的关系,先通过大规模问卷调研采集数据,在验证数据的合理性后,对假设的变量间关系进行验证。数据处理过程主要包括以下几个环节。

第一,检验样本数据分布的峰度和偏度,判断其正态分布情况,证实其非正态性特征不会对研究的统计分析结果造成显著的影响(侯杰泰等,2004)。第二,对三种系统性偏差,也就是不同调研方式的差异、非响应偏差以及共同方法偏差可能造成的影响进行排查(Podsakoff et al.,2003),由此判断数据获取的质量。第三,检验量表的信度和效度。运用校正项总计相关性(corrected item-total correlation,CITC)分析法和Alpha系数检验量表的信度和测量条款的有效性,运用确定性因子分析和相关分析检验量表的效度,以考察变量的科学性、有效性和可靠性,确保研究结论的正确性和实用性。第四,综合运用单因素方差分析以及多变量方差分析方法,评估各个控制变量对于中介变量和结果变量的影响，运用结构方程方法对模型中的假设进行检验。在进行单因素方差分析的时候，先是对方差的齐性进行检验，根据方差是否为齐性选择不同的分析方法。如果方差为齐性，采用平均标准差（average standard deviation, ASD）法进行均值的两两比较；如果方差为非齐性，则采用 Tamhane 法进行均值的两两比较，然后通过 t 检验的结果判断均值是否存在显著差异（马庆国，2002）。第五，本书采用结构方程模型进行具体的模型拟合以及对比分析。结构方程模型不但允许前因变量和结果变量同时有测量误差，还能够对多个结果变量实施并行处理，达到与逐步回归方法同样的效果。结构方程模型方法不仅兼顾了因子测量模型和结构模型之间的相互影响，还能够借助一个数据样本进行多个理论模型的比较和选择（侯杰泰等，2004）。

（四）案例分析法

在实证分析的基础上，探讨了组织认同、领导认同在并购后文化整合中的作用，采用案例分析方法研究具体并购企业的文化整合问题。案例企业以浙江、河北等地企业为主，一方面由于样本选择具有便利性，另一方面因为长三角地区市场化程度和外向化程度都比较高，特别是民营企业比较发达，并购行为比较多，河北省是比较传统的地区，研究样本是传统的国有企业，代表了大多数国有企业员工的一些特点，因此，研究具有代表性。本书选择了吉利集团并购沃尔沃的案例，在该集团公司工作的几名 MBA 研究生加入了课题组，协助开展调研工作，收集一手、二手资料详细了解吉利集团并购沃尔沃过程，访谈从事文化整合工作的管理人员，深入了解并购细节和文化整合的开展情况，重点弄清楚在文化整合阶段组织价值观塑造的重点和组织认同的培育情况，证明理论分析模型的合理性。

第四节　研究发现与管理启示

本书分析了组织价值观差异对员工并购后认同的影响，并购后认同对员工行为的影响，以及并购后认同的中介效应。最主要的创新之处在于发现了以下变量间的特殊规律，有助于人们了解并购后组织中组织价值观的作用机理和员工行为的形成机制。

（1）并购后组织文化的确要通过组织认同、领导认同影响员工的行为。企业并购完成后大都非常重视组织文化整合工作，但是由于企业对组织文化的作用机制不是很清楚，在进行文化整合的过程中，很少结合组织认同、领导认同的培育来进行文化整合，结果看起来并购企业非常重视企业文化整合工作，但是效果却不明显，甚至有些企业因为没有认清楚背后的规律，急于求成，盲目否定目标企业的许多做法，强行推行自己的价值观或者管理制度，导致文化整合反而起到相反的作用，最终产生负面效果。本书通过实证分析发现的结合组织认同、领导认同来培育相应组织价值观的这个规律，可以解释为什么有些并购企业文化整合失败，但有些企业的文化整合很成功，从而有助于明确并购后企业文化整合工作的出发点和方向，帮助并购企业文化整合起到事半功倍的效果。

（2）组织价值观在本书中划分为两大类型，即"个体指向"的价值观和"组织指向"的价值观，前者是和员工个体利益密切相关的价值观，而后者是关系到组织利益的价值观。根据本书研究结果，在九种组织价值观中，只有结果导向、尊重员工、风险承担、伦理道德和社会责任对员工的组织认同或领导认同有着显著影响，革新性、关注细节、团队导向、容忍冲突组织价值观对组织认同和领导认同没有影响或影响较小。进一步分析发现，对认同有显著影响的组织价值观多属于"个体指向"，直接关系着员工自身利益。对认同影响不显著的组织价值观多属于"组织指向"，间接关系着员工自身利益，目的是塑造一种理想的工作氛围，培育一种匹配的环境文化。并购完成后，企业应该重点培育"个体指向"的价值观，这样才会促进员工的组织认同、领导认同，而"组织指向"的价值观虽然重要，但对组织认同培育的效果并不明显，不应该成为企业文化建设的着力点。这个规律的揭示，对于明确并购后文化整合工作的重点和着力点具有积极意义。

（3）常态化的组织中，领导认同的作用强于组织认同，而在并购组织中，组织认同的作用超过了领导认同。在稳定的组织中，领导认同的作用强于组织认同（Chen，2001），而本书研究发现，在并购后的组织中，领导认同的作用却比不上组织认同。并购组织中，组织认同对贡献行为有显著影响作用，而领导认同对贡献行为没有显著影响。组织认同对支持行为的影响也明显强于领导认同，组织认同对支持行为的影响系数为0.306，显著性水平为0.001，而领导认同对支持行为的影响系数为0.077，显著性水平为0.1，说明组织认同对支持行为的预测力更强。因此在并购完成后，最重要的不是要目标企业员工认同并购方的领导，而是要积极打造企业的正面形象，让对方员工意识到并购有助于企业业务的增长，自己可以获得更多的发展机会，不要让员工产生敌意。当然，并不是说领导认同不重要，因为如果同时有领导认同的产生，也会对于组织认同提供支持，从而为企业文化的整合扫平障碍。

（4）结果导向的组织价值观对组织认同有积极的作用，但会反向影响领导认同。实证结果显示，结果导向与员工的组织认同有着显著的正向相关关系（标准化路径系数为 $β=0.092$, $P<0.1$）。结果导向与员工的领导认同有着显著的负向相关关系（标准化路径系数为 $β=-0.286$, $P<0.1$）。同样是认同，结果导向对它们的作用方向却不一致。结果导向组织价值观对于激励员工作用明显，有助于提高员工的组织认同，但如果让员工感受到领导对业绩过于看重，就会反向影响领导认同。追求业绩是每个企业不可避免的经营目标，但是追求的方式和追求的度要具体问题具体分析，如果目标企业的员工对并购企业非常抵制，那么，这个时候首要的工作是做好这些员工的工作，扭转他们对并购活动的认识，让他们真正理解并购给他们带来的好处，在这种情况下，经营业绩应该排在次要位置的目标。当然，企业并购是否成功最终还是要用业绩来证明的，只是时机要把握好，在合适的时候提出合适的价值导向很重要。

（5）吉利集团并购沃尔沃之所以能够获得成功，是因为文化整合策略的成功。并购初期，吉利集团能够正视文化存在的差异，考虑到沃尔沃的强文化特征，没有贸然实施文化的整合，各项措施都充分体现了对沃尔沃及其员工的尊重，构建了并购是为了共同发展的理念，打消了对方的疑虑，基于此，碰撞期采用了分离式整合模式，给予沃尔沃充分的发展自主权，从而避免了由于文化差异过大，盲目整合带来的不稳定。经过一段时间的接触、了解后，双方逐渐接受了彼此的长处，认识到相互融合的可行性和必要性，从而开始融合式整合，并且随着融合程度的加深，企业具备了重新构建一种适合企业国际化发展阶段的全新的企业文化的能力和环境，从而进行消亡式整合，塑造全球企业文化。可以看到，吉利集团与沃尔沃的文化整合，并非一种单一的文化整合模式，而是顺势而为，在不同的阶段采用不同的整合策略，最后既避免了并购带来的震荡，又达到了文化的融合。吉利集团的经验证明，文化整合模式只是文化整合的外在表现形式，关键内容是要在充分尊重对方的基础上，加强组织认同、领导认同乃至团队认同的培育，从而让员工认可并自觉遵守企业价值观，企业文化建设才能真正落地。

第二章 并购文化整合相关理论

本章是本书整个研究的基础,通过对相关文献的梳理,达到两个目的:一是寻找研究的角度,发现以前学者研究的薄弱环节,作为本书的切入点;二是为本书提供理论和工具支持,通过分析已有理论,为推理变量关系、设计测量量表奠定基础。

第一节 并购理论研究

并购是兼并与收购的合称。兼并通常指两家或者两家以上独立企业之间合并组成一家新的企业,一般情况是由一家占优势的企业吸收另外一家或者多家企业。收购是指一家企业通过产权交易的形式获得其他企业全部或者部分控制权,通常是通过现金、股票或者有价证券等支付方式获得对方的控制权。一般来说,以并购方式取得其他企业经营权或者控制权的企业被称为并购企业,也就是并购方;而让出经营权或者控制权的企业被称为被并购企业或者目标企业,也就是被购方。兼并方式是双方企业融为一体,被兼并方企业的法人主体资格不再存在,而收购常常保留被并购企业的法人地位。组织文化差异对并购绩效的影响是很复杂的,作用机制会受到很多因素的影响,但是组织间整合的程度是组织文化差异影响绩效的重要因素。大多数并购都会使并购双方遭遇文化冲突,但是并购整合程度的高低带来的文化冲突强弱差别很大。当双方整合程度较高时,文化冲突发生的可能性会比较大,冲突可能会更加激烈,因此,应该关注并购的类型及其整合状况。另外,并购的目的也会影响冲突的程度。一般而言,在善意的并购过程中,即使存在文化冲突,员工的文化宽容度也会比较高。当并购方对异质文化比较宽容,或者目标公司对外来文化也比较宽容的时候,就会减轻企业文化差异对并购绩效的影响,因此应该关注并购的动机。对于并购相关文献的研究,将在并购概念界定的基础上,梳理并购类型、动机理论,并对学者们关于并购绩效的研究做重点述评。

一、并购的类型

根据权利变化的特点,并购可以分为资产收购、股权收购、新设型并购和吸收并购四种类型。一是资产收购,指并购企业购买目标企业的全部或部分资产,而不必承担目标企业的债务。从法律上看,这种并购只是并购方单纯的资产买卖行为,因此不承担目标公司的权利和义务。二是股权收购,指并购双方都不解散,但目标企业被并购企业所控股。并购方向目标公司购买股东出售的股份或者直接购买目标公司公开发行的新股,利用股权取得目标公司的经营权。三是新设型并购,指两个及两个以上的公司合并,重新设立一个公司,参与合并的企业分别解散,法人由多个变成一个。公司合并以后,合并各方的债权、债务,由新设立的公司继承。四是吸收并购是一个公司吸收其他公司,被吸收的公司解散,并购方承担被解散企业的权利和义务。

根据涉及的产业组织特征,也可以将并购分为四种基本类型。一是横向并购(horizontal merger),指并购双方处于同一产业或者行业部门,生产、销售同一或相似产品(服务)而存在竞争关系的企业并购类型。比如,可口可乐并购汇源果汁,北京三元并购石家庄三鹿集团,德国戴姆勒-奔驰公司(以下简称戴姆勒-奔驰)并购美国克莱斯勒公司(以下简称克莱斯勒),浙江银泰百货有限公司并购杭州百货大楼等,横向并购的目的主要是获得规模经济,提高市场占有率,避免重复投资,提高融资能力,打击竞争对手等。二是纵向并购(vertical merger),指发生在同一产业上下游之间具有纵向协作关系的企业之间的并购。这类并购的基本特征是企业在市场整体范围内的纵向一体化,企业间不是直接的竞争关系,而是供应商和需求商之间的关系。纵向并购的目的主要是获得原材料或者零部件供应的保证,提高供应链的运作效率,缩短生产周期,加速生产进程,减少费用,降低成本。强生公司收购辉瑞公司的消费保健品部门就属于纵向并购,制药企业通过并购零售药店,控制销售终端。三是混合并购(conglomerate merger),指发生在不同行业企业之间的并购。混合并购是企业多元化的重要方法,是激烈市场竞争中企业分散风险,寻求范围经济,提高管理效率的重要途径。比如,美国在线公司收购时代华纳音乐公司,冀中能源并购河北华药集团等。四是同源并购(congeneric merger),指并购方与目标公司产业类别相同,但是彼此业务性质不同而且没有直接的业务关系。比如,商业银行并购证券公司、基金公司等,这样并购的好处在于可以建立完整的金融服务网络,为消费者提供全方位的金融产品。

另外根据并购意愿来划分，可以分为自愿并购和非自愿并购。自愿并购是并购双方为了共同的目标，在彼此乐意的情况下进行的并购；非自愿并购是主管机关为了保护相关人的权益，以法律来强制一家企业并购另外的企业。

二、并购的动机

并购的目的是增强企业的竞争力、降低成本、扩大市场占有率或者获得规模经济、范围经济，从而达到协同效应，或者说达到"2+2=5"的效果（Schweiger and Denisi，1991；Cartwright and Cooper，1993）。并购动机一般有三个：经济动机、个人动机和战略动机。

（1）经济动机。经济动机是并购最常见的动机，是企业为了更高的经济效益而进行的并购行为。例如，增加销售规模经济、增加利润、分散风险、降低成本、获得技术经济规模、寻求目标对象的差异性价值、构建防御机制、应对市场失败的反应和创造股东价值。美国著名经济学家施蒂格勒在考察美国企业成长路径时指出："没有一个美国大公司不是通过某种程度、某种形式的兼并收购而成长起来的，几乎没有一家大公司主要是靠内部扩张成长起来。"并购是企业增长的重要途径，可以给企业带来多重绩效，包括规模经济效应、市场权力效应、交易费用的节约等。

（2）个人动机。并购产生的第二个动机可能是来自管理层，管理者通过并购获得相应的个人利益，这些利益包括通过公司成长和增加销售额而"提高管理声望"；通过扩大销售规模和提高销售利润令管理者获得更高的报酬；整合一个新公司或者管理一个更大的公司而形成的"管理上的挑战"，等等。

（3）战略动机。并购产生的第三个动机是战略动机，是指企业通过并购活动实现战略目标，这些目标包括追求市场垄断力量，通过收购竞争对手，扩大市场份额，形成市场垄断。中国化妆品行业内知名品牌如大宝、小护士、羽西、百雀羚、美加净、丁家宜都被或曾经被国外企业并购，对于国际品牌来说，消灭竞争对手可能是第一目的。2016年纳思达股份有限公司先后收购利盟国际有限公司和珠海奔图电子有限公司，初衷是为了消除同业竞争，并实现两者的合作共赢。并购还可能是为了获取自然资源的使用特权，避开国家政策的限制，通过收购相关企业，间接实现对原材料的控制。通过并购，企业可以获得市场网络资源、对自然资源的使用特权、现有生产能力以及某些行业的特许经营权利，快速实现本地化战略。并购是进入新市场、新行业的战略首选。为了对日益增强的全球市场竞争压力做出反应,跨国企业越来越追求通过国外直接投资和非股权投资来进一步发展全球化经营,以便开发新市场或者利用生产要素优势来建立国际网络,而并购是其重要的途径。沃尔玛百货有限公司(以下简称沃尔玛)就是战略并购的一个实践者,为了抢占中国市场,超过竞争对手,并购成为最快捷、最直接的方法。沃尔玛副董事长麦道克就坦言,"通过对好又多的投资,我们有机会扩大在中国这一世界上发展最快的零售市场上的业务,这是我们增加在华零售业务规模的重要一步"(李霞,2007)。2007 年沃尔玛收购了中国好又多 35%的股权,这种收购属于战略收购,因为沃尔玛虽然是全球零售业的老大,但是在中国市场布局并不占优。由于进入中国一线城市较晚,沃尔玛在中国的网点选址往往比较偏,网点布局的不合理,大大阻碍了其发展势头,需要通过收购完成战略布局。在 1994 年开始的第五次并购浪潮中,企业并购的动机主要是寻求战略上的主动,而不仅仅是考虑短期利益,并购双方出于战略考虑而寻求优势互补,共同应对来自各方面的挑战。专门研究企业并购的约翰·奥尔森指出,20 世纪 90 年代的联合是以完全不同的心理状态为基础的。现在的问题是争取市场上的战略优势,推动 80 年代生意人的急功近利在这里不起作用。拥有战略动机的企业认为可以通过并购获得良好的绩效,而且通过并购还可以获得规模经济、范围经济以及增加市场力量等综合效应。

三、并购绩效研究

学者们研究并购绩效问题,主要是从财务角度、组织行为角度和战略与组织匹配角度研究的。

(一)从财务角度研究并购绩效

财务视角的并购研究可以分为资本市场学派和战略管理学派。资本市场学派主要以财务管理、公司治理等为理论基础,探讨并购前后资本市场股价的变动情况,以分析并购对资本市场的影响,研究并购是否带来净财富增加,以及财富增加的来源等。经验研究的结果表明,并购后对并购方的股东会产生正面的财富累积效果,而对目标公司的股东不会产生这种效果。战略管理学派的研究焦点同样集中在财富创造上,不过不是关注股东财富的创造,而是强调公司层面的财富创造,主要理论基础是产业经济学,该学派认为大部分企业可以通过并购获得良好的绩效,而且通过并购还可以获得规模经济、范围经济以及增加市场力量等综合绩效。战略管理学派的研究通常以战略分析的方式找出影响并购绩效的种种原因,在这类研究中,相关性是最受关注的内容,如产业相关性对并购绩效的影响,并购方与目标公司的相关性以及适应的战略等,这两个学派都是从企业业务角度来分析并购绩效的,关注的是企业并购的直接经济效果。

(二)从组织行为角度研究并购绩效

财务角度的研究注重并购的综合效果,而对并购引起的行为反应重视不够,于是行为学派开始从个体和组织两个层面来研究并购带来的行为反应。该学派认为,大多数企业在并购中侧重对财务、经营、技术、生产设备等有形资产的评估,而忽视对并购后组织及人力资源调整、企业文化的融合等可能带来的冲击的评估,由于企业对此总是重视不够,引起并购失败。在面对组织转型、内部管理方面的整合时,并购企业的主要工作是在经营战略、组织结构、关键人物、作业流程、人力资源、企业文化等要素之间的协调融合,以产生协同效应。因此该学派的研究重点集中在研究人力资源管理、组织危机管理和组织文化等方面。Bartels等(2006)认为,企业并购要想获得长期的成功,必须实现有效的沟通,关心员工,提高员工对组织的凝聚力。这些学者以文化适应理论为研究基础,探讨如何降低组织文化差异给并购带来的行为冲击。他们认为,并购双方组织文化匹配程度越高,带来的行为冲击越小,并购的整合过程越顺利,并购失败的关键原因在于整合过程不力,组织沟通不畅。魏启林(1993)认为并购内部管理的整合,主要是企业组织、管理制度、运作程序的融合以及不同企业文化的融合等工作,并购本身并不能为企业创造价值,并购后的整合才是并购产生绩效的开始,而企业并购后最重要的整合工作就是安抚人心,对内安抚被并企业人心,留住优秀人才,对外需要稳定现有的客户,维系与供应商、金融机构的关系。另外,他指出文化差异处理是否得当关系着并购的成败,企业文化的差异可能来自历史、地理背景、产业差别、民族特性以及高层管理者的行为模式与风格不同等,并购双方文化的匹配程度及差异处理与调适,对并购能否成功有着显著的影响。

(三)从战略与组织匹配角度研究并购绩效

程序学派主要研究并购过程的管理活动,认为公司战略与组织的匹配程度越高，提高综合绩效的可能性越大，而综合绩效的实现程度，取决于管理者的管理能力以及是否有效地整合并购后的组织。企业并购后整合是指当收购方获得目标企业的控制权之后，进行的资产、人员、运营机制、治理与管理机制等企业要素的整体性安排，从而使并购后的企业按照一定的并购目标、方针和战略组织运营。并购的整合过程会受到不同文化、不同管理者的领导风格影响，并购过程是动态的，会随着时间、空间的不同而产生不同的结果。即使在并购之前拟定了比较详细的整合计划，在整合过程中仍然应该进行适应和调整。程序学派把并购过程分为任务整合与人际整合，在任务整合上主要探讨并购后企业价值的创造，并且深入探讨组织间资源的分配与共享，在人际整合上主要探讨不同组织间的员工融合程度以及提高员工的工作满意度。任务整合和人际整合是相互作用、相互影响的，两种整合共同制约着并购效果。比如，在人际整合方面，如果企业提高员工满意度就会使组织间的资源转移、资源共享等工作整合更加容易；反过来，如果工作整合的效果比较好，也可以进一步提高员工的满意度。两种整合不一定要同时进行，但是如果过度强调一个方面的整合会对另一个方面产生负面影响。就是说过度强调人际整合固然可以提高员工的满意度，但工作绩效不一定能够提高，同样，过度强调任务整合虽然可以提高工作绩效，却容易损伤员工的积极性，因此，任务整合与人际整合，必须根据并购具体情况协调展开。并购方如果强势地将本身的管理风格与组织文化灌输给目标公司，会导致目标公司的管理者失去认同感，造成组织不安、不信任和矛盾，会严重削弱组织绩效，导致并购方无法有效管理目标公司，尤其是管理风格、奖励和评估系统、组织结构、组织文化不相容的状况，会对并购绩效产生负面影响。

（四）并购对员工行为绩效的影响研究

Schweiger 和 Denisi（1991）通过实验研究，以并购完成后两个实验组的员工为对象，考察了感知信任和组织承诺之间的关系。实验中一部分被试可以接收比较多的来自管理层的信息，而另一部分被试则很少接收到这些信息，结果发现，接收到较少信息的员工，对组织的不信任会增加，员工的压力和不确定感觉也会随之加强，在行为结果上就会表现出比较高的缺勤率，降低工作满意度和组织承诺，而接收到比较多信息的员工会出现相反的行为结果。由此可见，并购后沟通会影响员工行为绩效。就并购目的而言，理论上一般会假设善意的并购对员工的影响可能会小于恶意的并购，因为员工在面对恶意并购的时候通常会产生强烈的抗拒心理，进而形成许多过激行为。所以，并购行为能否得到员工的认同，可能会对他们的行为产生重要影响。对于同一并购活动来说，不同的人确实会有不同的反应，但是，总体来说，如果员工感觉到并购能为组织带来良好的发展前景，在组织中有更多的发展机会和更多的希望，那么，员工就会对组织产生强烈的信任感，从而更愿意留在组织中，并为新组织的发展奉献更多的积极行为。Teerikangas 和 Very（2006）认为，组织文化的发展程度、员工对整体组织文化和组织价值观的认知等都会对员工的行为绩效产生影响，可见组织文化会影响员工行为，而价值观作为组织文化的核心，必然会对行为产生显著影响。

第二节　组织文化理论研究

一、组织文化内涵

人们虽然很早就认识到组织氛围对组织绩效的影响，并力图在组织中塑造积极向上的文化氛围，但是将组织文化专门提炼出来研究的成果并不多，实务界和理论界对组织文化的关注，大都是在20世纪70年代末和80年代初，此后便成为整个社会的热点话题，培育组织文化也成为一个组织健康发展的重要内容。

（一）组织文化研究的兴起

1979年，Pettigrew 在著名的管理学期刊《行政科学季刊》（Administrative Science Quarterly）上发表了题目为《关于组织文化的研究》（On studying organizational cultures）的文章，标志着组织文化研究正式进入主流管理学研究领域，组织文化从此成为热门的研究话题，整个80年代和90年代，几乎没有什么概念能够像组织文化那样得到管理理论界和实务界的关注。与学术界的研究相比，20世纪80年代初期四部组织文化畅销著作的出现，对企业界和理论界的影响更加深刻也更加广泛，1982年迪尔和肯尼迪的《企业文化——企业生活中的礼仪与仪式》，1982年彼得斯和沃特曼的《追求卓越——美国管理最佳公司的经验》，1981年威廉·大内的《Z理论——美国企业界怎样迎接日本的挑战》，以及1981年帕斯卡尔和阿索斯的《日本企业管理艺术》，这几本书向人们强烈地灌输着一个重要的理念，"对于组织文化的精明管理，可以提高组织绩效，企业能否成功，与其自身的企业文化有着相当密切的关系"（Ogbonna and Harris, 2002）。日本之所以能够在战后短时期内迅速崛起，并成为世界第二大经济强国，与日本企业强势的企业文化有着直接的关系。在北美、欧洲，兴起了一股学习日本的热潮，而学习的重点，就是如何在本国企业中建立起强势的企业文化。

基于这样的认识，许多学者研究了组织文化的作用，绝大多数学者得出的结论是企业文化对企业绩效有正向作用，这类文献研究的重点内容是组织文化的测量、组织文化的类型等。

（二）组织文化的层次划分

价值观念是人们都能够自觉接受并用以规范自己的行为的观念，员工愿意为组织贡献自己的力量，因而会表现出来很强的行为绩效。具有强势文化的企业，管理人员、普通员工都具有共同的目标、一致的组织文化，形成一致的价值观，企业也容易获得成功。当然这个结论在有的学者那里并没有得到验证，他们发现强势文化的企业并不比一般企业的绩效高，或者说强势文化只对企业的短期绩效有帮助，与长期绩效无关（Denison and Mishra, 1995）。组织文化的研究偏重文化对员工行为的塑造，让员工接受。学者们经研究发现，组织文化是分层次的，包含了多个维度。有的学者用"冰山理论"来描述组织文化，认为组织文化可以分为两层，水面以上的表层部分，是看得见的人为饰物和可以观察到的现象，如穿着、行为、符号、故事及仪式等；水下的底层部分是看不见的真实文化，是组织成员的价值观、假设等。简单地说，组织文化就是引导成员行为模式或思想趋同化的有形的（如符号、文字）或无形的（如价值观、信念）引导。

Schein（1990）将组织文化定义为组织为了解决外部环境（如策略、目标、完成目标的手段、绩效的衡量与修正等）的适应问题和内部整合（如语言、界线、权力阶层、亲近、奖励与惩罚、意识形态等）过程中创造、建立或发展起来的一些基本假设，因为它们运作良好，从而被认为非常有效，而且可以用来教育新加入组织的成员如何正确地认知、思考和感受相关问题。也就是说，组织文化是适应外部环境生存和内部行为调整的问题。Schein（1993）认为文化应该被看作一个群体共享的学习总和，涵盖群体成员的行为、情绪和认知成分，而产生这种共享的学习，需要有一段共享经验的历史，以及群体成员间保持着某种稳定的形态。他在1996年进一步指出，组织文化就是一个组织内成员共享的价值、信念和实务，它源于组织的核心价值，并在组织中的许多地方反映出来，如使命（mission）、价值观（values）和哲学（philosophy）等，所以一个能够分享文化的组织，成员们都会把接受和分享价值观念看作理所当然的事情，而非组织强迫他们这样做。

根据 Schein 的观点，组织文化分为三个层次，如图 2.1 所示。第一层次是人工饰物，是文化产物和创造品，是自然和社会工作环境中的文化象征，是最容易被人看见、被人听见、被人感受到的层面。在这一层次上包括建筑物、技术与产品、艺术作品、神话与故事、文字形式表现的价值观、仪式和典礼组织的书面报告、口头语言等。他认为文化的人为形式虽然容易被观察到，却难以被解读，同样的饰物在不同的组织中可能代表不同的含义，只有在组织中待上一段时间，你才能够了解它们所代表的真实含义。第二层次是价值观。价值观反映了组织的策略、目标与哲学观，是一个人对"什么是应该，什么是不应该"的潜在信仰，经常在对话、公司使命、宣言或年度报告中有意识地、清晰地表达出来，也会在个人的行为当中体现出来。组织成立之初，由于组织成员分别持有不同的价值观，很难形成共识。而随着内部、外部问题的不断发生，组织就会面临强大的生存压力，组织成员的价值观也会逐渐趋向一致。第三层次是基本假设。假设作为一种深层次的信仰，指导人们的行为，并教给组织成员观察和思考的方法，是潜意识的、被视为理所当然的一组基本假定。基本假设是对组织与环境的关系，现实与时空的本质，人性本质、人类活动本质和人际关系本质等的概括。他认为，基本假设是组织文化中最深、最基本的一个层次，是文化的精髓，人们对基本假设通常深信不疑。组织成员也可能意识不到自己所持有的这种基本假设，更不会刻意地去改变他们。一旦人们反复地用某一种方法解决问题的时候，就会把这种方法看作理所当然的了，可以用来告诉我们应该注意什么，事情的真谛是什么，对事情应该有什么样的情绪反应，以及在各种不同的情境下应该怎样行动，可以说是一种心智模式。在他看来，组织的价值观、共享的信念、群体规范等都反映了组织文化，但不能成为组织文化的本质，本质应该是组织成员共同拥有的深层次的基本假设和信念，它们无意识地产生着作用，并且用一种"理所应当"的方式来解释组织自身的目的和环境，它们才是组织文化本质，而人工饰物和价值观只是文化的表面形式或表面层次。

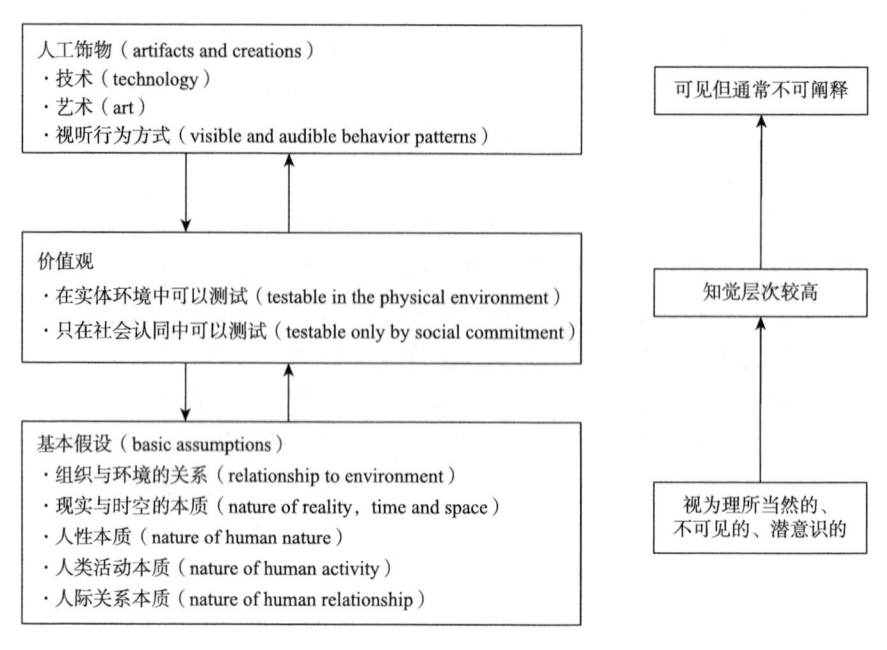

```
┌─────────────────────────────────────────┐
│ 人工饰物（artifacts and creations）      │
│ ·技术（technology）                      │
│ ·艺术（art）                             │
│ ·视听行为方式（visible and audible       │
│   behavior patterns）                    │
└─────────────────────────────────────────┘         ┌──────────────┐
                    ↕                                │可见但通常不可阐释│
┌─────────────────────────────────────────┐         └──────────────┘
│ 价值观                                    │                ↑
│ ·在实体环境中可以测试（testable in the   │         ┌──────────────┐
│   physical environment）                  │         │ 知觉层次较高   │
│ ·只在社会认同中可以测试（testable only   │         └──────────────┘
│   by social commitment）                  │                ↑
└─────────────────────────────────────────┘
                    ↕
┌─────────────────────────────────────────┐         ┌──────────────┐
│ 基本假设（basic assumptions）            │         │视为理所当然的、│
│ ·组织与环境的关系（relationship to       │         │不可见的、潜意识的│
│   environment）                          │         └──────────────┘
│ ·现实与时空的本质（nature of reality,    │
│   time and space）                       │
│ ·人性本质（nature of human nature）      │
│ ·人类活动本质（nature of human activity）│
│ ·人际关系本质（nature of human           │
│   relationship）                         │
└─────────────────────────────────────────┘
```

图 2.1　组织文化层次构成图（Schein，1996）

（三）组织价值观成为研究焦点

基本假设对人的影响固然深远，但是要改变信仰这样的基本假设是非常困难的事情，相反，价值观的塑造相对来说可行性更大。因此，组织价值观就成为组织文化研究中的重点内容，也就是从价值观角度研究组织文化。Pettigrew（1979）认为组织文化是指一个群体在某一时间段内，公开且集体持有的系统，这个系统是符号、语言、意识形态、信念以及故事的来源。1983年他进一步阐明了组织文化的含义，认为组织文化是组织成员所共有的感受，而以符号、意识形态、语言、信念、礼俗、神话等方式存在于日常生活当中。这些生活方式的诞生始于组织创始人的思想，并经过继承者的承诺，随着时间的推移以及问题的发生与解决而逐渐积累、演化形成。

彼得斯和沃特曼在《追求卓越——美国管理最佳公司的经验》一书中将组织文化界定为组织成员共同遵守的价值观念，是所有人都能够心甘情愿接受的一种做事规范，这种价值观念和做事规范可能不被组织成员所意识到，但它的的确确为成员所共同持有，共同遵守。这种共同的特征把组织与其他组织区分开，形成鲜明的组织个性，也是组织成员区分局外人和局内人的依据。另外，组织文化也可以作为组织社会化的手段，通过把这种共有的价值观念传递给新的组织成员，并且通过不断地强化灌输，如讲述代表组织价值观的那些英雄人物的故事，举办一些弘扬组织价值观的仪式、活动等，让他们接受组织的规范、价值和基本假设，使组织的价值文化得以传承、扩大。

价值观影响人的行为，员工长期待在一个组织中，不断地受到公司价值观的熏陶，会逐渐接受公司的价值观，并且视同为自己的价值观，个人的价值观与组织的价值观产生了高度的一致。当并购发生后，两家公司的文化自然成为员工比较的对象，员工就会将自己原公司的价值观与并购方的价值观比较。有些价值观念，并购方越是强调，越能赢得员工的认同，相反，有些价值观念可能不会对员工行为有太大的影响。被迫接受新的文化时，员工也许会产生不适应。此时，不再是员工简单地将组织文化与自己喜好的文化进行比较的问题了，就像一个人进入新的组织后经常说原来单位是什么样的，新组织都有什么不好等，文化差异越大，对过去组织文化的留恋心理越强。价值观比较问题逐渐转化为价值观选择问题，随之可能产生一系列的抵触行为。并购面对的是拥有原来企业价值观的员工，而且可能是具有高度一致思想的员工，新的企业文化并不一定被这些员工所接受，并购企业能否将目标公司的员工顺利地"社会化"，不再取决于员工理想的价值观是否与组织的价值观匹配，而此时，员工会更多地比较并购企业的价值观与原有企业价值观哪个更优越，自己更喜欢哪个，至于理想中追求的价值观已经退居第二位了。当员工在一个组织中工作较长时间后，会不断接受组织的价值观，不断被组织"社会化"，从而与组织的价值观形成一致性，特别是在强势文化的组织中，可能会产生高度一致。当并购发生的时候，要求员工接受新的价值观，必然会产生冲突，这种冲突的外在形式就是两种组织文化的冲突。因为此时不再是用一种价值观"社会化"一个员工，而是要求所有拥有比较一致思想的员工接受或至少不反对新的价值观。

组织价值观理论为组织文化研究开辟了一条扎实的、具有可操作性的道路，同时，使人们更容易从微观层面去理解组织文化，贯彻组织文化，只有被组织成员接受了的组织文化，才能够持久地、全面地发挥作用，仅停留在宏观层面的组织文化是远远不够的。正如 Teerikangas 和 Very（2006）指出的那样，人们研究并购后的文化问题，对文化差异是否影响了并购的绩效给予了高度关注，然而实证研究的结果并没有像人们所假设的"文化差异与并购绩效完全是一种相反的关系"，有的研究结果甚至是相反的，也就是文化差异促进了并购绩效。因此，仅比较两种组织文化之间的差异是不够的，应该从微观层面进行更为细致的解剖，组织价值观研究就是一条有效的途径。

二、组织价值观维度划分

Hofstede 等（1990）认为组织文化是价值观和实践的复合体，两者共同构成组织文化，其中价值观是组织文化的核心。他在丹麦和荷兰选取了10个不同的组织，以20个单元为研究对象，来分析组织文化的结构。研究结果表明，价值观部分包括3个独立的维度，即对安全的需要、以工作为中心、对权威的需要。O'Reilly 等（1991）在以前的研究基础上发展出组织文化剖面图，把组织文化划分为8个维度。

（1）创新与冒险承受（innovation and risk taking）：提倡革新性、冒险性、实验性的组织文化。

（2）关注细节（attention to detail）：关注管理上的细节，追求准确性的组织文化。

（3）结果导向（orientation toward outcomes or results）：喜欢以成就导向为需求，并以结果为导向及设定高期望标准的组织文化。

（4）进取性与竞争性（aggressiveness and competitiveness）：强调主动积极、竞争的组织文化。

（5）支持性（supportiveness）：具有支持性、提倡资源分享的组织文化。

（6）强调成长与报酬（emphasis on growth and rewards）：对绩效表现及专业成长给予高报酬的组织文化。

（7）合作与团队导向（collaborative and team orientation）：强调团队精神和精诚合作的组织文化。

（8）决策果断性（decisiveness）：决策果断而且冲突较少的组织文化。

Denison（1996）认为组织文化就是一套价值观、信念及行为模式，它们共同构成组织的核心，构建了文化特质模型，包括四个与经营业绩有着必然联系的文化特性。

（1）参与性（involvement），培养员工的能力、主人翁精神和责任心，通过授权员工、团队导向、能力发展三个指标衡量。

（2）一致性（consistency），确定价值观和构建强势文化体系，通过确立核心价值观、同意、协调与整合三个指标衡量。

（3）适应性（adaptability），把商业环境的需求转化为企业的行动，通过推动改革、关注客户、组织学习三个指标衡量。

（4）使命感（mission），为企业确定有积极意义的长期发展方向，通过愿景、目标、战略方向或目的三个指标衡量。四个文化维度不是独立的，而是共同对经营业绩起作用。

魏钧（2008）的研究认为组织价值观包含八个维度，其中客户导向、社会责任、创新精神三个维度和其他学者的观点基本一致，而变中求胜、争创一流、遵从制度、和谐仁义以及兼顾平衡五个维度则与其他学者的研究不尽一致，反映了国内企业与其他文化背景下企业价值观的差异。

三、组织价值观与员工行为

并购发生以后，组织成员要面临如何适应新的组织文化的问题，在既得利益丧失，发展前途扑朔迷离的情况下，产生认知失调，心理压力必然增大，抵制行为就会迅速增多。如果组织不能够及时与被并购组织的员工有效沟通，那么"磨洋工"、旷工、离职等行为就会产生，因此并购被认为会威胁到员工对现在组织的认同及承诺的稳定性及一致性（Bartels et al.，2006）。

Organ 和 Konovsky（1989）在建构组织公民行为理论时指出，组织文化与组织公民行为具有密切的关系，当组织成员接受公司的组织文化、员工个人价值观同组织价值观相似时，个人角色外的行为较好，表现超过组织设置的标准。也就是说，个人价值观和组织价值观匹配程度越高，他们的组织承诺也越高。Chatman（1989，1991）的研究同样发现，员工与组织共享价值观的时候，就会对组织产生较高的承诺，对工作产生较高的满足感和较少的离职现象。Kristof（1996）总结了以往的实证研究后发现，个人价值观和组织价值观与员工满意度、组织承诺、工作中的角色外行为、工作表现、压力和离职倾向等都有显著的相关关系。

Boxx 等（1991）对运输行业的员工研究结果表明，组织价值观对组织成功起着非常关键的作用，支持性和革新性对员工工作满意度、组织承诺和凝聚力有显著影响。Bass（1995）研究发现，组织价值观在员工满意度方面扮演了重要的角色，员工导向的价值观与工作满意度呈现正相关关系，而开放导向价值观与员工对组织的态度和工作满意度没有显著相关关系。Patterson 等（2004）的研究发现，规范、自主、变革和团队价值观与员工的工作满意度呈显著正相关关系，规范导向价值观比层级导向的价值观对工作满意度有更重要的影响。

综合学者们主流的研究观点，可以看出组织价值观在心理和行为等方面都会产生影响，直接关系着员工的满意度、组织承诺、工作表现以及离职倾向等衡量员工工作效能的因素，是解释员工行为的一个非常重要的变量。

第三节　组织认同理论研究

最早使用认同（identification）一词的是弗洛伊德，他把认同定义为精神分析已知的与另一个人情感联系的最早表现形式，是个人与他人、群体或被模仿人物在感情上、心理上趋同的过程，即认同是一个心理过程，是个人去模仿另一个人或团体的价值、规范与面貌、内化并形成自己的行为模式的过程，其作用在于努力模仿被看作模范的人来塑造一个人自己的自我。弗洛伊德把认同分为原始认同（primary identification）和衍生认同（secondary identification），原始认同被看作没有被分化的知觉，将自己看作外在客体的一部分；衍生认同则是将自己从外在客体中分离出来。认同理论的研究沿着两个路径展开，一是社会认同理论，二是认同理论（角色认同理论）。学者们对此问题再次有所关注源于 Ashforth 和 Mael（1989）对此问题的推动，他们将社会认同理论引入组织行为学研究领域，开辟了组织认同研究的新纪元，在此后 20 多年的时间里，又有一批学者对组织认同理论进行了实证研究。

一、社会认同理论

Tajfel（1982）、Tajfel 和 Turner（2004）的社会认同理论揭示了群际行为的内在心理机制，将人际行为和群际行为进行了区分，并把认同在个体和群体层次上区分为个体认同和社会认同两种自我知觉水平，还将人际比较与群际比较、个体自尊和集体自尊进行了区分。该理论把"社会"理解为"群体关系"，认为认同是在群体关系中产生的，把个体对群体的认同放在核心的位置，从而更深刻地揭示了社会心理的实质（张莹瑞和佐斌，2006）。社会认同理论为群际关系、群体历程的社会心理学理论，他们认为，要想全面理解一个人的社会行为，不能单纯从人的心理因素解释，必须研究他们如何构建自己和他人的身份。一个人隶属的社会分类（国籍、政党、运动群体）及个人所认同的社会分类，将提供个人根据社会类别的特性来定义自己的身份（Hogg et al., 1995）。社会认同是指个体对于所属群体知识的个人自我概念，伴随着其对作为该群体一员而凸显出来的一些价值感或情绪，是一个人把自己定义为某种社会类型（social category）的成员，并且把这种类型的典型特征归于他自己的自我心理表现与过程。社会认同让人们弄清楚了"自己是谁""自己和自己所属群体的成员都有哪些共同特征""其他人或群体有哪些特征"等问题，了解了这些，人们便可以更好地认识自己的身份。人们通过对社会群体进行分类、评价，在此基础上确定自我的身份，通过把社会群体区分为"内群体"（个体所属的组织）和"外群体"（竞争对手或者其他群体），使自己的言行与内群体的言行保持一致，来区分与外群体成员的不同，群体的身份一旦被划分出来，人们在心理上、行为上就会偏向自己的群体，形成我族优越感。这种认同非常利于提高群体的凝聚力，因为在一个群体中，即使成员之间互动不多甚至并不熟悉，但只要知道彼此都属于同一个群体就会产生亲近感，就会喜欢彼此，这一点可以很好地解释非正式组织的存在及其非常强的凝聚力表现。

Ellemers 等（1999）指出社会认同理论由三个基本概念组成：归类、社会比较和社会认同。

（1）归类。归类是一种认知工具，用于社会环境的分割、分层，目的是令社会变得更加有序，从而让个体能够理解社会行动的形式。或者说，它是人们为了更为全面、便捷、快速地理解由人类构成的社会而使用某种标准将社会中的人群划分为不同种类的一种方法。通过这种方法将人划分出层次和类别，从而可以使人们更容易认识社会和世界。人们通过了解"自己属于什么群体"来认识自己，通过参考自己所隶属群体的行为规范来确定自己的行为。他们认为，人们首先确认各种群体成员资格的基本标准，然后把那些相关的个体定义为同一群体的成员。一旦能把人们划分到某一类别中来，那么就能说出关于这类人的许多共同点，就能以一般的方式来理解和把握这个问题。在每种类别和层次里，人们很快就会分享相同的价值观及组织特性，并且通过这种分享，各个层次和类别的成员都会形成一种共识。当人们把自己定义为某个群体的成员时，就会感觉到自己与这个群体的成员是可以互换的，同时也与其他群体的成员是有显著区别的。人们评价和比较社会各群体的优劣、社会地位和声誉，都尽可能地把自己编入到优越的群体中，并觉得自己拥有该群体一般成员具有的良好特征。比如，一名大学教授在承担正常的教学、科研任务的同时，在外面兼任公司高管或顾问，如果他认为公司高管阶层在社会上地位高，就会尽可能地突出自己的高管身份，告诉别人自己属于高管群体的一员，而不愿向别人提起教师身份。相反，如果社会对大学教授的评价高，而对高管的评价低，他就很可能不提起兼职的事情。

（2）社会比较。比较是社会认同的一个重要历程，是指人们为了评价自己而把自己与其他类似的人进行比较。因为积极的自我概念是常态心理功能的一个部分，人们要有效地面对世界，需要对自己有一种良好的感觉。个体对自己的认识和评价首先是从询问"我们是谁""他们是谁""我们是怎样的""他们是怎样的"这些类似的问题开始的，通过这些问题的回答，把自己所属群体与其他群体区分开来。通过比较，获得自尊的感觉。群体成员会把他们的群体与其他群体作比较，结果有些群体得到正面评价，而有些则得到消极评价。得到正面评价的群体会有较高的声望，而得到消极评价的群体声望就会比较低。群体成员把自己所属群体和其他群体相比较，确定自己所属群体的优越性，从而提高自尊。所以说，人们进行比较的目的是积极地认识自身。一般人们都希望自己的群体优越于相类似的群体，从而获得一种自尊的感觉。对于评价不高的群体，往往会受到社会的偏见、歧视甚至鄙视。为了维护自尊，会采用多种应对方法，其中包括模仿强势群体以图自强，千方百计寻找所属群体优越于强势群体的地方，也有可能抛弃所属群体，转而认同强势群体。

低评价群体的成员一般并不接受社会对他们的评价，当弱势群体成员感到自己所属的群体在声誉、社会地位上不如其他群体的时候，为了扭转自己的社会形象，把自己所属的群体定义为积极的群体，群体成员除了自己从心理上用一种积极的心态看待自己，也就是说，人们选择一种在他们看来是积极的方式看待他们的群体，还会把这种积极的一面与其他群体作比较，并努力使自己群体的积极方面发挥到最大化。除了提高自尊外，他们还会通过各种方式进行抗争，尽力弱化他们群体的消极方面，以尽可能地减少与优势群体在这些方面的差距。

（3）社会认同。认同是指人们隶属于某一个群体成员的认同感，一方面包含群体成员资格的认定，另一方面是指对与之类似的群体内成员的感觉。Tajfel 和 Turner（2004）区分了个体认同与社会认同，认为个体认同是指对个人的认同作用，或通常说明个体具体特点的自我描述，是个人特有的自我参照；个体认同是作为一个独立个体的思考，是指个体的特色或鲜明的性格，即每个人所具有的与他人有所不同的特质。社会认同则是个体认识到他属于特定的社会群体，同时也认识到作为群体成员带给他的情感和价值意义。社会认同是个人作为群体成员的思考，是指个体知觉到属于社会范畴中的某个群体，将自己定义为这个群体的成员并且把该群体的典型特征归于自己的自我心理表现和过程，个体会知觉到自己与这个群体的其他成员有着相似的背景，从而形成对这个群体的同一感或归属感。人们在任何情况下都可能是某一个群体成员，社会认同与具体的情景有关，也与一个人如何看待自己的群体成员资格有关。因此，对于一个人来说，划清内群体和外群体的边界是至关重要的。在现实社会中，每一个人的群体成员资格都是多种多样的，确定某种群体成员资格往往依赖于人们具体的群体认同感。个体所在群体与其他群体之间的边界很明显时（即分类非常清晰），某群体的成员资格很吸引人时（即群体成员的资格导致自我增强），以及群体分类最好地说明了个体和群体间的相似点和不同点时，社会认同感最容易产生。个体对群体的认同感越强，就会使该群体与其他群体的差异越显著。个体认同和社会认同是相互作用、相互影响的。个体认同的增强，会与群体成员相互作用而使得社会认同感增强。同样，社会认同感越强，个体不但能够从自己与其他个体相区别的独特特征感知自己，而且能够与群体内其他成员共享他们的共同特征来定义自我概念。作为个体自我概念的一部分，社会认同能够为个体提供一种群体成员资格感知、态度和行为效果的基础。个体对自我在群体方面考虑得越多，对群体的认同感越强，其态度、行为受群体成员资格的控制程度越高。社会认同是由一个社会类别全体成员得出的自我描述，实际上是社会成员共同拥有的信仰、价值和行动取向的集中体现，是一种集体观念。与一般的利益联系相比，注重归属感的社会认同更加具有稳定性。社会认同理论强调，人是社会人，必然要在构成社会的众多群体中选择一个或多个群体表明自己的成员资格，这样才会在社会生活中获得社会支持感和安全感。一个人在定位自己成员资格的时候，首先就涉及把自己划归到哪一种群体的分类问题。

二、组织认同的含义与分类

（一）组织认同的含义

组织认同理论来自社会认同理论，是以社会认同为基础衍生出来的一个概念。Ashforth 和 Mael（1989）认为组织认同是社会认同的一种特殊形式，是个体将组织作为认同的对象，为个体提供一种与组织一致的感受，从而为个体提供一种组织态度和行为的基础。学者们从三个角度对组织认同进行了定义。

一是从认知角度出发定义组织认同。组织认同是个体对于组织成员感和归属感的认知过程，体现了个体和组织在价值观上的一致性。员工只有将自己看作组织的一分子，才会认同组织的使命、价值观和目标，才会在各项活动中考虑组织利益。所以，组织认同就是人们以组织成员身份定义自我的过程，这种认同一旦形成，并不因为离开这个组织而消失。

二是从情感角度定义组织认同。组织认同是成员对组织的一种情感上的依赖，是组织成员在情感上的某种自我定义。徐玮伶和郑伯埙（2003）

认为，组织认同是一种以组织成员身份定义自我的状态，即使个体同组织已无物理或实质上的联系，这种定义仍然可能存在（如学生即使已经从自己的母校毕业，以后仍会以该校的校友自居，也就是说，对母校的认同并没有因为离开了学校而消失），这是一种持续作用的认同效果。个体会以所处的组织群体关系来定义自己，并且把组织的特征内化为自己所有，即个体认为自己是某一个特殊群体中的一员。这种自我分类的意识，是个体在心理上与组织命运相维系的一种情感。

三是从社会学角度定义组织认同。当个体认同这个群体的时候，就会知觉到自己隶属于这个群体（Ashforth and Mael，1996）。当这种自我概念与其所知觉到的组织具有了相同特质的时候，组织认同就产生了，组织认同是一种个体与组织认知上的联系。van Dick（2001）认为个体的认同包含认知（识别自己是组织的一部分）和情感（感觉自己隶属于这个组织），认同包含四个不同的维度，它们都是认同过程的一部分。第一是情感（affective）维度，个体有一种对组织的情感归属；第二是认知（cognitive）维度，个体应该具有成为组织一员的知识。第三是评价（evaluative）维度，个体对组织的评价。第四是行为（意向）（behavioural）维度，既包括行为倾向也包括实际的行为。在他看来，认知维度和情感维度是基于社会认同理论的，而评价和行为维度似乎更多地体现为认同过程的结果而不是认同过程本身。

在Dutton等（1994）看来，组织认同是员工用定义组织的那些属性定义自己的程度，员工这种作为组织成员的认同意识，比其他的认同意识更加显著。而且，一个人的自我概念与组织形象特征越相似，就越有可能把组织看作社会群体。当个体的自我概念与感知到的组织形象特征相同的时候，就产生了组织认同。一旦组织成员认为组织成员身份比其他身份突出时，组织认同就会变得强烈起来。他们关注两个关键的组织形象。

一是"感知的组织身份"，即组织成员认为组织具有独特的、核心的和持久的形象。"感知到的组织身份"可以提高组织成员的正向归因。组织认同强度反映了组织成员的自我概念与其组织成员身份之间相互联系的紧密程度，这是一种心理上的依赖感，是成员把自己看成组织一部分的强度，当成员用定义的组织特征来定义自己的特征时，组织认同就产生了。"组织成员身份"也就成为用来定义自我概念时经常使用的核心成分。组织认同对成员的自我感知既有正面的影响，也可能产生负面的影响，如羞愧、耻辱或窘迫等感觉。

二是"析释的外部形象"，即组织成员基于外界对组织的评价而形成的形象。"析释的外部形象"是成员对外界如何评价组织的看法，这个评价也会直接影响到成员的组织认同。当外界对组织的评价是正面时，组织成员就会因为自己的组织受到社会的重视而产生自豪感，会因为组织荣誉而感到光荣，从而产生强烈的组织认同，就会促进成员间的愉快合作，促进有利于组织利益的行为。相反，当外界对组织的评价是负面时，组织成员往往会做出消极的反应，从而导致不利于组织利益的行为，如降低工作投入，浪费组织资源，甚至离开组织。"析释的外部形象"就像一面潜在的镜子，将外界对组织及其成员行为的评价反射给组织成员。人们总是试图保持正面的社会身份，因为这种正面形象可以提供自我满足的社会机会，可以提高自己的社会声望，所以当"析释的外部形象"被认为具有吸引力的时候，成员的组织认同就会增强。

上述定义组织认同的方法，有一个比较一致的观点，就是把组织认同看作一个认知过程。尽管组织认同的概念存有差异，但总体来看，有两点是共同的：一是归属感，都强调个体对组织的归属感；二是自我感觉，都强调认同与自我概念相关。本书针对并购这种特殊的组织变革形态，综合学者们的观点，把组织认同定义为个体对于组织成员感、归属感的认知过程，它体现了组织成员价值观与组织价值观的一致性。

（二）组织认同的分类

组织认同可以在不同的层面上展现出来，如团队层面、部门层面、组织层面。组织认同是社会认同的一种特殊形式，即个人认为自己是某个群体中的一员。当一个人认同某个群体的时候，就会感觉到自己属于这个群体，所以，当个人的自我概念与所知觉到的组织有相同的特质时，组织认同就成为个人与组织认知上的联系。组织被知觉到的这种特质与其他组织的差别越大，组织成员的认同感就越强（Dutton et al., 1994）。组织认同能够产生，是因为成员接受了组织的价值观和目标。根据社会认同理论观点，多重认同广泛存在，组织成员可以同时对多个对象产生认同。Vora 等（2005）研究了跨国公司子公司经理对子公司和跨国公司的双重认同问题，结果表明，这种双重组织认同会出现四种认同状态：对于两个公司都有高度的组织认同；对于两家公司都有低度的组织认同；子公司认同度高而母公司认同度低；子公司认同度低而母公司认同度高。他认为当子公司的经理在公司内不能获得自尊的提升及增强与组织的联系时，对组织的认同可能就是低的。Reade（2001）以在印度和巴基斯坦的多国公司为研究对象，实证分析了 195 名印度的当地管理者和 122 名巴基斯坦的当地管理者的双重认同问题。结果显示，多国公司中的当地管理者存在着对分公司和母公司的双重组织认同，这两个组织认同是能够区分开来的，而且，无论是以价值观为基础的组织认同测量，还是以社会认同理论为基础的组织认同测量，当地管理者对于分公司的认同程度要超过对母公司的认同程度。George 和 Chattopadhyay（2005）认为对那些被 A 公司雇佣却在 B 公司工作的员工来说，由于同时隶属于两个不同的组织，产生对不同组织的认同，即组织成员会同时产生两种不同的组织认同。所以说，组织成员可以对不同的对象产生认同，研究组织中的认同问题，不应该局限于对组织的认同，应该分析组织成员认同的种类。在并购企业中，更是会有各种各样的认同。从组织层面的认同来看，学者们对于认购前组织的认同和认购后组织的认同研究较多，目标公司对于并购前组织认同的强度，直接关系到对并购后新组织的认同状况。其实，多重认同问题在早些时候就引起学者们的注意，组织认同同样可以包括对整体组织、部门和工作团队的认同，员工甚至可能同时产生对管理者、职业、工作团队、组织的认同（van Knippenberg and van Schie，2000），认同一般从组织认同、领导认同和团队认同三个层面来剖析。

1. 组织认同

Cheney（1983）认为组织认同共有三个维度，成员感（membership）、忠诚度（loyalty）和相似性（similarity）。他们设计的组织认同量表（organizational identification questionnaire，OIQ）也是目前使用比较广泛的组织认同量表之一，包含 25 项指标，信度系数高达 0.95。Barge 和 Schlueter（1988）的研究延续了这一划分方法，进一步完善了该量表，后来许多学者用他们的量表进行了实证分析，该量表的 Alpha 系数大都超过了 0.9，然而也有一些学者认为量表中包含了过多的组织承诺条款，因此他们提出的组织认同概念，与组织承诺概念更加接近一些。

在 Mael 和 Ashforth（1995）看来，组织认同只有一个维度，他们开发了六个条款量表，如"听到别人批评组织，我感觉就像是在批评自己一样""我很想了解别人是如何评价自己组织的""组织的成功代表着我的成功"，他以商科专业和心理学专业学生为研究样本进行了测量，问卷内部一致性 Alpha 系数为 0.81。李永鑫等（2007）运用此量表在 338 名中小学教师和 256 名高校教师中进行了测量，Alpha 系数为 0.82 和 0.85，表明该量表在我国同样适用。Mael 和 Ashforth（1995）共同完善的这个量表关注的是员工对组织的情感因素，类似于组织承诺中的情感承诺维度，该量表为多数人所使用，因此本书也采用此量表来测量组织认同，同样，领导认同和团队认同量表的编制也以该量表为基础，以保证问卷的信度和效度保持在较高水平。

众多研究表明，使用 Mael 量表测量的结果与采用其他量表的研究很接近，而且相对齐性。使用 OIQ 测量的结果与采用其他量表的研究结果差别较大，而且是非齐性的，特别是该量表与组织承诺量表非常相似，所以，采用 Mael 量表与本书的认同内涵更加相符。

2. 领导认同

不同的认同对象会产生不一样的认同，Becker（1992）认为当员工佩服主管的某些特质，比如说态度、行为或者造诣的时候，就会因为能与这样的主管一起共事而感到骄傲和自豪，就会产生对这个主管的认同。Scott 等（1999）的研究表明，当一个人强烈地认同老板或者团队领导的时候，就会形成自我定义，就会产生对老板或者领导的依附心理，进而形成对他们的认同。这种认同越是强烈，就越会产生积极的行为，如信任、感知公平和组织公民行为，相反离职倾向等负面行为就会越少。借鉴 Pratt 和 Forman（2000）对组织认同的定义，个体认同就是个人对于某个人（如领导）的信念变成自我认知或自我定义的时候产生的。根据早期魅力型领导精神分析理论，魅力型领导对部下的影响，是以一个人对领导的认同为基础的，这种理论来源于孩子早期对父母的认同。孩子对父母有认同感，父母就会影响孩子的行为方式。如果部下对领导没有认同感，那么，领导就不会对部下的行为产生影响。魅力型领导通过个体认同这个核心机制来影响部下跟随，影响力的基础是参考权力。魅力型领导的作用就在于通过角色塑造来对跟随者施加影响，这个施加影响的过程包括部下模仿领导的信仰、情感、行为等，唤醒员工的自我概念，形成与领导的价值观保持一致的渴望，将下属的自我概念和组织共有的价值观念统一起来，提高员工的认同感，从而产生组织认同和领导认同，促进员工的个人自我效能和集体自我效能。

3. 团队认同

van Knippenberg 和 van Schie（2000）对荷兰政府部门和荷兰大学教师做的两个研究表明，与组织认同比起来，在日常的组织生活（day-to-day organizational life）中，其他层面的认同比整体层面的组织认同更强，特别是员工的团队认同（work group identification，WID）比组织认同更强烈，而且对员工的组织态度、组织行为解释力更强。如果只是关注"组织认同"，那么在组织行为研究中就会产生严重疏忽（serious oversights），他们通过相关性分析、回归分析表明，如果只是关注一般意义的组织认同，就会低估认同情感的重要性，因此应该对多层次的认同进行研究。他们的研究结果的确表明，工作团队层面的认同与工作满意度、离职意愿、工作投入程度和工作动机的相关性要比组织层面的认同更强，对于管理者而言，应该更加关注团队认同。一般而言，低层次的认同（如工作团队）要比高层次的认同（如组织）更加重要，即人们倾向于认同更贴近的集团，而不是距离较远的集团。因为在一个小的群体里面，他们意识到自己在同别人产生联系，保留自己观点，而不是完全被组织的特性所覆盖。此外，人们在相对小的组织中有更多的共同点，如共同的工作历史、共同的工作任务，这使其在小组织中更容易形成共同的意识，产生认同。

不过，不能说高水平的团队认同就一定对组织有好处。团队认同可以解释不同团队之间的竞争情绪甚至敌对情绪，但是过度重视团队认同的培养对组织可能是有害的（尽管团队间的竞争优势可以提升组织绩效），另外可能产生的一个副作用是：高的团队认同可能会使团队成员不愿意转到其他团队工作，如果工作需要其必须到其他团队工作的时候，工作积极性就会受到影响。所以说工作团队的认同并不一定都对组织产生有利的作用。当然，van Knippenberg 和 van Schie（2000）也认为，尽管与组织认同相比团队认同在解释组织态度、组织行为中占有一定的优势，也不能说团队认同就一定比组织认同对组织的影响强，更不能说团队认同与所有的组织态度和组织行为联系更强。事实上一些学者的研究表明，由于组织间的个性差异和组织内的群体差异，有的组织行为可能主要是由于团队认同引起的，也有的组织行为是由于组织认同引起的。

三、组织认同的影响因素

Ashforth 和 Mael（1989）把影响组织认同的前因变量归结为四个：①组织特色。和其他组织相比，价值观、业务是否具有特色会影响组织认同，因为特色可以使组织与其他组织形成明显差异，能够提供独特的认定。他们的实证研究证明，具有明显特色的组织，与成员的组织认同有正向的关系。②组织声誉。他们以一所宗教大学的学生为研究对象，发现学生如果认为学校的声誉好，对组织认同就会有正向影响。③外群体的特色。外群体是相对于内群体而言的，泛指内群体以外的所有群体。组织外的知觉会强化组织内的知觉。④群体的构成。比如，成员的相似性、目标的相关性、历史的相同性和爱好的一致性等，都会影响到组织认同的程度。van Knippenberg 和 Sleebos（2006）以大学的教职员工为研究对象，发现组织声誉的确对组织认同有正向的影响。Carmeli 等（2007）认为企业声誉好，勇于承担社会责任容易赢得员工的组织认同。

Mael 和 Ashforth（1995）又进一步提出了组织认同关系模型，从组织角度来看，有组织特色、组织声誉、组织间竞争和组织内部竞争四个影响组织认同的前因变量，其中前三个因素对于组织认同有着正向的影响，组织特色（$\beta=0.13$，$P<0.05$）、组织声誉（$\beta=0.26$，$P<0.001$）、组织间竞争（$\beta=-0.12$，$P<0.05$），而组织内竞争的作用为负，表明组织内部竞争激烈的话，将会降低组织凝聚力，团队成员就会倾向于从个体或者小团队利益出发，对组织认同产生一定消极影响。拥有鲜明特色的组织，容易与其他组织区分开来，容易赋予成员特别突出的自我定义。组织声誉好，组织成员就会获得比较多的自尊感，就会因为自己隶属于这个组织而骄傲，就会感觉自己得到了更多的社会认可，进而提高认同感。一个组织与外部组织竞争越是激烈，组织间的边界就越分明，组织价值观和行为规范就会凸显出来，组织成员越容易产生认同感，尤其是外人（如客户或股东）对组织的评价越是正面，成员的认同感就越强。

从个人层面看，Mael 和 Ashforth（1995）研究发现任职年限、满意度、感伤度等因素都显著影响着组织认同，任职年限（$\beta=0.12$，$P<0.05$）、满意度（$\beta=0.33$，$P<0.001$）、感伤度（$\beta=0.15$，$P<0.01$）。一般来说，任职年限越长，组织成员越容易产生对组织的认同；工作满意度会增加组织认同，满意度越高，组织认同程度也会越高；感伤度高的人，常存有怀旧心理，并从中获得伤感，这样的个性会提高组织认同。成员的新鲜感、有联系的组织数量、导师的存在三个变量对组织认同的影响不够显著，它们对组织认同的累计解释量为35%。起初，成员的新鲜感与归属感可能成正比，但随着时间的推移，这种归属感会慢慢地消退；有联系的组织数量与组织认同呈现负相关，因为与组织成员产生联系的组织数量越多，就会出现对多个组织、团体的认同，从而削弱组织认同。

Riketta（2005）对组织认同文献做的元分析表明，任职年限、工作范畴、工作挑战性、组织声誉是影响组织认同的重要因素。也有学者研究发现分配公平和程序公平是组织认同的前因变量（Lippone et al.，2004）。可能仅仅是由于个性偏好原因，有的人会比其他人更容易认同一个社会群体，因此就产生认同上的差异。Reade（2001）认为，当个体感到自己的成功离不开组织，与组织中每个人的努力息息相关，就会产生与组织共命运的感觉，意味着个人命运与组织命运的相互结合、互相依赖，从而产生组织认同。

van Knippenberg 和 van Knippenberg（2000）的研究成果也表明，并购

后组织的员工认同影响因素不同于常态化组织，比如感知组织地位、组织声誉、组织特色等这些在常态化组织中影响认同的因素，在并购后组织认同的培育中并不起作用。他们以刚刚合并的政府部门和合并三年的教育部门为研究对象，以组织支配能力的高低为干扰变量，探讨了不同并购时间、并购前组织认同和知觉组织间差异对并购后组织认同的影响。研究表明，在刚合并的政府组织中，对于那些支配能力较高的组织成员，合并前的组织认同状况会影响合并后的组织认同，其知觉组织差异与合并后组织认同呈正相关。但是，对于那些支配能力较低的组织成员，合并前组织认同与合并后组织认同是不相关的，其知觉组织差异与合并后组织认同呈负相关。在合并三年后的教育部门中，研究结果显示，支配能力较高的组织成员，合并前的组织认同会影响合并后的组织认同，其知觉组织差异对合并后的组织认同也呈正相关关系；而支配能力低的组织成员，合并前的组织认同、知觉组织差异与合并后的组织认同都是不相关的。Bartels 等（2006）的研究成果也表明并购前组织认同、连续性感觉、并购收益预期、并购前的沟通氛围和并购组织的沟通五个因素可以很好地预测并购后员工的组织认同。

王彦斌（2004）认为组织认同是一个综合性概念，既是一种心理，也是一种行为，既包括组织成员对组织理性的契约感和责任感，也包括组织成员对组织理性的归属感和依赖感，以及由这种心理带来的对组织尽心竭力的行为结果。因此，在对组织认同进行测量时，既要包含对组织认同心理的测量，也要包括对组织公民行为的测量。他以转型期的国有企业为样本，研究发现影响员工组织认同的因素有三大类：一是个体因素；二是组织内部因素；三是组织外部因素。个体因素包含经济性因素、所拥有的资源及其自我评价的特点、组织成员的价值目标及其追求特点；组织内部因素包括组织资源及其组织结构特点、组织成员关系及其特点、组织文化及其发展目标特点等；组织外部因素包括外部的经济制度环境、组织生存的竞争型环境等。并购前组织认同程度越强，员工价值观越不容易改变，在并购方组织文化没有明显优越性的情况下，员工越留恋过去的组织，对新组织的认同就越低。并购发生的时候，目标公司有一种天然的"失败"情绪，尽管这种并购可能出于纯粹的经济目的，也可能对于并购双方都有好处，但这种情绪是无法磨灭的。如果员工感觉到并购对于原来组织明显不利，有一种被欺负的、不公平的感觉，就会失去对并购的信任，那么要建立起对新组织的认同是很困难的事情，极端的情况是他们会群起反对并购。当然，如果预期收益好的话，这种态度也可能会改变。由此可见，知觉组织间的差异可能是组织认同的重要前因变量。因此，本书从知觉组织价值观差异角度研究组织认同问题，具有可行性。

四、组织认同与员工行为

并购过程中，加强员工对新组织的认同培育，减少员工对新组织的抵触心理，是并购顺利进行的关键。在许多影响组织并购成败的因素中，学者们认为被并购组织员工对新组织的认同、承诺，是并购能否成功的关键，能够解释员工抵触组织改变或并购的原因（Hogg and Terry，2000；Bartels et al.，2006）。Ashforth 和 Mael（1989）指出，组织认同会对组织成员的态度与效能产生重要的影响。组织认同程度高，组织成员会发生较多的合作和组织公民行为，从而提高组织的竞争力。组织认同会对组织成员的工作或社会组织的整体效能产生影响，即使在没有他人监督的情况下，具有高度组织认同的成员也会做出符合组织利益的决策。

Cheney 和 Tompkins（1987）提出组织认同的效果会涉及组织内的决策、工作态度、工作动机、工作满意度、工作表现、目标达成等多个层面。当人们对某种群体产生认同时，会产生去个人化，与团体有命运共同感等感受，且会有内群体的偏私行为，具体表现为组织成员会更愿意与组织有更多的紧密联系，较多的合作行为、较多的与组织对手竞争的动力以及较多的组织公民行为。组织认同已经被证明与绩效以及组织公民行为正相关，与员工离职率以及实际的离职意向负相关。组织认同也被认为有助于培养在工作中的价值感、归属感和控制感。不仅如此，由于组织认同是一种以组织成员身份定义自我的状态，因此，即使离开了组织，组织认同依然会对个体发挥作用。彭玉树等（2004）研究表明，组织认同是许多组织行为变量的前因或后续效果的重要变量，并且在战略管理理论的研究领域中，组织认同也被认为是可以解释企业竞争优势来源的重要预测变量。

Mignonac 等（2006）对三个不同的职业群体，包括工程师、管理者和审计人员进行了工作态度研究，目的是研究组织声望对离职倾向的影响，以组织认同作为中介变量。该研究调查了从法国南部工程大学毕业的1500名工程师，四大审计国际公司的664名审计师和1200名法国四所大学商学院毕业的管理者，结果发现在三个群体中组织外部声望感知（perceived external prestige）都显著地影响着离职倾向（样本1，$r=-0.33$，$P<0.01$；样本2，$r=-0.38$，$P<0.01$；样本3，$r=-0.26$，$P<0.01$）。在这里，组织认同起着非常重要的调节作用。当组织认同非常低的时候，组织声望对个人离职倾向影响很小，只有在第一组样本中有着轻微的负相关关系，在样本

2中组织声望对离职倾向没有影响,而在样本3中组织声望与离职倾向有着轻微的正相关关系。相反,当组织认同处于中等或者高等状态时,组织声望与离职倾向之间呈显著负相关。

可见,组织认同对员工的多种行为都有可能产生显著影响,一般情况是员工的组织认同程度越高,越容易提高员工的满意度,产生积极的行为,相反组织得不到员工的认同,或者说员工的组织认同程度越低,越容易产生消极的行为,员工的满意度也就越低。同样可以认为,领导认同也会有这样的效果。由于并购是两家企业的合并,通常不会产生大规模的人员交叉,工作团队的变化不是很大,因此研究团队认同相对来说对解释并购后员工行为的意义不是很大,这一点在访谈过程中也得到了印证,因此,本书聚焦于探讨组织认同和领导认同对并购后员工行为的影响,不讨论团队认同。

第四节　员工行为理论研究

对员工行为文献综述的目的在于明确员工行为的种类,概括归纳影响员工行为的前因变量,特别是与组织认同和领导认同相关的前因变量,并且了解他们是如何影响员工行为的,在此基础上,结合并购组织的特点,确定用来衡量并购发生后的典型员工行为类型,为构建本书"价值观—认同—行为"理论模型奠定基础,为测量并购后的员工行为提供支持。

一、员工行为分类与测量

Turnley和Feldman(1999)提出组织的有效运行依赖于员工三种类型的工作行为:一是员工必须参与并留在组织中,称之为"留任行为";二是员工的行为必须符合组织规范的行为准则,称之为"角色内行为";三是员工必须主动完成创新以及超越工作要求的自发性活动,主动地、自发地为组织承担一些分外的事情,称之为"角色外行为",它们都是对组织绩效起正向作用的行为。当然,并不是所有的员工行为对组织的运行都起积极的作用,也有一些行为是对组织绩效起相反作用的,如组织报复行为(organizational retaliation behavior)、工作场所越轨行为(workplace deviance behavior)、工作场所负面行为(workplace negative behavior)、反公民行为(anti-citizenship behavior)等,这些行为的存在,会对组织目标的实现构成一定威胁。当组织变革发生的时候,员工所处的环境发生变化,会导致员工产生不满情绪,做出相应的反应,出现不同的行为倾向,对此,Farrell(1983)提出了员工行为反应模型,将员工的反应归结为四种,即退出(exit)、呼吁(voice)、忠诚(loyalty)和忽略(neglect)。退出是员工通过采取离职、调动、蓄意破坏、寻找新工作或者考虑辞职等方式离开组织的一种心理倾向和实际发生的行为;呼吁是指员工通过与主管人员、同事共同讨论工作困难、采取行动解决困难、发出呼声、提出解决方案、寻求外界帮助等积极的、建设性的努力来改善环境和条件的行为;忠诚是指员工通过给予组织公开或私下的支持,付出组织公民行为,做个好员工等方式,被动但乐观地等待环境改善的行为;忽略是指员工通过减少努力和兴趣、经常地迟到和旷工、工作时间干私活、提高错误率等方式任由状况恶化的行为。所以,总体来看,并购实施以后的员工行为可以划分为以下四大类。

(一)角色内行为

角色内行为是员工完成组织规定任务所必需的行为,是组织要求每个员工必须完成的、职责范围内的行为,它是常规绩效的基础。假如员工履行不好角色内行为,就会受到相应的惩罚,在没有办法得到客观指标评价员工的绩效时,对角色内行为的评价是一个比较可靠的绩效参考指标。员工必须参与并留在组织中,以及符合组织特定角色要求的行为都属于这种类型,它们是组织要求的行为,也是组织常规绩效的基础。实证研究结果表明,员工角色内行为受到理念型心理契约的正向影响,那些体验到关系型和理念型心理契约满足的员工,对组织的回报既表现为组织公民行为和对同事的满意,也表现为角色内绩效和对工作的满意(王明辉等,2009)。

(二)角色外行为

角色外行为是一种积极的、自愿的行为,具有以下特点:①不是岗位描述所指定的;②不被正式的奖励系统所识别;③不履行或没履行好不会导致惩罚。这是员工付出的超过组织要求的行为,是一种自发地从事分外工作的行为,它对于组织业绩的提升有很大帮助。这些行为通常被称为组织公民行为,Organ和Konovsky(1989)对组织公民行为的定义是"员工自发的个体行为,同正式的奖励制度没有直接的或者外在的联系,但是能够从整体上提高组织的绩效。这种自发的行为不是角色或工作说明书上的强制要求,而是一种个人的选择,即使没有出现这种行为,也不会受到惩罚",他把组织公民行为划分为利他主义、认真负责、公民美德、谦恭有礼和运动员精神五个维度。Organ（1997）又修订了组织公民行为的概念，认为当时提出的"角色外"和"不被正式制度奖励"的界定不是十分合适，因为"角色"本身就是一个不断变化的定义，由此来界定角色内外的界限是不会有清晰结果的。

（三）反角色行为（越轨行为）

反角色行为对于组织绩效起负面作用，这样的行为越多，组织目标的实现过程越困难。反角色行为是员工在各种情况下对组织成员、组织生存及组织规则有着明显危害的主观行为，包括说谎话、没病装病、迟到早退等轻微的危害行为，也包括偷税漏税、破坏财产、偷盗、欺诈等严重危害行为。Robinson 和 Bennett（1995）采用多维量表技术，开发了一个工作场所越轨行为（workplace deviance behavior）模型，他认为这是反角色行为的一种，可以分为两个维度：轻微的（minor）与严重的（serious），人际的（interpersonal）与组织间的（organizational）；第一个维度是行为性质，测量的是越轨行为的严重程度，也就是对组织规范违反的程度；第二个维度是行为对象，测量员工的越轨行为是针对组织，还是针对组织中的其他人。据此，员工的越轨行为可以分为具体的四种类型：生产型越轨（production deviance）行为、财产型越轨（property deviance）行为、政治型越轨（political deviance）行为和个人侵犯型越轨（personal aggression deviance）行为。生产型越轨行为比较轻微，是员工通过减少生产产量、降低工作质量损害组织利益的行为，如经常迟到早退、没病装病休假、"磨洋工"、旷工、把自己的工作推给别人等；财产型越轨行为相对严重，是员工在未经授权的情况下，获取或侵害组织钱物的行为，如收受回扣、泄露公司商业秘密、挪用公司钱物以及故意损坏设备、怠工、偷窃公司财物等；政治型越轨行为是指通过人际互动使他人处于个人或政治上的不利地位而损害他人权益的行为，如传播小道消息、寻找替罪羊、厚此薄彼、任人唯亲、暗中陷害等；个人侵犯型越轨行为比较严重，是指以不友善的、攻击性的方式侵害他人权益的行为，如性骚扰、羞辱他人、伤害他人身体、口头攻击等。Gruys 和 Sackett（2003）也是采用多维量表技术，开发了一个二维的越轨行为体系，横坐标是行为指向（组织—行为），纵坐标是任务指向（与任务相关—与任务无关）。第一象限包括低出勤、滥用时间、滥用资源等，是一种指向组织的，与工作任务相关的行为；第二象限包括违规操作、不安全行为等，是一种指向人的，与工作任务相关的行为；第三象限包括语言攻击、身体攻击等，是一种单纯指向人的，但与工作任务无关的行为；第四象限包括破坏财产、盗窃等，是一种指向组织，但与工作任务无关的行为。此外位于坐标点的行为指向程度较弱，如个人的酗酒行为、沾毒行为等。

（四）离职倾向

离职倾向通常是指离开目前工作与寻找其他工作机会的总体表现或态度，是指在实际行为发生之前，个人对离职问题所做的一些评估衡量。按照个人是否自愿离职以及组织是否可以避免两个维度，离职倾向可以分成四类：①个人自愿及组织可避免的离职（指因组织因素导致的离职，如对组织提供的工作环境、工资水平不满意等）；②个人自愿及组织不可避免的离职（指因为个人因素导致的离职，如结婚回归家庭）；③个人非自愿及组织可以避免的离职（指个人因组织因素而离开组织，如被辞退）；④个人非自愿组织不可避免的离职（指前三项以外的离职行为，比如因健康问题的离职）。研究离职倾向时，学者们一般会采用 Mobley 等（1978）开发的量表，主要是测量员工对组织印象的转变、离职的念头和寻找其他工作的可能性。条款包括：①就目前的职业生涯而言，如果可能的话，我会辞掉目前的工作；②在未来六个月内，我有离职的打算；③我现在正积极地寻找其他的工作机会；④在过去的几个月内，我曾经认真地想过要找新的工作。

二、员工行为的影响因素

回顾学者们对于员工行为的前因变量研究，可以确认从认同角度研究并购后员工行为的必要性，组织公民行为、反角色行为和离职倾向是学者们历来研究的重点。

（一）组织公民行为的前因变量

Podsakoff 等（2000）对组织公民行为进行元分析后的结果表明，组织公民行为的前因变量可以归结为四个方面：个体特征、任务特征、组织特征、领导特征。具体来说分别包括：①个体因素主要包括员工态度、情感因素、角色感知、人口统计变量职业导向、个人能力与个体差别。员工态度包括工作满足（satisfaction）、感知公平（fairness）、组织承诺（organizational commitment）、情感承诺（affective commitment）、持续承诺（continuance commitment）、领导信任（trust in leader）。情感因素包括责任心（conscientiousness）、亲和性（agreeableness）、积极情感（positive affectivity）和消极情感（negative affectivity）。角色感知包括角色模糊（role ambiguity）和角色冲突（role conflict）。人口统计变量主要是年龄和性别。个人能力与个体差别表现在能力、经验、培训、知识；职业导向表现为独立性需求和报酬一致性。②任务特征包括任务反馈（task feedback）、任务程序化（task routinization）和任务内在满足性（task intrinsically satisfying）。③组织特征包括组织形式（organizational formalization）、组织稳定性（organizational inflexibility）、员工支持（staff support）、团队凝聚力（cohesive group）、领导控制外报酬（rewards outside the leader's control）、领导空间距离（spatial distance from leader）和领导支持感知（perceived leader support）。④领导特征包括"核心"交易型领导（"core" transformational leadership）、阐述合适的愿景（articulating a vision providing an appropriate model）、促进接受组织目标（fostering the acceptance of group goals）、高绩效期望（high performance expectations）、智力激励（intellectual stimulation）、群体报酬行为（contingent reward behavior）、非群体报酬行为（noncontingent reward behavior）、领导角色澄清（leader role clarification）、领导者程序规范（leader specification of procedures）、支持性领导行为（supportive leader behavior）、领导-成员交互关系（leader-member exchange behavior）。

早期的研究关注于员工特征，并将组织公民行为归结为两个主要因素。一是一般情感意义上的"士气"，Organ 和 Ryan（1995）把它看作员工满意、组织公民行为、感知公平和领导支持感知的基础。人们经常把这些因素当作组织公民行为的前因变量，而且，它们确实与组织公民行为有很强的联系。除了"士气"之外，Organ 和 Ryan（1995）认为员工的个人特质因素，如亲和性、责任心、积极情感和消极情感可以看作组织公民行为的间接贡献因素。不过目前的研究显示，责任心和亲和性与利他行为和遵守规则行为有明显关系。积极的情感因素与利他行为也是正相关。根据他们的概括，工作态度、任务变量和各种类型的领导行为，很明显比其他前因变量更强地影响着组织公民行为。工作满意、公平感知和组织承诺也对组织公民行为有积极的影响（Podsakoff et al., 2000）。

（二）反角色行为（越轨行为）的前因变量

学者们把越轨行为的前因变量一般归结为个人、工作任务、组织、社会及人际因素等几个方面。

个人方面的原因是员工的生理、心理特点引起的，主要包括人格特质（大五人格中的尽责性、宜人性、外向性、情绪稳定性、开放性以及核心自我评价等）和人口统计变量（年龄、工龄、性别、工资水平等）等，很多都会引起员工的越轨行为。Salgado(2002)的研究结果显示,宜人性和尽责性与偷窃组织财物、财产性破坏、违规等行为显著相关,都是越轨行为的有效预测指标;外向性和开放性、情绪稳定性与退缩行为如故意辞职、故意被解雇等显著相关。

工作任务方面的原因主要是工作本身存在着诱发员工产生越轨行为的因素,如一次性的交易、模糊性和三角关系等(Bennett and Robinson, 2000)。组织方面的原因包括工作环境条件(噪声、光线、空气、温度、舒适程度等)、工作特质(工作的自主性、工作的复杂性、职业的高危险性)、组织气候(团体的力量)、组织文化(是否存在容易诱发越轨行为的文化氛围)、控制系统(领导层面的监督、检查)及相关的越轨行为政策。

社会及人际因素包括社会规范、工作群体影响、雇佣程度、经济繁荣程度、所处氛围及反角色行为出现的机会等。当然,也有学者把认知过程当作越轨行为的预测变量,如员工个体对工作的满意程度、组织承诺感、感知公平(程序公平、机会均等、分配合理)、感知压力等(Martinko et al., 2002)。

总的来看,以前越轨行为理论研究主要关注两个方面:一是员工个体因素,二是组织环境因素。Marcus 和 Schuler(2004)提出自我控制论来研究越轨行为理论,给我们提供了一个很好的问题分析思路。他们用"个体-情景"和"激发-控制"两个维度分析先天的内在特质与后天的外在环境因素在影响员工行为上哪个起作用更大,研究结果表明,在所有预测越轨行为的前因变量中,内在控制是最有效的预测变量。内在控制对越轨行为的影响越强,情景约束因素的影响就越弱。只有内在控制水平较低的时候,外部环境才会发生作用。他们的这种行为分析方法,提醒我们应该关注员工内部,提升员工的自控能力。

(三)离职倾向的前因变量

Mobley 等(1978)在其离职决策过程模式中,最先用离职倾向(turnover intention)代替离职行为,他认为尽管工作满足不是离职的直接影响或决定因子,但可以是离职倾向的前因变量,是预测离职行为最主要的认知先兆。员工在离职决策过程中是理性的,员工如果对现有的工作评估不满足,就会产生离职的念头,并开始评估离职成本和寻找新的工作机会,如果新的机会很多并且比现在工作带来的满意度高,员工就会产生离职倾向。如果离职成本高或者新工作的效益低,员工的离职念头可能会削弱或者表现出其他形式的行为,如旷工、怠工、不合作等。

Griffeth 等（2000）以 1999 年以前发表的关于预测离职倾向的论文进行了元分析。发现离职行为的前因变量包括以下几个方面：①人口统计的因素主要包括认知能力、教育状况、培训程度、婚姻状况、家庭责任、子女状况、种族、性别、年龄和工龄等。在他们的研究结果中，种族对离职倾向的预测不明显，尽管人们对少数民族员工离职有比较高的担忧程度。②工作满意包括整体工作满意度和预期满足程度和报酬。报酬因素主要包括待遇、酬金满意度、分配公平等。③领导包括管理满意度和领导-成员交互关系。④同事关系包括工作团队凝聚力和合作者满意度。⑤压力因素包括角色清晰程度、角色超负荷情况、角色冲突和整体压力。⑥工作内容本身包括工作范畴、工作例行性、工作满意、工作卷入度。⑦外部环境因素包括可以选择的工作机会、与目前工作机会的比较。此外，升迁机会、参与和工具性沟通、专业化程度等因素也可以是离职倾向的预测变量。

组织认同始终被看作预测员工是否离职的重要变量，因为员工越是认同自己的组织，就越不可能离开组织，越愿意留下来为组织发展尽自己最大的努力（Dutton and Dukerich, 1991）。越是认同组织，对其他组织成员的评价就越高，在组织中获得的满足就越多，离开组织的可能性也越小，组织认同与离职倾向呈显著的负相关关系（O'Reilly and Chatman, 1986; Cole and Bruch, 2006; Tuzun, 2007）。同样，主管承诺、领导认同等也被一些学者证明是离职倾向的重要预测变量。

第五节 相关文献评述

本书要探索组织价值观、并购后认同与员工行为之间在特殊时期的特定关系，对于这个主题来说，以往学者们的贡献至少有以下几点对本书有着重要的启发作用。

一、以往研究的主要贡献

（1）学者们对于并购的研究开始聚焦在文化差异问题上，为本书从组织价值观角度来探索并购后员工绩效问题提供了很好的理论依据。根据以往的研究文献，有理由相信，沿着组织文化脉络研究并购问题一定能够发现一些影响并购成败的内在规律。

理论界研究并购问题，曾经重点关注的是战略和财务因素，但效果并不理想。一些学者（Cartwright and Cooper, 1993; Weber, 1996; Weber and

Camerer，2003）指出，有许多模型可以用来评价潜在并购对象的财务健康状况或战略匹配状况，可是两个组织的文化是否匹配，却没有评价的准则或框架，显然，文化的重要性是被忽略的。由于以前的文献对于非常高的并购失败率不能给予很好的解释，促使许多学者将注意力转移到并购中人的因素和文化因素方面。Lodorfos 和 Boateng（2006）的研究证明，在并购整合过程中，组织文化的整合是并购成败的关键要素，也是并购整合中最困难的一个关键点，并购以及合资时文化不匹配，就像财务、产品或市场不匹配一样，对并购或合资的成功构成了很大的威胁。并购最重要的问题在于员工失业、离职及文化差异，成功的并购应该多关注不同文化之间的化解与融合，因为两种文化的冲突是引起并购失败的最主要原因之一。Singh 和 Montgomery（1987）指出，并购发生后的文化冲突是关键的管理人员、核心员工及主要客户流失的主要原因，所以说文化整合是影响企业并购战略和企业长期绩效的关键，整合的重点应该是在文化重建和沟通过程中，通过对他人和自身行为方式、基本信念的改造来塑造新的文化。

Lodorfos 和 Boateng（2006）以 1999~2004 年发生在欧洲 8 个国家化学工业中的 16 个并购案例为研究对象，研究了文化在并购中的作用。他们发现，并购公司间的文化差异，是影响整合过程效益和并购能否成功的关键，为此，提出了文化整合的四阶段模型：并购前和计划前阶段，计划阶段，实施阶段，评价、审查和反馈阶段。不同阶段有不同的工作内容和侧重点，通过一系列的整合过程，达到文化的和谐。

（2）学者们关于价值观契合的研究拓宽了两种文化的比较研究思路。价值观契合研究，使组织文化研究更加具体化，在员工层面与组织绩效的结合上搭建了一个有效的载体，循着这个思路，本书将两种文化的比较也落实到价值观层面，而且都是员工感知到的价值观，这样可以从员工层面对文化的差异进行有效的测量。

以往学者研究组织文化，主要精力集中在强势文化的研究上，探索什么样的组织文化能够使组织繁荣昌盛，不过，后来学者们发现，拥有强势文化的组织，仅对于短期绩效有作用，对于长期绩效没有作用。事实上，由于强势文化模式与组织绩效之间的联系并不理想，有些学者开始研究文化匹配问题。其中，微观层面的文化匹配主要是研究组织成员个体价值观与组织价值观之间的匹配问题，基本观点是，员工个体价值观与组织价值观一致性程度越高，企业的绩效也就会越高。持有这种观点的学者认为，组织文化并没有放之四海而皆准的标准，并没有绝对的优秀文化，只有适合的才是最好的，而适合的关键是组织的价值观与组织成员理想的价值观产生一致性。个人与组织文化的匹配程度越高，表明组织成员越是接受组织的价值观，当组织成员认同组织价值观的时候，其行动就会被这些价值观所引导，就会表现出组织所期望的行为。文化匹配确实能够解释组织承诺、工作满足、自评绩效、组织公民行为、离职倾向等（Chatman，1991；O'Reilly et al，1991）。

学者们在文化匹配方面取得的丰硕研究成果，为本书提供了一个很好的思路，研究文化要考虑匹配问题。并购发生后，价值观匹配问题变得更加复杂了，既有个人价值观与组织价值观的匹配，又有并购前后组织的价值观匹配。根据并购后员工访谈结果发现，并购后的主要矛盾是并购前组织和并购后组织的价值观冲突，因为他们在一定程度上也反映了个人价值观与组织价值观的匹配。因此，本书的匹配不是组织成员理想的价值观与组织价值观之间的匹配，而是研究并购前组织与并购后组织的价值观匹配问题。虽然没有像常用的价值观匹配研究那样计算绝对的价值观差距，但在测量中也是让组织成员回答并购前后两个组织在价值观方面的区别。本书的立意在于组织成员会受到组织价值观的影响，而且时间越长这种影响越大，个人的行为方式就会逐渐地受到组织价值观的左右，个体的价值观与组织的价值观开始产生统一。当并购发生后，组织成员需要接受新的组织价值观，如果与并购前组织价值观差异加大，那么组织成员就会产生不适应，他们就要比较两种组织价值观哪个更好，这样就会有相应的行为出现。因此本书的文化测量部分，是让被调查对象回答某个组织价值观与并购前组织还是并购后组织更加符合，虽然也是用利克特（Likert）量表，但测量出来的结果反映了成员感知到的两种文化的匹配状况。

（3）学者们在组织价值观、组织认同、员工行为方面的研究，直接为本书的具体实施提供了工具支持，特别是在维度选取、具体测量方面的贡献，令我们可以借鉴科学的变量和量表推进研究工作。

组织文化作为组织成员共同享有的价值体系，可以让组织独具特色，与其他组织区别开来，使组织成员在价值观念、思想意识、道德观念、工作目标、行为取向等方面形成一致性，促使组织成为员工利益的共同体，从而使员工产生认同感和归属感。关于组织文化对组织认同的作用，学者们形成了比较一致的看法，特别是有些学者还专门研究了不同的文化维度对组织认同的影响，对本书有非常重要的借鉴价值。Schrodt（2002）的组织文化测量（organizational culture survey，OCS）量表，将组织文化划分为六个维度：合作-冲突、氛围-士气、信息流、参与、监督和会议。后来，Schrodt借鉴2002年的一篇以零售组织为对象的研究论文，利用他们的组织文化划分方法，研究了团队合作、士气、信息流、参与、监督、会议和组织认同的关系，结果显示，六个文化维度都与组织认同呈现出正向的、显著的关系，而且，员工感知到的组织的士气、信息流、参与和会议，比团队合作、监督联系更加密切。Schrodt 的研究结果与之前一些学者的结论基本一致，如 Barker 和 Tompkins（1994）证实了团队合作与组织认同的关系，Bullis 和 Bach（1991）证实了网络参与和组织认同的关系。不过，Schrodt 再进一步研究发现，士气是员工组织认同最重要的预测变量，可以解释 56%的变异量，它比管理者的监督更能够影响员工的组织认同。在 Schrodt 看来，员工感知组织能否公平地对待员工，对于组织认同的形成非常重要，当组织能够带来较大激励的时候，员工表现出来高水平的认同，这与其他学者的研究有一定的出入。

正是基于学者们对组织价值观与组织认同关系的探索，本书拟从组织价值观维度出发，研究并购发生以后不同的价值观维度分别对员工的认同有哪些影响，应该能够发现其中的规律。

（4）多重认同问题已经被学者们关注，为研究并购后的认同问题拓展了思路。本书根据认同对象的不同，把并购后认同划分为组织认同和领导认同，之所以将研究范围由一般的组织认同扩大到领导认同，是因为在观察并购案例时发现，领导者的形象很大程度上影响了目标公司员工对并购方的认知，对领导的认同也深刻影响着员工的行为，领导者的良好形象，有助于并购过程的顺利展开，因此选择组织认同和领导认同两种认同进行研究，能够更准确地了解并购后员工的认同问题。

在一个组织中，影响员工行为的不只是组织层面的认同，团队、部门层面的认同也会影响到员工的行为，另外，对领导者的认同也会影响员工的行为。van Dick 等（2004）在对 233 名教师和 358 名银行会计做的实证研究中发现，组织认同、职业认同、团队认同、岗位认同与工作满意和工作态度都有着密切的关系，尽管他们在影响对组织的态度和对自身职业的选择等方面有一些差异，但总体来说，认同程度高，会积极影响工作满意度，减少离职倾向。王彦斌（2004）也认为认同是多重的，组织认同的对象包括组织能够提供的组织资源、组织氛围和组织价值文化等。概括起来组织认同的对象主要有三类：一是组织外在的表象。也就是组织中的"物"，比如组织的标识、组织的象征以及组织的产品等；二是组织中的"人"，比如组织的领导、组织中的其他人员以及由这些人员形成的组织氛围等；三是组织中的"事"，包括组织的目标、使命、价值观等。并购发生后，员工新旧组织的价值观都在起作用，员工面临着对原来组织的认同、对并购后组织的认同、对新上任领导的认同等，所以并购认同具有多重性和多层次性，纷繁复杂，影响着员工的行为。

（5）组织认同从组织承诺研究中分离出来，形成独自的内容体系，本书探讨并购后组织文化整合正是以组织认同为切入点，分析组织文化影响员工行为的内在机制。

对于组织认同与组织承诺的关系，学者们通常有四种观点。一是认为组织认同是组织承诺的一部分。O'Reilly 和 Chatman（1986）认为组织承诺有三个特点：内部化、认同和顺从，认同是组织承诺其中的一个特点。二是认为组织承诺是组织认同的一部分。Ellemer 等（1999）认为组织认同由三部分构成：认知、评估和情感。其中，情感成分是指情感融入组织的感觉，如情感承诺等，在这里认同包含了承诺的内容。三是认为组织认同和组织承诺是两个相同的概念。Cheney（1983）以及 Barge 和 Schlueter（1988）设计的组织认同量表，包括25个条款，是使用率比较高的量表之一，包括3个维度，成员关系、忠诚和相似性，这个量表与组织承诺有很多相类似的地方。四是认为组织认同和组织承诺是两个不相同的概念。Ashforth 和 Mael（1996）认为组织承诺与组织认同的核心差异在于组织认同反映个人的自我定义，是一个认知、知觉的概念，反映个体与组织融合的程度，而组织承诺被看作对组织的态度。他们的组织认同是单一维度的，其著名的组织认同量表有6个条款，主要涉及员工的情感认知，没有承诺的成分。Herrbach（2006）也认为组织承诺与组织认同是不同的概念，因为认同的基础是自我定义，而承诺是不一样的，Mael 和 Ashforth（1995）验证性因子分析的结果也显示两者有差异。

尽管观点不同，但是总的来看，在选取特定的研究角度后，组织认同和组织承诺是能够区分开的，把认同看作认知层面的东西，这样就可以把认同当作员工行为的前因变量，研究认同与行为的关系。

二、以往研究存在的不足

尽管学者们对并购、组织文化、员工行为等问题研究取得了丰硕成果，但是深入分析也会发现依然有进一步探讨的空间，概括来讲，以往研究仍然存在一些不足，主要有以下几点。

（1）以往研究并购中的文化冲突问题，重点在于宏观层面，深入到组织价值观层面的研究较少。宏观层面的研究对于探索文化对并购绩效的作用机制有很大的局限性，难以解释文化到底是如何影响并购绩效的，特别是对于员工层面的行为绩效，解释力更弱。

宏观层面的研究，反映在两个方面：一是民族文化研究，因为民族文化差异巨大，组织成员的价值观、行为方式等都会产生冲突。而且，由于民族文化差异产生的并购失败案例往往影响大，容易引起人们的关注，学者们的研究重点自然就容易放在民族文化差异上。比如，美国电话电报（American Telephone Telegraph，AT&T）公司并购国民现金出纳机（National Cash Register，NCR）公司，克莱斯勒并购戴姆斯勒，TCL并购汤姆逊，索尼收购哥伦比亚公司，德意志银行收购英国投资银行，松下收购美国音乐公司，联想收购IBM个人电脑业务等跨国并购，都曾成为学者们关注的焦点，这些跨国并购中的文化冲突，最直接的表现就是民族文化的差异。Belcher和Nail（2000）研究了民族文化差异与跨国并购问题，发现民族文化差异是影响跨国并购绩效的关键因素，民族文化差异过大，不利于取得好的并购绩效。并购中文化与绩效的关系有可能比文化差异假设中提到的更为复杂。他们指出，过去研究中发现的一系列自相矛盾的结论，很可能是由于研究并购的学者们在给文化差异作用下结论的时候，只是比较了"苹果和橘子"，而没有区分出文化层次（国家层面的文化还是组织层面的文化）、绩效的衡量方法（会计基础上的衡量还是股市基础上的衡量）和研究组织（并购公司还是被并购的目标公司）的不同。只是假设文化差异代表了"文化风险"，是获得整合效益的潜在障碍因素。他们的观点实际上反映了以往学者们对并购中的文化差异的研究是比较粗糙的、笼统的，没有深化到组织文化的构成方面，对于文化差异影响并购绩效的机理解释得不清楚。

二是组织文化类型研究。Buono等（1985）认为，两个具有显著差异的组织合并的时候，会产生文化混淆问题，并购成败的关键在于如何有效地融合两种异质文化，共同塑造一个强势文化，并购方必须正视异质文化间的冲突，要经过不间断的沟通和相互学习，才能够使并购获得成功。这里的文化差异，是指组织文化的类型差异，如是硬汉型文化、玩命工作尽情享受型文化、赌徒型文化还是过程型文化，不同的文化类型，做事的风格不一样，冲突就会产生。以往学者们研究文化差异对组织认同的影响，大都是从并购方与目标公司组织文化类型差异角度研究文化认同问题。但差异可能说明不了问题，如果员工感知到并购方的文化优越于原来公司的文化，差异不仅不会影响对新组织的认同，反而会增强认同感，同时会降低员工对原组织的认同。实际上，真正影响员工行为的是价值观，研究行为问题需要了解文化更深一层的因素，也就是员工的价值观。对于并购前后两种文化差异如何影响组织成员认同，进而如何影响组织成员的行为，还没有进行过系统的研究。因此，本书从员工对组织价值观差异感知角度研究文化差异问题，分析这种组织价值观差异是如何影响员工认同和行为的。

（2）并购后认同的研究，重点研究的是组织认同，并没有结合领导认同来研究。并购是一种比较强的组织变革形式，并购发生后组织处于不稳定环境，对新的组织和新的领导都存在着认同问题，因而仅研究组织认同是不够的，尽管它可能是影响员工行为的最重要因素。

在中国文化背景下，对于领导的认同非常关键，可能比组织认同更能影响员工的行为。并购方的领导，如果其行为和品德令被并购一方的员工信服，那么这些员工就很可能产生对新组织的认同。相反，如果新来的领导得不到员工的认可，可能就会影响员工对组织的认同，所以说，仅研究组织认同对员工行为的影响是远远不够的。

周明建（2005）的研究都表明，在中国文化背景下，组织承诺（即员工感受到的组织对自己的承诺）与主管承诺（即员工感受到的主管对自己的承诺）相比，主管承诺对员工的行为影响更强。那么，这个结论运用到认同领域，是不是对领导的认同比对组织的认同更能够对员工行为产生影响呢？调查组访谈的结果表明确实存在这样的问题，以冀中能源并购华药集团为例，因为冀中能源当时的董事长一方面在改革上大刀阔斧，并购实施后立即进行管理体制、运行机制的改革，针对原来公司官僚作风盛行、腐败严重的状况，宣布了"五条禁令"，表现出很大的改革魄力；另一方面又非常关注员工利益，为员工每个月增加了1000元的工资，改善了福利待遇，大力倡导"企业发展依靠职工，发展成果惠及职工"理念，深受广大普通员工的拥护。员工从董事长身上看到了华药集团的希望，在并购刚刚完成，企业的绩效没有被体现出来的时候，由于对新来的领导人产生了高度的认同，从而感觉企业有了希望。所以，研究并购以后的组织认同问题，应该结合领导认同来研究。

三、本书拟探索的方向

许多学者赞同并购的成败关键在于人的观点（Cartwright and Schoenberg，2006）。然而，在并购过程以及并购后的企业运行中，管理者对于人的因素并没有引起足够的重视，特别是对并购后员工绩效的内部影响机制还没有给予清晰的解释。当然，决定员工行为的因素多种多样，完全分析其影响机制需要考虑多种因素，本书只是从组织价值观对员工认同的影响出发，进而研究并购后认同因素对员工行为的影响，从这一角度分析员工行为产生的内在机制，本书准备探索的方向具体如下：

(一)探索组织价值观差异在并购后认同形成中的作用机理

组织特色、组织声誉、组织间竞争和组织内部竞争被许多学者证实是组织认同的前因变量。然而,学者们很少把组织价值观当作组织认同的前因变量来研究。尽管学者们分析影响并购后组织认同的因素众多,但是单独以组织价值观作为前因变量的研究还很少。有一些变量,如程序公平、参与决策、分配公平等在一定意义上也是组织价值观的重要表现形式,也可以说在某种程度上反映了组织文化,但是,还远远不能代表组织文化,与严格意义上的组织价值观还不一致,所以,对于组织文化是不是并购后员工认同的前因变量,学术界并没有进行实证分析。事实上,并购后组织倡导的价值观,对员工的影响是客观存在的,组织认同的核心是价值观和目标的认同,组织认同之所以产生,是因为组织成员接受了组织的价值观和目标。在并购发生后,两种组织价值观不一致的情况下,必然会影响员工的认同,因此,分析组织价值观和员工认同之间的关系显得十分必要。同时,可以对 van Knippenberg 和 van Schie(2000)提出的知觉组织差异进行细化研究。我们认为,组织价值观的塑造需要较长的过程,而一旦形成就难以改变。并购发生后,拥有某一特定价值观的员工被迫接受另外一种全新的,甚至是相互抵触的组织价值观将是一件痛苦的事情,搞不好员工就会产生抵触心理。所以,本书将组织价值观差异感知作为并购后认同的前因变量,探索在组织并购的情况下,组织价值观差异感知如何影响员工认同。

学者们通常会隐含一种假设,即文化差异越大,引起的冲突越多,认同度越低,所以组织文化的匹配非常关键。然而,事实可能并非如此,可能发生的情况是,尽管并购过程中两个组织的文化差异非常大,但如果员工非常认同并购方的文化,那么,不仅不会影响员工对新组织的认同,可能还会出现相反情况,即员工会非常认同并购后组织,而否定原来组织的一些做法,组织文化差异反而提高了组织认同和领导认同。所以,研究文化差异对组织认同的影响,不能单纯比较两种文化类型的差异,最应该关注的是员工的感知问题。可以比较两种不同类型的组织文化差异,可能给员工的价值观带来哪些影响,但一定要从两个方面来分析,这个影响可能是消极的,也可能是积极的。

(二)探索并购后员工行为的形成机制

以往组织价值观与员工行为绩效的研究,大都是在两者之间建立起直接的因果关系,而对于这些价值观影响员工行为的内在作用机理分析不透。

本书认为，价值观的比较结果，直接导致价值观认同问题，而对价值观的认同又间接反映在对推崇这种价值观的组织是不是认同，对倡导这种价值观的领导是不是认同，进而再去调整自己的行为，去对待自己的组织，对待自己的领导。因此，我们将探索组织价值观如何影响员工的认同，认同又如何影响行为。因为认同的对象不一样，可能发生作用的价值观也不相同，有些价值观对组织认同产生作用强烈一些，有的价值观对领导认同的作用更多一些，找出它们之间的内在联系，才能根据组织面临的主要问题，有针对性地塑造自己的价值观。

van Dick（2001）等学者的研究结果表明，组织认同与员工的多种行为密切相关，领导认同影响员工行为在一些学者那里得到了印证。并购发生后，存在多种认同，那么组织认同和领导认同到底哪个对员工的行为影响更大，作用更强呢？或者说，对于某种具体行为而言，两种并购后认同的作用是不是一致？哪种认同的作用更强烈？本书将通过实证研究，对此进行探索，以便寻找出影响并购后员工行为的关键要素。

（三）分析探索影响并购后认同、员工行为的其他因素

本书将采用两个阶段模型来分析组织价值观影响并购后认同（包括组织认同和领导认同），并购后认同影响员工行为（包括贡献行为、支持行为、越轨行为和留职倾向）的因素。由于个体层面的性别、年龄、学历层次、职位、工作性质等因素都可能会影响认同的效果，在研究中我们将检验其对并购后认同和员工行为的影响。

（四）吉利集团并购沃尔沃文化整合成功的原因

短短十年的时间，吉利集团并购沃尔沃后可以说是有了一个脱胎换骨的变化，新产品层出不穷，品牌号召力也越来越强，国内市场上不断出现博瑞、博越、领克 01、几何等爆款产品，出口数量也是急剧增加。2003年 1~8 月累计销售 85.91 万辆，其中出口超过 12 万辆。吉利集团无论是自主品牌，还是与沃尔沃的合资品牌，产品质量都有快速提升，形成了良好的市场口碑。毋庸置疑，并购沃尔沃是吉利汽车取得长足进步的重要因素。那么，吉利集团在并购完成后的企业文化整合过程中，采用了什么样的文化整合模式？其文化整合特点有哪些呢？这些也是本书希望探索的问题。

第三章 并购企业的文化影响模型

本章通过理论层面的分析及逻辑推理，结合已有文献的实证结果，以及我们实地调研的情况，形成能够反映现象间关系的研究假设，探讨变量之间可能存在的关系，并以此为基础构建本书的理论模型。

第一节 组织价值观、并购后认同与员工行为关系分析

一、组织价值观对并购后认同的影响

组织价值观对员工的认同、员工的行为都会产生重要的影响，但是，组织价值观的维度很多，可能并不是所有的组织价值观维度都会对组织认同产生影响。特别是在并购发生以后，组织价值观发生作用的时间不一，有些立竿见影，短时间内就能够影响员工的认同；有些则需要潜移默化，长时间才能起作用。明确哪些组织文化形式或者组织价值观对组织认同有影响，哪些没有影响，哪些有积极影响，哪些有消极影响，对于并购完成后的文化整合、文化变革有积极作用。组织认同的研究涉及社会学、心理学、管理学等多个学科，一些学者强调应该从文化角度研究组织认同问题，组织认同的研究实际上就是要了解组织成员所共享的价值观，也就是要认识组织的文化方面。Hatch 和 Schultz（1997）区分了组织认同和组织文化，他们认为组织认同是指组织成员对组织的认知、感受和看法，是组织成员对组织特有的价值观和特点的共同理解，而组织文化是形成和保持组织认同的内部符号背景。

在 O'Reilly 等（1991）研究基础上，本书将组织价值观划分为革新性、关注细节、结果导向、风险承担、尊重员工、社会责任、团队导向、容忍冲突和伦理道德九个维度，其中，革新性衡量的是组织在多大程度上鼓励员工进行冒险和创新；关注细节衡量的是组织在多大程度上期望员工做事缜密、善于分析以及注意细节；结果导向衡量的是组织在多大程度上集中注意力于结果而不是强调实现这些结果的手段和过程；风险承担衡量的是组织在多大程度上鼓励员工承担风险，勇于开拓；尊重员工衡量的是组织

对员工工作和个人发展的关注程度；社会责任衡量的是组织在多大程度上对社会负责、对客户负责、对员工负责；团队导向衡量的是组织在多大程度上以团队方式而不是以个人方式开展工作；容忍冲突衡量的是组织对待冲突的态度，在多大程度上容忍冲突的存在；伦理道德衡量的是组织鼓励员工遵守道德标准的程度。它们与并购后认同的关系假设如下。

（一）革新性与并购后认同的关系

Bass（1995）认为变革型领导能够让员工意识到所承担任务的重要意义和责任，激发员工的高层次需要，使员工感觉到团队、组织的利益超越个人利益。创新型文化，可以激励员工追求具有挑战性的目标，使员工在工作中充分体验其自身价值，并且使组织目标和员工需求相结合，提高员工的工作满意度。本书的"革新性"，包括鼓励员工创新，鼓励员工把握发展机会，积极进取，追求与众不同等内容，与变革型领导提倡的价值观存有许多共同之处，所以，并购完成后，提倡创新的领导具有变革型领导的特质，这样的组织文化对于员工的认同是有好处的。Chen（2002）的研究表明，变革型领导能够提升员工内在的价值层次和水平，在领导和员工中间产生共同愿景，促进组织认同感的形成。何立和凌文辁（2008）研究发现创新型组织文化对员工的情感认同、评价性认同都有显著的正向影响，能够提高员工对组织的情感认同，获得好的员工评价，有助于员工对组织的心理认同与承诺。王先辉等（2010）认为，组织分配适当的资源，提供冒险和创新平台，对员工的创造行为给予公平评价，可以促使员工产生组织支持感。因此，组织提倡"革新性"价值观应该对员工认同有显著的正向作用，故提出如下研究假设。

H1："革新性"价值观与员工的并购后认同有显著的正向相关关系。

本书中并购后认同分为组织认同和领导认同，因为只是认同的对象不同，价值观对这两种认同形式应该具有相同的作用，所以，本书用H1a、H1b分别代表"革新性"价值观对组织认同和领导认同的假设关系，"革新性"价值观与两种具体认同形式都具有显著的正向相关关系。

（二）关注细节与并购后认同的关系

关注细节是指组织期望员工表现出精确性，分析和关注工作环节的程度。Hofstede等（1990）认为，以松散控制为主的组织文化，不会有太多的官僚主义称许，员工之间不拘礼节，很容易形成宽松和谐的氛围，相反以严格控制为主的组织文化，往往以制定严格的规章制度来约束员工的行为。规范性文化氛围比较重的组织，管理者非常关注规章制度的遵守和工作程序的执行。随着工作结构化程度的提高，员工的情感承诺程度显著增加。在制造业中，许多工作需要有明确的工作说明、工作流程和工作进度表，这样有利于高质量地完成工作，减轻员工劳动强度，提高工作效率。比如，美特斯邦威的专职陈列人员会对员工的服饰整洁程度、服务质量进行检查，还会对加盟店的清洁卫生、店堂陈列、宣传品的张贴、陈列道具等进行检查，每隔两周都会对店铺拍照，将陈列状况反馈给创意部，这些具体做法，反映了美特斯邦威对细节的关注程度。调查中了解到，公司的这种做法深得员工的理解，他们认为这是企业现代化管理的一个体现，也是高水平公司区别于一般公司的地方，是竞争力的体现。因此，组织提倡"关注细节"的价值观应该对员工的认同有显著的正向作用，故提出如下研究假设。

H2："关注细节"价值观与员工的并购后认同有显著的正向相关关系。

同样，本书用 H2a 和 H2b 分别代表"关注细节"价值观对组织认同和领导认同的假设关系，"关注细节"价值观与两种具体认同形式都具有显著的正向相关关系。

（三）结果导向与并购后认同的关系

根据 Hofstede 等（1990）的理论，"结果导向"的组织价值观，侧重于对结果的评价，关注业绩指标，将业绩指标作为晋级、去留、薪酬（收入）计算的依据。"结果导向"的本质是以结果为取舍点，而"过程导向"的本质是把过程当作核心，强调过程的重要性，两者所注重的目标不同，和"过程导向"关注于管理中的流程控制不同，"结果导向"更为重视最终结果。结果导向的绩效管理模式，旨在拉开收入差距，彻底打破"干多干少一个样"的平均主义分配方式，一切都围绕如何实现结果而开展，强调竞争，强调业绩，给予高业绩者高的报酬，这种"多劳多得"的思想，是绝大多数员工所乐于接受的，但是结果导向由于过于看重最终的结果，往往忽略了过程，导致过于注重短期利益，而忽视了员工能力的培养与发展，而且这种导向的文化强调竞争，强调目标导向，强调靠竞争来提高积极性，久而久之，员工之间的情感维系就会淡化，工作上的压力带来更多的不安全感，会降低员工对组织的认同。但是总体来看，结果导向的组织克服了经验管理阶段中的随意性，为员工的绩效考核提供了一个客观的、可以量化的指标，能够将主观性减少到最低程度。樊耘等（2007）指出，结果导向的文化会更多地采用组织自适应的控制机制，在更大范围内让员工自主、独立地实践与工作，创造出更多的学习和提高的机会，员工的心态也会更加开放和包容，更适应创新变革的氛围。所以，绝大多数员工会认为这是一种相对公平的文化，是有效的激励机制，能够促进员工对组织的认可，因此，组织提倡"结果导向"价值观应该对员工认同有显著的正向作用，故提出如下研究假设。

H3："结果导向"价值观与员工的并购后认同有显著的正向相关关系。

同样，本书用 H3a 和 H3b 分别代表"结果导向"价值观对组织认同和领导认同的假设关系，"结果导向"价值观对两种具体认同形式都具有显著的正向作用。

（四）风险承担与并购后认同的关系

并购过程一般伴随着职位的变动和人员的流动，因此，目标公司员工通常会产生焦虑，这种不安全感肯定会影响员工对组织的认同感。Greenhalgh 和 Rosenblatt（1984）的研究结果表明，工作的不安全感与低生产率、低组织承诺、低变革适应性等消极组织绩效相关，同时也会增加离职率。工作的不安全感对雇员的工作态度（工作满意度、工作投入度）、组织态度（组织承诺、组织信任）等都会产生消极影响，对离职意向有增强作用。事实上，如果高层管理者推行的是高风险政策，给员工带来的不安全感觉比较多，就会影响员工对他们的信任，进而影响对他们的认同。特别是并购发生后，员工会产生对前途和职位的担忧，如果再强调风险承担，必然会影响员工的认同感。因此，组织提倡"风险承担"价值观应该对员工的认同程度有显著的负向作用，故提出如下研究假设。

H4："风险承担"价值观与员工的并购后认同有显著的负向相关关系。

同样，本书用 H4a 和 H4b 分别代表"风险承担"价值观对组织认同和领导认同的假设关系，"风险承担"价值观与两种具体认同形式都具有显著的负向相关关系。

（五）尊重员工与并购后认同的关系

尊重员工具体可以表现为公平对待员工，给他们必要的培训和提升机会以及更多的工作自主权等，员工的组织承诺与内部提拔以及培训的机会有关，即组织提供给员工比较多的晋升机会和培训机会，员工对组织的认同程度就会增加。Lipponen 等（2004）的研究结果表明，程序公平是预测组织相关结果的一个有效的前因变量，可以影响到外群体的评估、群体内的偏见等，而这些直接影响员工的认同。组织公平地对待每位员工，对工作满意度、领导信任和组织认同都有显著的正向影响。彭玉树等（2004）认为，并购发生以后，如果让员工感知到不公平，就会影响员工对组织的认同。曹花蕊和崔勋（2007）认为在领导者对下属有信心，信任、尊重程度高时，管理者会给员工更多空间让员工发挥，这是员工需要的，会产生较高的工作绩效，所以其情感承诺就高。当领导者对下属缺少信心，信任、尊重程度一般或者较低时，管理者会严格控制工作内容、流程和进度，所以员工的情感承诺会降低。如果一个组织能够正确设计好企业和员工个人的发展生涯规划，做到远景目标和实现途径的有机统一，将有助于员工产生更强烈的归属意识，形成强大的凝聚力，从而提高员工潜在的忠诚度。并购发生后，目标公司员工的"被占领心理"可能很强，如果并购方的管理人员摆出一副高傲的姿态，就会引起员工的反感。尊重员工表现在多个方面，如平等地对待每个人，关心他们的生活，关心他们的成长，为他们创造更多的参与管理的机会，听从他们的意见。做到了这些，就能够比较快地赢得员工的认同，特别是被并购之前的组织在尊重员工方面做得不够好，形成强烈的反差，就会出现非常有利于新组织发展的局面。尊重员工是员工导向的文化，与之对应的是任务导向文化，表现为以关注任务的完成为指导，强调等级、做事谨慎，上级对下级进行严格的监督和控制，员工听命于上级，做被要求做的事，企业中形成一个严格按规章制度及程序办事的氛围。任务导向文化过于强调规范，过于看重工作本身，往往导致员工产生被动的情绪及行为，因此，组织提倡"尊重员工"价值观应该对员工的认同有显著的正向作用，故提出如下研究假设。

H5："尊重员工"价值观与员工的并购后认同有显著的正向相关关系。

同样，本书用 H5a 和 H5b 分别代表"尊重员工"价值观对组织认同和领导认同的假设关系，"尊重员工"价值观与两种具体认同形式都具有显著的正向相关关系。

（六）社会责任与并购后认同的关系

Turban 和 Greening（1997）研究发现，社会责任表现好的企业比社会责任表现不好的企业对员工的吸引力更大，社会责任型企业能够吸引高素质的员工，带来更好的员工实践。Albinger 和 Freeman（2000）的研究成果也证实了 Turban 和 Greening 的结论，并且发现承担社会责任的企业在吸引受过高层次教育的员工方面效果更明显。Peterson（2004）研究发现，企业公民与组织承诺之间有一定程度的相关，在非常重视企业社会责任的员工群体中，企业公民与组织承诺之间高度相关。李艳华（2008）以广州、海口、宝鸡等地的 514 名员工为研究对象，探索了企业社会责任表现对员工的影响，实证结果表明社会责任表现好的企业的员工在组织吸引力、组织承诺、企业声望感知、员工满意度方面均优于社会责任表现一般的企业员工。徐金发和郗河（2009）认为，企业的社会责任水平能被员工感知，企业承担社会责任的水平高，员工会产生自豪感，从而追随组织的目标，产生利于企业的行为。他们还以华立集团为研究对象，实证分析了社会责任对组织绩效关系的促进作用。因此，组织提倡"社会责任"价值观应该对员工的认同有显著的正向作用，故提出如下研究假设。

H6："社会责任"价值观与员工的并购后认同有显著的正向相关关系。

同样，本书用 H6a 和 H6b 分别代表"社会责任"价值观对组织认同和领导认同的假设关系，"社会责任"价值观与两种具体认同形式都具有显著的正向相关关系。

（七）团队导向与并购后认同的关系

团队导向的组织价值观，表现为组织重视并提倡员工进行跨部门的相互合作，以实现共同目标，这种集体价值观及行为的一致性有助于形成共同态度。提倡员工间协作完成任务，员工之间关系密切，愿意为组织的生存和发展贡献力量。团队导向衡量的是一个组织在多大程度上依靠团队而不是个人来组织活动。在现代组织中，一个人如果不与团队相结合，个人的力量再大，也难成大事。相反，在一个团队导向的组织里，员工可以分享到组织成功的喜悦，因为作为团队的一员，与同事一起工作，达成目标是每一位员工最兴奋的事情。即使该员工属于一个特定的部门，有详尽的工作描述，一旦与组织中的其他同事一起去完成特定的工作目标，有一个远景目标驱使他行动，通过他与其他同事的共同努力推动远景目标的实现，都将使员工感到莫大的兴奋。Smidts 等（2001）从组织氛围的角度对组织认同进行了探索，发现组织沟通显著地影响组织认同，"团队合作"与组织认同显著正相关。一些学者对团队导向与组织认同、组织绩效的关系进行了实证研究。Schrodt（2002）证实团队合作（teamwork）与组织认同呈现出正向的、显著的关系。组织价值观中的团队导向维度与组织认同中情感归属、积极评价和自主行动三个维度都呈现了非常显著的正相关。因此，组织提倡"团队导向"价值观应该对员工认同有显著的正向作用，故提出如下研究假设。

H7："团队导向"价值观与员工的并购后认同有显著的正向相关关系。

同样，本书用 H7a 和 H7b 分别代表"团队导向"价值观对组织认同和领导认同的假设关系，"团队导向"价值观与两种具体认同形式都具有显著的正向相关关系。

（八）容忍冲突与并购后认同的关系

传统的观点认为冲突对于组织绩效有负面的影响，不过在20世纪40年代到70年代中期，开始流行"人际关系观点"，认为冲突是不可避免的，而且有潜在的积极性。冲突并非全都是破坏性的，它有许多正面的作用，如促进个人与组织的变革，增加组织成员认同的机会等。20世纪70年代后期开始，"相互作用的观点"逐渐被人们接受，这种观点认为，冲突可以促进创新，提高组织绩效，冲突可以使组织在完成任务的时候富有成果而且更加灵活，适度培养组织中的冲突氛围，可以使组织更具效率和创新性。积极的冲突管理和直接面对冲突的方式，能够增强团队成员的主人翁精神，鼓励人们勇于表达自己的疑惑、观点以及不确定性。组织需要培养这种开放性的讨论规范，包容不同的观点和意见。一个组织越是具有这种开放性的讨论规范，越是有助于营造海纳百川般的开放氛围，有助于加强冲突的正面影响，消除或减弱冲突的负面影响。对冲突的忍耐程度，反映了组织鼓励员工自由争辩及公开批评的程度，反映了组织接受不同观点、行为的程度。汪洁（2009）指出对于成员间有关任务内容、议题本身存在的观点矛盾及意见争执，团队应该予以支持，致力于搭建良好的内部交流平台，鼓励成员彼此进行多元意见的开放式交流，以及有关分歧思路想法的辩论。所以，构建宽容的氛围有利于员工增强凝聚力，提高对组织的认同程度。

对于新并购组织来说，工作程序、工作规范、激励制度、团队构成等可能都发生了变化，工作中任务冲突在所难免。另外，原组织的员工对并购大都存有抵触心理，如果伴有较多的人员交融，关系冲突在所难免。作为并购方来说，能不能容忍不同意见，容忍一些可以理解的摩擦，接受不同的文化价值观很重要，如果一味地排斥异己，强力推行自己的价值观，不允许冲突的存在，反而会降低员工的认同程度，最终可能导致更大规模、更严重的冲突。因此，组织提倡"容忍冲突"价值观应该对员工认同有显著的正向作用，故提出如下研究假设。

H8："容忍冲突"价值观与员工的并购后认同有显著的正向相关关系。

同样，本书用H8a和H8b分别代表"容忍冲突"价值观对组织认同和领导认同的假设关系，"容忍冲突"价值观与两种具体认同形式都具有显著的正向相关关系。

（九）伦理道德与并购后认同的关系

Dutton和Dukerich（1991）在对纽约港口管理局的研究中，发现44%的被访者把有伦理、没有丑闻以及利他作为他们组织的特征。也就是说，伦理道德价值观念比较突出的组织，更能够赢得组织成员的认同。Smidts等（2001）的研究同样证明，"员工感知道德"与组织认同也有显著的正相关关系。Valentine 和 Barnett（2002）认为伦理守则可以提升员工的伦理价值，进而改善员工伦理行为，其中伦理价值指的是工作满足、伦理训练等。叶桂珍（1995）研究指出，企业伦理气候与工作满足、组织承诺、组织公民行为呈现正向的相关关系，当企业的伦理气候越强时，员工所感受到的工作满足、组织承诺就越高，组织公民行为就比较多。Smidts 等（2001）实证结果也证明道德与组织认同存在显著正相关关系。徐玮伶和郑伯壎（2003）认为，当企业内部伦理不彰、道德不明时，组织成员很容易形成"我们组织是个没有伦理的组织""我的公司是不道德的"等认定。对于一个讲求伦理、重道德的员工而言，这种认定对他们自我概念有很大的影响，因为在其自我定义中，将产生"我是这间没有伦理的公司的一分子"的界定，因而就不会认同组织，最后离开组织也是必然的。相反，如果员工认为他们的组织能够用美德、道德等来定义，他们就极有可能认为感知的组织身份是有吸引力的。随着组织这些品质的增加，员工获得的自尊就会提高，因为这种关系让他们可以从好的方面来看待自己，加强他们喜欢自己的程度。因此，组织提倡"伦理道德"价值观应该对员工的认同程度有显著的正向作用，故提出如下研究假设。

H9："伦理道德"价值观与员工的并购后认同有显著的正向相关关系。

同样，本书用 H9a 和 H9b 分别代表"伦理道德"价值观对组织认同和领导认同的假设关系，"伦理道德"价值观与两种具体认同形式都具有显著的正向相关关系。

二、并购后认同对员工行为的影响

认同对员工行为有着明显的影响，这已经被许多学者所证实。并购发生以后，组织认同和领导认同必然也会对员工的行为产生影响。本部分将从理论上分析两种认同形式与员工的贡献行为、支持行为、越轨行为和留职倾向之间的关系，提出相应的理论假设。

（一）并购后认同对贡献行为的影响

van Dick 等（2004）对两家并购医院的 450 名职员进行了实证分析，研究结果显示，无论是对并购前组织还是对并购后组织的认同，都正面影响工作态度，包括较高的工作满意度和更多的组织公民行为，同时带来比较低的离职倾向和消极情绪。后来他们又对德国两家医院并购进行了研究，调查了 459 名员工，发现员工对并购后组织的认同直接影响着员工的绩效。对新组织认同程度高的员工，有更多的组织公民行为、更高的工作满意度，以及更低的离职倾向和消极情绪。他们还发现，对并购前组织的认同，与消极情绪呈正相关，越是认同原来的组织，对于并购行为就越生气和害怕。他们认为并购后认同与绩效之间的关系是双向的，即强的并购后认同，导致高的满意度和个人绩效，而高的个人绩效，可以赢得同事和管理者的尊敬，从而增强员工的归属感，提高员工的认同。许多研究结果表明，当组织能够满足其成员的心理需求时，组织成员的工作满意、工作绩效以及组织公民行为就会有好的表现。当组织成员强烈认同组织的时候，就不会再将角色外行为视为额外的工作，相反，他们会把这类行为看作自己的职责所在。Tyler 和 Blader（2001）通过实证研究，证明了组织认同对组织公民的显著正向影响作用。

员工一旦发生心理契约违背，就会导致退出行为、呼吁行为和忽略行为的增加，还会导致组织忠诚度的降低，而心理契约形成的前提是对组织的认同，所以没有认同就会导致一些不利于组织目标达成的行为出现。Mael 和 Ashforth（1995）的研究以一所教会大学的 297 名男性毕业生为对象，发现认同感与毕业生对母校的财务贡献、建议子女报考母校、参与学校的相关活动呈显著正相关。O'Reilly 和 Chatman（1986）认为组织认同与员工的亲社会行为呈正相关，而与离职行为呈负相关。众多研究员工行为的学者也发现，员工的情感承诺与组织公民行为呈正相关。van Dick（2001）指出组织认同与满意感、角色外行为、留职倾向等呈显著正相关。故提出如下研究假设。

H10：并购后认同与员工的贡献行为有显著的正向相关关系。

本书中并购后认同分为组织认同和领导认同两种形式，因为只是认同的对象不同，两种认同形式对员工贡献行为的作用应该是一致的，所以，本书用 H10a、H10b 分别代表组织认同和领导认同与员工贡献行为的假设关系，两种具体认同形式与员工的贡献行为都具有显著的正向相关关系。

（二）并购后认同对支持行为的影响

当人们对团体产生认同感后，就会出现去个人化，形成与团体共命运的感受，从而组织成员就愿意与组织发生更多的联系，产生更多的合作行为，表现出对组织较高的支持。Dukerich 等（2002）以 3 个健康系统的 1504 名医务工作者为研究对象，调查了感知的外部形象、系统认同和合作行为的关系，一年以后，又对其中 285 名人员进行了跟踪调研，结果表明，有吸引力的系统外部形象对医务人员的认同有积极的影响，并通过认同积极地影响着他们的合作行为。研究一的结果表明，当两个子群体源于不同的组织而构成一个组织的时候，拥有高组织认同程度的群体如果面对的是具有个人主义文化和声誉的子群体的时候，就会降低他们的合作意向。研究二则证明组织认同在对集体合作（两个子群体间的合作）产生副作用，但对子群体内部的合作有积极的作用，导致整体合作程度低和子群体内部合作程度高。本书测量的支持行为，与他们的合作行为比较接近，虽然不像贡献行为那样对组织有积极的影响，但也表明了员工对并购后组织的一种合作态度。故提出如下研究假设。

H11：并购后认同与员工的支持行为有显著的正向相关关系。

同样，本书用H11a和H11b分别代表组织认同和领导认同与员工的支持行为的假设关系，两种具体认同形式与员工的支持行为都具有显著的正向相关关系。

（三）并购后认同对越轨行为的影响

并购发生后，组织中许多方面发生了变化，组织结构的变革、人员的调整、工作任务的变化等，都会让员工感到不适应，工作积极性可能下降，特别是当利益受到损害的时候，这种负面情绪会更严重。但是，员工受组织管理制度、组织文化或者自身素质的影响，又不会采取过激的行动去抵制、抵触并购活动，就可能表现出消极怠工，内心不支持组织的活动，不肯多做一点分外的事情，典型的例子是员工反复迟到，故意装病不出工，把自己分内的事情尽可能地推给其他人，散布同事的流言，为自己的过错找替罪羊等。假如对并购本来就不赞成，这样的行为表现就会更多。Dalal（2005）认为，越轨行为是由于员工心理契约发生变化导致的。所以说，并购发生以后，如果组织和领导得不到员工的认同、支持，难免会发生很多虽然不构成对组织的破坏，但也不利于组织绩效的行为。

Meyer等（2002）以十项研究成果为基础的元分析表明，组织承诺与越轨行为具有显著的负向相关关系，相关系数达到了-0.15。Dalal（2005）以更多研究成果的元分析表明，组织承诺与越轨行为之间存在更强的负向相关关系，相关系数达到-0.36。Tepper等（2008）的研究成果表明，员工心理契约的违背，主管人员虐待管理等，都会带来员工的越轨行为。Martinko等（2002）也把员工的组织承诺感、感知公平（程序公平、机会均等、分配合理）等作为越轨行为的预测变量。这些研究成果说明，员工的心理认知过程是越轨行为的重要预测变量，可以是组织认同、组织承诺，也可以是对主管的认同、承诺,由此可以推论,并购后员工的认同水平与越轨行为有反向关系,也就是说,员工并购发生后的认同水平越高,越不容易出现损害组织利益的行为,故提出如下研究假设。

H12:并购后认同与员工的越轨行为有显著的负向相关关系。

同样,本书用 H12a 和 H12b 分别代表组织认同和领导认同对员工越轨行为的假设关系,两种具体认同形式与员工的越轨行为都具有显著的负向相关关系。

(四)并购后认同对留职倾向的影响

Dutton 和 Dukerick(1991)认为,组织认同是影响并购后员工离职倾向的一个非常重要的因素,因为员工越是认同他的组织,就越想留在组织中,并愿意为组织的利益尽最大的努力。Mael 和 Ashforth(1995)认为员工越是认同他的组织,对其他组织成员的评价就越高,则离开组织的可能就越小。最近的一些实证研究成果也证实了组织认同对离职倾向之间的负向影响关系(Cole and Bruch,2006;Tuzun,2007),由于本书针对并购后的情况,测量的是留职倾向,因此假设的方向关系应该相反,并购后认同对员工的留职倾向具有正向的作用,故提出如下研究假设。

H13:并购后认同与员工的留职倾向有显著的正向相关关系。

同样,本书用 H13a 和 H13b 分别代表组织认同和领导认同对员工越轨行为的假设关系,两种认同形式对员工的留职倾向都具有显著的正向作用。

三、并购后认同的中介效应

徐玮伶和郑伯壎(2003)研究发现,个人价值观和组织价值观契合状况,对组织结果变量,如工作绩效、工作满意度以及组织公民行为等都有明显的影响,原因在于良好的价值观契合可以使人的自我定义历程变得更加容易,从而产生组织认同的中介效果,这种认同感会强化员工个体对组织的投入,增加组织公民行为以及其他利组织行为。van Dick 等(2004)研究并购前医院的亚组织认同对员工并购后行为绩效的影响,发现对并购前部门、团队等亚组织的认同会显著影响员工的并购后组织认同,这些亚组织认同程度越高,并购后组织认同程度也就越高,越能够带来工作满意度和组织公民行为,而减少离职意向和消极情绪,这类并购后组织认同同样具有中介作用。Lipponen 等(2004)的研究证明,组织公平等因素也是通过组织认同来影响离职意向的,组织认同对组织公平和员工行为绩效具有中介效果。Blader 和 Tyler（2009）的研究证明，程序公正与社会认同有显著正相关关系（β=0.06，P<0.01），社会认同对员工角色外行为也有积极的影响（β=0.49，P<0.01），特别是当程序公正和角色外行为都进入回归方程后，之前程序公正和角色外行为的显著关系（β=0.27，P<0.01）变得不再显著（β=−0.05，ns），表明社会认同在程序公正与角色外行为间起完全中介效应。本书讨论的并购后认同与社会认同作用基本一致，而程序公正也是组织价值观的一种体现，角色外行为是员工行为的一种，基于此，本书假设并购后认同在组织价值观和员工行为间具有中介效应，故提出研究假设。

H14：组织价值观会通过并购后认同来影响员工行为。

以上假设汇总为表 3.1。

表 3.1 价值观与认同研究假设汇总表

编号	内容
H1a	革新性与组织认同有显著的正向相关关系
H1b	革新性与领导认同有显著的正向相关关系
H2a	关注细节与组织认同有显著的正向相关关系
H2b	关注细节与领导认同有显著的正向相关关系
H3a	结果导向与组织认同有显著的正向相关关系
H3b	结果导向与领导认同有显著的正向相关关系
H4a	风险承担与组织认同有显著的负向相关关系
H4b	风险承担与领导认同有显著的负向相关关系
H5a	尊重员工与组织认同有显著的正向相关关系
H5b	尊重员工与领导认同有显著的正向相关关系
H6a	社会责任与组织认同有显著的正向相关关系
H6b	社会责任与领导认同有显著的正向相关关系
H7a	团队导向与组织认同有显著的正向相关关系
H7b	团队导向与领导认同有显著的正向相关关系
H8a	容忍冲突与组织认同有显著的正向相关关系
H8b	容忍冲突与领导认同有显著的正向相关关系
H9a	伦理道德与组织认同有显著的正向相关关系
H9b	伦理道德与领导认同有显著的正向相关关系
H10a	组织认同与贡献行为有显著的正向相关关系
H10b	领导认同与贡献行为有显著的正向相关关系
H11a	组织认同与支持行为有显著的正向相关关系
H11b	领导认同与支持行为有显著的正向相关关系
H12a	组织认同与越轨行为有显著的负向相关关系
H12b	领导认同与越轨行为有显著的负向相关关系
H13a	组织认同与留职倾向有显著的正向相关关系
H13b	领导认同与留职倾向有显著的正向相关关系
H14	组织价值观会通过并购后认同来影响员工行为

第二节 组织价值观、并购后认同与员工行为关系模型

在分析价值观、认同和行为之间关系的基础上，本书拟以员工组织认同和领导认同的中介作用分析为核心，探讨组织价值观影响员工行为的作用机制，构建变量之间的假设关系，提出本书的研究框架（如图 3.1 所示）。

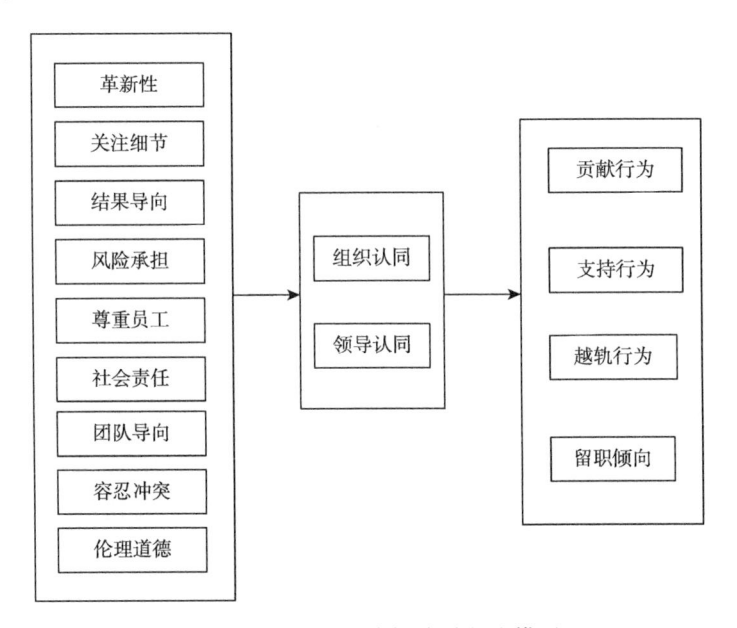

图 3.1 价值观—认同—行为概念模型

基于这个理论框架，本书将探讨以下主要内容。

一、组织价值观对组织认同、领导认同的影响分析

本书选取了革新性、关注细节、结果导向、风险承担、尊重员工、社会责任、团队导向、容忍冲突、伦理道德九个组织价值观维度，基本反映了组织文化中的大部分组织价值观内容，并购发生后，哪些组织价值观会影响到员工的组织认同和领导认同，是本书的主要研究内容之一。通过分析组织价值观对组织认同和领导认同的影响，探索在组织并购的情况下，由于文化差异带来的员工并购后认同问题，明确对员工认同的影响更加强烈的组织价值观。

二、组织认同、领导认同对员工行为的影响分析

并购发生后，领导认同和组织认同在对员工行为的影响上应该也会有差异，因此，研究并购发生后领导认同和组织认同哪个对员工的行为影响更大，也是本书的目的之一。通过实证研究，探索在并购环境的组织与常态环境的组织中，组织认同和领导认同对员工行为的影响机制差异。

三、并购后认同在组织价值观和员工行为之间的中介效应分析

并购组织之所以没有获得预期的绩效，很可能是因为没有获得员工的认同，导致出现越轨行为、离职行为等组织不希望出现的行为。因此本书将组织认同和领导认同作为中介变量，验证其在组织价值观和员工行为之间的作用机制，探讨组织价值观中有哪些是通过组织认同和领导认同影响员工行为的，而哪些组织价值观不通过认同仍然能够直接影响员工的行为。

实证研究部分以"价值观—认同—行为"为研究的逻辑思路，构建了上述三个子研究，三个研究相对独立，研究一的目的是发现影响员工认同的组织价值观，研究二的目的是分析两种认同分别对哪种行为产生影响，研究三是在前两个研究的基础上，探讨两种认同的中介作用机制。三个研究又是相互联系，环环相扣的，目的是通过实证分析，发现并购完成后，组织价值观是如何影响员工的认同和行为的，为组织文化建设提供思路。

第四章 变量测量与数据收集

实证研究结果的可靠性如何，调研问卷的质量是关键。科学的、规范的、具有较强操作性的问卷，能够确保收集的数据真实、客观地反映研究问题的现状，较准确地分析出各变量之间的关系，保证实证研究的质量。本章首先阐述了各个初始量表的形成过程，包括各个条款的来源，根据调研对象所做的调整等，由此形成最初的调查问卷。其次，在此基础上，阐述了经过小样本测试后，对量表条款所进行的具体调整，并形成正式调查问卷。本章还阐述了样本的选择与收集过程。并购案例成千上万，选择什么样的研究样本直接影响研究结果的可靠性。本书尽可能选择了具有代表性的样本，考虑了样本的地域分布、单位性质、并购完成时间、行业性质等，但是，受研究经费、人力等条件的限制，样本的选择不是最优选择，主要是跨国并购样本较少。本部分详细地介绍了研究样本的基本状况，选择理由，并详细介绍了数据的收集过程，以及保证质量的措施。最后，进行了调研数据分析，"样本数据描述"是对所有问卷的整体描述，以此判断样本的代表性，数据是否符合正态分布，是否适合实证研究，"量表的效度信度检验"是判断采用量表是否客观真实地反映了变量的内容要求。

第一节 变量测量与调整

一、变量测量

本部分将介绍组织价值观、并购后认同和员工行为等变量各个维度初始测量条款的形成过程。

（一）组织价值观

组织文化概念的核心是价值观，本书对组织价值观的测量主要依据O'Reilly等（1991）的量表（Alpha系数为0.84），包括革新性、关注细节、结果导向、风险承担、尊重员工、社会责任、团队导向、容忍冲突和伦理道德九个组织价值观维度，每个维度分别用六个形容词短句来表述。组织价值观具体测量条款及其来源见表4.1。

表 4.1　组织价值观测量条款

序号	条款
1-1	鼓励员工创新
1-2	鼓励员工积极进取
1-3	及时把握发展机会
1-4	重视适应环境变化
1-5	循规蹈矩
1-6	追求与众不同
1-7	做事精细
1-8	关注细节
1-9	强调理性分析
1-10	"工作规范"详细
1-11	严格控制
1-12	不受规则限制
1-13	以成败论英雄
1-14	干多干少一个样
1-15	业绩好就会受到表扬
1-16	绩效期望高
1-17	重资历甚过业绩
1-18	多劳多得
1-19	小心谨慎
1-20	容忍错误和失败
1-21	做事求稳
1-22	强调反思
1-23	强调可预期
1-24	不怕风险
1-25	重视员工职业发展
1-26	尊重个人权利
1-27	对员工一视同仁
1-28	以人为本
1-29	员工自主
1-30	工作有保障
1-31	热心公益事业
1-32	企业声誉好
1-33	注重质量
1-34	注重维护市场秩序
1-35	注重维护社区（睦邻）关系
1-36	对客户负责

续表

序号	条款
1-37	工作中强调个人负责
1-38	团队利益放在第一位
1-39	强调通过协作完成任务
1-40	以集体奖励为主
1-41	侧重考核团队的业绩
1-42	大家庭精神
1-43	注重人际和谐
1-44	冲突尽可能少
1-45	鼓励竞争
1-46	追求单一文化
1-47	敢于直面冲突
1-48	鼓励达成共识
1-49	为人正直
1-50	谦虚美德
1-51	诚实守信
1-52	为人忠诚
1-53	辈分伦理
1-54	职业道德

资料来源：O'Reilly 等（1991）

（二）并购后认同

本书讨论的并购后认同包括组织认同和领导认同，领导认同是在组织认同定义中演变而来的，组织认同研究是基础，领导认同的测量是在组织认同测量条款的基础上完成的。组织认同是个体从组织的角度来定义自己，知觉与组织的一致性以及隶属于该组织（Mael and Ashforth，1995）。因此，当个体越是认同组织，就会越努力达成组织目标，愿意留在组织中，并积极地把组织的正面形象向外界传递（Bartels et al.，2006）。因此本书把组织认同定义为：个体知觉自己隶属于某个组织，并以组织的特征来定义自己，努力达成组织的目标，希望效力于组织，积极传递组织的正面形象。

本书对组织认同的测量，借鉴了 Mael 和 Ashforth（1995）开发的组织认同量表的六个条款，量表由一位美籍华人（美国杰克逊州立大学助理教授）、一位加籍华人（加拿大多伦多大学工商管理博士，国内某高校外聘教授）翻译，并进行了对译。在导师的学术团队例会上，结合论文研究的对象、内容进行了调整。Mael 量表中的六个条款分别翻译为：①听到别人批评我所在的组织时，我感觉就像是在批评自己一样；②我很想了解别人是怎样评价我所在的组织的；③当谈起我所在的组织时，我会说"我们"而不是"他们"；④我所在组织的成功就代表着我自己的成功；⑤听到别人称赞我所在的组织时，我感觉就像是在称赞自己一样；⑥如果发现媒体批评我所在的组织，我会感到不安。我们研究的是员工对"并购后组织"的认同，Mael 量表中的"组织"一词由"现在公司"来代替，得到并购后组织认同的测量条款。

Chen（2001）在借鉴了 Mael 和 Ashforth 量表的基础上，开发了主管认同的量表，即"当有人赞扬我的主管，我把它当成自己的荣耀""当有人批评我的主管，我把它当成自己的耻辱""我主管的成功就是我的成功"。对并购后高层领导的认同，本书采用其中的两个条款：①当听到别人批评公司的领导时，我感觉就像是在批评自己一样；②当听到别人称赞公司领导时，我感觉就像是在称赞自己一样。此外借鉴了 Connaughton 和 Daly（2004）中领导认同的量表，该量表的内部一致性 Alpha 系数为 0.72，本书借鉴了其中两个条款，即①我对公司领导没有忠诚感；②我关心公司领导的声誉和前途。此外，增加了两个条款：①我觉得说公司领导的坏话无所谓；②公司领导难堪时，我觉得无所谓。其中，后者与"如果发现媒体批评我所在的组织，我会感到不安"的测量目的是一致的。"我觉得说公司领导的坏话无所谓"是我们根据对并购后企业管理者的访谈以及百度贴吧上并购后员工的焦点话题提出的。因为并购以后，对于领导的评价是员工最热衷的话题而且也是争议最大的话题。并购后认同具体测量条款及其来源如表 4.2 所示。

表 4.2　并购后认同测量条款

序号	条款
2-1	听到别人批评现在公司时，我感觉就像是在批评自己一样
2-2	我很想了解别人是如何评价现在公司的
2-3	当谈到现在公司时，我会说"我们"而不是"他们"
2-4	现在公司的成功就代表着我自己的成功
2-5	听到别人称赞现在公司，我感觉就像是在称赞自己一样
2-6	如果发现媒体批评现在公司，我会感到不安
2-7	当听到别人批评公司的领导时，我感觉就像是在批评自己一样
2-8	我觉得说公司领导的坏话无所谓
2-9	我关心公司领导的声誉和前途
2-10	我对公司领导没有忠诚感
2-11	当听到别人称赞公司领导时，我感觉就像是在称赞自己一样
2-12	公司领导难堪时，我觉得无所谓

资料来源：Mael 和 Ashforth（1995）；Connaughton 和 Daly（2004）

(三) 员工行为

本书将员工的行为归结为四种，分别是贡献行为、支持行为、越轨行为和留职倾向，主要采用学术界常用的量表进行测量。

1. 贡献行为

"角色外行为"是员工必须主动完成创新以及超越工作要求的自发性活动，也就是主动地、自发地为组织承担一些分外的事情。这种"角色外行为"接近于 Organ 和 Konovsky（1989）提出的组织公民行为，本书称之为贡献行为，它表明的是一种态度，是员工在组织并购后，对组织有高度的认同感，能够自发地做一些利于组织发展的事情。我们认为用"角色内"和"角色外"下定义有一定的偏颇，如向组织提合理化建议是许多组织所倡导的，员工提合理化建议，在一定程度上可以说是"角色内行为"，尽管员工不这样做也可能不受惩罚，所以称之为"贡献行为"更准确，意思是员工的行为超出了组织的必须要求，是一种额外的贡献，测量时借鉴了 Organ 和 Konovsky（1989）的组织公民行为研究中的一些条款，量表内部一致性 Alpha 系数是 0.87。

2. 支持行为

一般组织之间发生并购后，组织成员都会有一个适应期，特别是对被并购组织来讲，要让员工在很短的时间内产生相当多的"贡献行为"是不现实的。多数员工能够接受并购，能够留在组织中，人心稳定，这已经足够让并购组织感到满意了。本书提出的"支持行为"，相当于之前学者们提出的参与并留在组织中的"留任行为"和符合组织规范的"角色内行为"。测量条款借鉴了 Griffeth 等（2000）、Tyler 和 Blader（2001）的量表，这两个量表的内部一致性 Alpha 系数分别为 0.93 和 0.84。

3. 越轨行为

工作场所越轨行为是指员工在各种情况下对组织成员、组织生存及组织规则有着明显危害的主观行为，包括说谎话、没病装病、迟到早退、"磨洋工"等轻微的危害行为，也包括偷税漏税、破坏财产、偷盗、欺诈等严重危害行为。由于对越轨行为直接进行测量会引起被访者的戒心，很难获得其真实的想法。为了减少社会称许性，所以，问卷设计过程中，以测量"同事"的行为方式来反映被访者的实际情况，虽然表面上测量的是"同事"的越轨行为，但折射的其实是被调查者本人的情况。本书测量条款借鉴了 Spector（2006）、Robinson 和 Bennett（1995）的相关测量条款，这两个量表的内部一致性 Alpha 系数分别为 0.91 和 0.84。

4. 留职倾向

离职倾向是指离开目前工作与寻找其他工作机会的总体表现或态度。本书认为，留职倾向是员工存有的留在目前工作岗位的念头。虽然留职倾向和离职倾向都能够测量出员工对于留在现有组织中的态度，但是，因为并购后员工比较敏感，不愿意透露离职的想法，所以测量留职倾向要比测量离职倾向更容易得到员工的真实想法。测量条款借鉴了 Griffeth 等（2000）的量表，这两个量表的内部一致性 Alpha 系数分别为 0.93 和 0.81。员工行为具体测量条款及其来源如表 4.3 所示。

表 4.3 员工行为测量条款

序号	条款
3-1	我的工作业绩超过了公司要求
3-2	我会向公司提合理化建议
3-3	业余时间我会从事有益于公司的活动
3-4	我经常帮助公司中那些有需要的人
3-5	我愿意为公司的成功作积极贡献
3-6	我会积极支持领导的工作
3-7	我在工作中将遵循公司的使命
3-8	我在工作上能够达到公司要求的水准
3-9	我能够按公司要求对待客户、消费者
3-10	我会遵守公司的规章制度
3-11	我的同事经常浪费公司财物
3-12	我的同事经常在工作中干私活
3-13	我的同事会经常少干活
3-14	我的同事经常迟到、早退
3-15	我的同事会煽动别人对公司的不满情绪
3-16	我对现在的工作非常有感情
3-17	我经常想着辞职
3-18	继续在现在的公司工作我会很开心
3-19	我打算在公司长期发展

资料来源：Organ 和 Konovsky（1989）；Griffeth 等（2000）；Tyler 和 Blader（2001）；Robinson 和 Bennett（1995）；Spector（2006）

二、问卷的小样本测试与调整

初始问卷形成后，在浙江几家有并购背景的组织中作了 30 份问卷预测，征求了大部分填答者的意见和建议，并分别邀请了浙江传化财务部、吉利集团人力资源部、浙江浙银金融租赁股份有限公司业务部、杭州西子电梯科技有限公司、杭州汇丰银行等公司的十几位中高层管理者进行了访谈，目的是确保填答者能够准确理解问卷的含义，同时，保证量表中的每个条款能够如实反映个体意愿，使问卷尽量科学合理。

（一）组织价值观测量条款的调整

根据小样本测试和实际访谈的结果，组织价值观条款分别进行了调整，具体情况如下。

"革新性"维度。"提倡首创精神"与"鼓励员工创新"没有差别，所以取消。原来在"关注细节"维度中的"循规蹈矩"加进来，因为循规蹈矩反映的是员工是否敢于面对新事物，是否敢于创新。"员工应积极进取"改为"鼓励员工积极进取"，"重视环境适应性"改为"重视适应环境变化"改编后的表述方式更容易让人理解，能更好地反映调查目的。

"关注细节"维度。"做事精确"改为"做事精细"，做事精细既反映了客观上做事的精确，同时又反映了主观上做事的细心程度，能更好地反映"关注细节"维度。

"结果导向"维度。"结果导向"被认为与"以成败论英雄"高度一致，也有人认为不好理解，改成反向问题"干多干少一个样""以成败论英雄"与实际测量的"结果导向"价值观有一定的距离，不能够与业绩考核标准直接联系起来，因此改编后的条款更直接明了。

"风险承担"维度。"对错误、失败的容忍度高"改为"容忍错误和失败"，改编后的条款能更好地反映组织在风险承担方面的价值观理念，而不受容忍程度高低的影响。

"社会责任"维度。"注重维护社区关系"改为"注重维护社区（睦邻）关系"，因为有的公司不涉及"社区"关系，而"睦邻"关系更为普遍。增加"热心公益事业"，删去"注重社会责任"，这样可以更加具体地衡量组织承担社会责任情况。

"团队导向"维度。"侧重团队业绩的考核"改为"侧重考核团队的业绩"，因为这种表述方式更容易被人接受。

"容忍冲突"维度。因为原来的"低水平冲突"不好理解，改为表述更加直白的"冲突尽可能少"。

（二）并购后认同测量条款的调整

根据小样本测试和实际访谈的结果，并购后认同条款做了以下调整。

"听到别人批评现在公司时，感觉就像是在批评我一样"改为"听到别人批评现在公司时,我感觉就像是在批评自己一样",相应的表述都做了调整。

"我关心领导的前途"改为"我关心公司领导的声誉和前途",改编后的条款比原来的表述更加全面,而且符合并购后的实际情况。

"我对公司领导没什么忠诚感"改为"我对公司领导没有忠诚感"。

(三)员工行为测量条款的调整

根据小样本测试和实际访谈的结果,员工行为条款做了以下调整。

"我经常帮助那些有需要的人"改为"我经常帮助公司中那些有需要的人",限定"公司中有需要的人",可以更直接地测量员工工作场所的行为,前者可能测量员工的社会行为,而这不是本书的研究内容。

"我计划在公司做长期发展"改为"我打算在公司长期发展",表述比原条款更合理。

"如果有机会,我就离开现在的工作岗位"在测量留职倾向的时候,发现很难反映人们对离开现在岗位的想法,因为人们即使对现在的岗位感觉很好,并不想离开,但有了更好的机会,大部分人都会选择离开,所以,不论有没有离职倾向,都会有肯定回答,很难反映出人们对这个岗位的真实想法,故删除。

三、问卷的社会称许性规避

Paulhus(1984)认为社会称许性(social desirability)是测量被试给出真相自我描述的倾向,是被调查者不管自己对某个事件或者问题的真实想法,而刻意地表现出为人们所接受和赞同的看法、间接的倾向性。他把社会称许性划分为自我欺骗和印象管理两个维度。自我欺骗是指个体认为正确的任何正面的偏差反应,不是自己有意识地掩饰,而是一种个体对自我信念的自我保护。印象管理是指个体为给人留下一个良好的印象而在问卷填写过程中有意识地进行掩饰,是一种有意识的、有目的的欺骗性反应。社会称许性会导致变量间的虚拟关系,或者充当了抵制变量从而掩盖变量间的真实关系。如果题目本身的答案反映了一般社会价值倾向,被调查者很容易表现出反应偏差,投其所好,按照对题目的社会价值判断而不是自己的实际情况回答。

问卷要能够真实地反映出被调查者的实际想法,应该尽量避免或减少使用明显带有社会称许性的题目。无法回避的时候,应该尽量少用理性的叙述,而从被测者感觉方面进行描述。本书为了减少社会称许性问题,本书主要做了以下几个方面的工作①。

（1）问卷的开篇导语明确指出本书属于高校学者纯学术性质的研究，由本人及研究生实施，不通过官方渠道实施，这样给被调查者一个宽松的环境，从实际回答状况来看，绝大多数被调查者，都较好地避免了社会称许性问题。

（2）尽可能采用学术界使用率比较高且被多次实证研究证明了的成熟量表，在引用国外量表的时候，经过了对译过程，确保问题的问法与原文保持一致。本书的量表，无论是组织价值观、并购后认同还是员工行为量表，大部分是成熟量表，或者是在成熟量表基础上改进的，能较好地回避社会称许性问题。

（3）问题的表达尽量客观，避免流露出主观态度倾向。在受社会称许性影响严重的维度上，隐去明确的人称指代。比如，在员工行为中，越轨行为是人们不愿意回答的，因此问卷采用了"我的同事……"，并且以具体的行为报告代替意愿测量。比如，"我的同事经常迟到、早退"，这种问题可以一定程度上解除填答者的戒心，不会出现全部否定的结果。

（4）问题的顺序遵循前后呼应、由浅及深的原则，一些具有敏感性、威胁性的问题，排列在问卷的后半部分。

（5）在可能带来社会称许性的问题中，设置一些反向的问题，来验证、推断填答问卷的态度，对合格问卷进行筛选。

第二节 样本选择与数据收集

一、样本的选择

Lipponen 等（2004）指出，大约在宣布并购后的 1 年内，是两个组织合并的磨合期，在这段时间内与员工并购后相关的问题也较为显著，并购在这个时间段的组织文化冲突最为激烈和明显。所以在确定样本时，本书主要选择了并购实施过程 1~3 年的样本，主要是为了避免由于并购时间过长而消磨了被并购组织员工对原组织价值观的感觉，所以选择的企业样本一般是在并购发生后的 1~2 年内，研究选择的主要样本有北京三元并购石家庄三鹿集团、冀中能源并购华药集团、吉利集团并购沃尔沃、天健会计师事务所并购多家会计师事务所、摩托罗拉并购浙江大华数字和晶图公司、浙江传化并购天松公司等。

---

① 关于社会称许性问题的处理，本书借鉴了宝贡敏和徐碧祥（2006）、赵卓嘉（2009）等人的方法。

二、数据收集过程

为了保证问卷真实可靠,在问卷调研过程中,问卷的发放和收回,全部采用一对一的直接调研方式,并且对于学历层次低的员工给予了必要的辅助填答。河北两家企业的问卷,由本人及两名研究生利用寒假和暑假两个时间段,共占用为期 2 个月的时间共同完成;其他企业的问卷调查,是在本人及研究生、本科生的指导下到企业或 MBA 课堂上选择有并购背景的人员当面完成。调研活动总计发放问卷 500 份,共收回有效问卷 406 份,调研问卷有效率为 81.2%。我们根据以下原则筛选出无效问卷:问卷主体部分缺答项目累计超过 10%;问卷填答呈现明显规律性的予以删除,如所有条款选择同一项目;基于问卷中设置的反向条款,出现前后矛盾的予以删除。

(一)对调研人员偏差的控制

调研过程中,我们很好地注意了调研人员的偏差问题。由于调研人员引起的偏差可以分为故意和非故意两大类。调研人员故意偏差是调研人员故意违反必须遵循的调研规则,使调研结果与事实发生明显差异,如访问员欺骗、访问员诱导、访问员懈怠等。调研人员的非故意偏差是调研人员在错误执行调研方法与程序时,却自认执行的是正确的调研程序和方法而导致的调研偏差,如访问人员个人特征、访问人员的误解、访问人员的疲惫等。对调研人员故意偏差的控制,采用了事前控制和事后控制相结合的方法。事前控制主要是精心挑选调研人员,我们选用的调研人员全部是研究生和本科生,共十人,调研之前强调了问卷质量的重要性,同时,报酬按问卷质量进行浮动。事后控制主要是对提交的调研信息进行验证,如对相关的条款进行对照检验等。对调研人员非故意偏差的控制,主要是对访问人员进行了针对性培训,提高其调研技能和意识。

(二)对受访者偏差的控制

由于受访者引起的偏差同样可以分为故意和非故意两大类。受访者的故意偏差:受访者因各种原因不真实回答或拒绝回答访问人员提出的问题,使调研出现偏差,如受访者不如实回答、拒绝作答。对受访者故意偏差,问卷的开篇导语明确指出研究的学术性质,并且由本人、研究生或本科生进行调查,给被调查者一个宽松的环境,从而减轻其紧张、警惕心理,提高受访者的积极性。受访者的非故意偏差是指受访者自认为自己真实回答了访问人员所提出的某些问题,而实际却是提供了一个"无效答案",是一种较难发现的偏差,如受访者对问题产生误解、猜测,个人兴趣偏好不同,或受到他人干扰等。对受访者的非故意偏差，本书使用的问卷尽可能简洁易懂，虽然条款比较多，但都是非常简短且容易理解的，如组织价值观部分的 54 个条款，由 54 个形容词或短句构成，认同部分共由 2 个变量构成，问题的问法基本一致，很容易理解，这样一定程度上就减少了受访者非故意偏差。

（三）共同方法偏差的控制

Podsakoff 等（2003）认为调研方法差异、非响应偏差和共同方法偏差是调研过程中最常见的三种非系统偏差。我们全部采用走访的方式进行问卷收集，不存在由于调研方式不同导致偏差的问题；另外由于能够当场收回问卷，不存在非响应偏差问题，当然调研过程中确实遇到拒绝参与调研、中断调研的现象，也有一些漏项较多的无效问卷出现，这些问题的存在，肯定会影响抽样的科学性，出现一些偏差，但由于样本量大，可以把这些偏差看作允许范围内的偏差。共同方法偏差指因为同样的数据来源或受访者、同样的测量环境、语境以及测量条款自身特征所造成的预测变量与小标变量之间的人为的共变。共同方法偏差是一种典型的系统偏差，会对研究结果造成严重的混淆。控制此类偏差的方法可以分为程序控制和统计控制两类。在调研过程中，通过如实告知问卷测量的目的，保护受访者的匿名性、平衡条款顺序效应以及改进条款内容等程序性手段，对于有可能出现的共同方法偏差进行事前控制（Podsakoff et al., 2003；周浩和龙立荣，2004）。

三、样本数据描述

我们将先对样本进行统计描述，并对各测量条款的评价值进行描述，看其是否符合正态分布，是否适合这项研究的数据分析。调查样本的基本情况如表 4.4 所示。

表 4.4　企业调研样本的统计描述（N=406）

条款	统计内容	频次	百分比	累计百分比
Q5-1 性别	男	217	53.4	53.4
	女	189	46.6	100
Q5-2 年龄	20 岁以下	5	1.2	1.2
	21~25 岁	49	12.1	13.3
	26~30 岁	119	29.3	42.6
	31~35 岁	99	24.4	67
	36~40 岁	54	13.3	80.3
	41~45 岁	46	11.3	91.6
	46~50 岁	22	5.4	97
	50 岁以上	12	3	100
Q5-3 学历	高中及以下	106	26.1	26.1
	专科	149	36.7	62.8

续表

条款	统计内容	频次	百分比	累计百分比
Q5-3 学历	本科	137	33.7	96.5
	研究生及以上	14	3.5	100
Q5-4 并购前组织 工作时间	不满1年	37	9.1	9.1
	1~3年	105	25.9	35.0
	4~6年	95	23.4	58.4
	7~9年	60	14.8	73.2
	10年以上	109	26.8	100
Q5-5 职务	普通员工	313	77.1	77.1
	基层管理者	51	12.6	89.7
	中高层管理者	42	10.3	100

从被访者性别看，男性被访者和女性被访者分别为217人和189人，占样本总数的53.4%和46.6%，男女之间的比例基本持平。

从被访者的年龄来看，30岁以下的年轻人占据了42.6%，表明企业员工，特别是一线员工中，青年员工是企业生产经营的主力军，这与企业实际情况符合。

从被访者的学历层次来看，企业样本的学历层次偏低，高中及以下、专科、本科学历的被访者分别占26.1%、36.7%、33.7%，而研究生及以上学历相对较少，这主要是和调查对象的企业性质相关，样本集中于生产性行业，员工学历结构中，高学历的员工数量相对较少，因为一线的生产人员较多。会计师事务所和MBA学员虽然学历层次多，但样本数量较少，因此企业样本的整体学历层次较低，这也基本上反映了企业员工的构成现状。

从被访者在并购前企业的工作时间长短来看，样本中在原企业工作时间不满一年的人数相对较少，只有9.1%，其余时间段的员工在比例上相差不多，最少的为工作7~9年这个时间段，占14.8%，最多的为工作10年以上这个时间段，占了26.8%，这样基本上对每个时间段的员工都有一个很好的覆盖，数据分析代表性比较合理。

从被访者的职务来看，普通员工的比例最高，占77.1%，基层、中高层管理者占22.9%。虽然相对来说，管理者的比例还是偏低一些，但这样的职务结构基本上反映了主体调研样本为生产性行业的员工构成。

总体来看，调研样本基本符合企业的实际状况，具有较好的代表性。

第三节 量表的信度效度分析

本部分将对组织价值观、并购后认同、员工行为等变量的量表，分别进行效度和信度检测,以确定调研数据是否符合实证研究要求。

一、量表的效度分析

首先采用探索性因子分析法对测量模型整体的区分效度进行检验,以确保不同测量变量之间的差异性和排他性,而后使用验证性因子分析法对各个变量测量量表的收敛效度进行检验。该方法还可以对测量模型的适配性进行检验,我们选择判断模型拟合特性的指标及其标准如下。

(1) 使用 χ^2/df 指标,即卡方和自由度的比值,来判断假设模型和观测数据的结合度,对于 χ^2/df 的临界判定值,有的学者认为应该小于 3,也有的认为只要不超过 5 即可(侯杰泰等,2004)。

(2) 拟合优度指数(goodness-of-fit index,GFI)和调整拟合优度指数(adjusted goodness-of-fit index,AGFI)。GFI 的取值范围为 0~1,0 代表最差适配,1 代表完美适配,GFI 会受到样本规模的影响,可以利用自由度、观察变量的个数和待估计参数的个数对其进行调整,即 AGFI。GFI 和 AGFI 的值超过 0.9,说明模型拟合良好,在一些开拓性假设或模型较为复杂的情况下,大于 0.85 也是可以接受的(黄芳铭,2005)。不过,Doll 等(1994)认为 GFI 和 AGFI 如果介于 0.80 和 0.89 之间,就代表模型已经有了合理的适配。另外 Steiger(1990)认为,GFI 值和 AGFI 值受样本容量的影响比较大,增大容量可以提高这两个统计值,因此认为近似误差均方根(root mean square error of approximation,RMSEA)更具有参考价值。

(3) RMSEA 小于等于 0.05,表示适配良好;0.05~0.08 表示不错的适配;0.08~0.10 属于中度适配,大于 0.10 就属于不良适配(侯杰泰等,2004)。

(4) 规范拟合指数(normed fit index,NFI)、修正拟合指数(incremental fit index,IFI)和比较拟合指数(comparative fit index,CFI)。NFI 是一种相对拟合指数,考查的是基准模型理论模型卡方减少的比例,由于没有控制自由度,并且容易受到样本规模的影响,它的修正指数是 IFI。CFI 指数克服了嵌套模型上的缺失,对模型的适配性相当好(黄芳铭,2005)。NFI、IFI 和 CFI 的取值都在 0~1,一般超过 0.9 就意味着模型拟合良好,可以接受。

(一) 区分效度检验结果

对测量组织价值观的 54 项条款进行探索性因子分析,以检验组织价值观量表的测量效度。采用主成分分析法(principal component analysis)对测量条款进行因子提取,并采用方差最大法进行因子旋转,以特征根大于 1 为因子提取的标准。

研究共涉及 85 个测量条款，KMO（Kaiser-Meyer-Olkin）值为 0.918，且 Bartlett 球形检验的显著性统计值为 0.000，说明样本适合进行因子分析。①

每次探索性因子分析完成后，对测量条款按照以下三个原则进行筛选：一是当一个条款自成因子的时候予以删除，因为此时不存在内部一致性问题；二是当测量条款的因子荷载小于 0.5 的时候，予以删除；三是当一个测量条款在所有因子上的荷载都小于 0.5，或者在多个因子上的荷载都大于 0.5 的时候予以删除。

研究采用主成分分析法提取因子，采用方差最大法旋转因子，进行探索性因子分析。第一次探索性因子分析完成后，"多劳多得""热心公益事业""工作中强调个人负责""鼓励竞争""敢于直面冲突""鼓励达成共识"，属于不良条款，予以删除。在删除以上条款后进行第二次探索性因子分析，"追求单一文化""我经常帮助公司中那些有需要的人""当听到别人批评公司的领导时，我感觉就像是在批评自己一样""我关心公司领导的声誉和前途""当听到别人称赞公司领导时，我感觉就像是在称赞自己一样""我愿意为公司的成功作积极贡献"成为不良条款，予以删除。

经过三次探索性因子分析，共呈现出 15 个特征根大于 1 的公因子，其中所有条款在 15 个因子上的因子荷载都大于 0.5，15 个因子的累计总解释方差为 64.961%，具体结果如表 4.5 所示。所有测量条款的因子荷载都在 0.5 以上，证明各变量的测量量表批次之间区分效度良好，测量条款并无交叉，无须进一步调整。

根据各因子包含的具体条款的理论含义，并按照因子旋转出的顺序将这 15 个因子分别命名为：革新性、关注细节、结果导向、风险承担、尊重员工、社会责任、团队导向、容忍冲突、伦理道德、组织认同、领导认同、贡献行为、支持行为、越轨行为和留职倾向。

---

① KMO 检验和 Bartlett 球形检验是统计学中的两种方法，用于评估数据是否适合进行因子分析和相关分析。KMO 检验用于评估样本的充足性和变量间的相关性。该检验方法通过比较每个变量与其他变量之间的相关系数来评估变量之间的相关性。如果 KMO 值越接近 1，说明变量之间的相关性越强，样本越充足。如果 KMO 值小于 0.5，说明数据不适合进行因子分析。Bartlett 球形检验用于评估样本是否符合球形分布，即各变量之间是否相互独立。该检验方法基于每个变量与其他变量之间的相关系数矩阵，判断数据是否来自多元正态分布。如果数据不符合球形分布，则说明变量之间存在相关性，样本不适合进行相关分析。

表4.5 整体测量模型探索性因子分析结果

变量	条款	1	2	3	4	5	6	7	8	9	10	11	12	13	14	15
革新性	Q1-1	0.100	0.050	**0.786**	0.168	−0.075	0.082	0.074	0.117	0.150	0.057	0.052	0.037	0.079	−0.030	0.097
	Q1-2	0.131	0.058	**0.809**	0.188	−0.006	0.034	0.126	0.060	0.195	0.103	0.077	0.053	0.060	−0.017	0.071
	Q1-3	0.088	−0.019	**0.718**	0.186	−0.017	0.050	0.211	0.160	0.163	0.096	0.081	0.077	0.052	0.080	0.064
	Q1-4	0.076	0.009	**0.603**	0.223	−0.033	0.070	0.226	0.232	0.094	0.147	0.062	0.020	0.026	0.089	0.007
	Q1-5	0.222	0.042	**0.559**	0.085	−0.032	0.016	0.298	0.092	0.096	0.132	0.060	0.013	−0.037	0.042	0.029
	Q1-6	0.115	0.119	**0.543**	0.125	0.008	0.063	0.180	0.097	0.072	0.208	0.139	0.091	−0.020	−0.054	−0.059
关注细节	Q1-7	0.212	0.118	0.261	0.239	−0.104	0.126	**0.562**	0.066	0.079	0.103	0.066	−0.005	0.034	−0.160	0.242
	Q1-8	0.201	0.091	0.284	0.194	−0.069	0.050	**0.646**	0.097	0.180	−0.002	0.085	0.028	0.055	−0.155	0.163
	Q1-9	0.124	−0.009	0.281	0.226	−0.017	0.014	**0.626**	0.147	0.195	−0.004	0.167	0.045	0.039	0.022	0.073
	Q1-10	0.138	0.048	0.155	0.140	−0.050	−0.004	**0.696**	0.183	0.181	0.145	0.043	0.021	−0.016	0.093	0.013
	Q1-11	0.166	0.045	0.225	0.003	−0.060	0.042	**0.625**	0.108	0.201	0.247	0.108	0.061	0.068	0.061	−0.047
	Q1-12	0.102	0.055	0.105	0.128	−0.076	−0.063	**0.664**	0.116	0.111	0.174	0.023	0.086	0.012	0.104	−0.010
结果导向	Q1-13	0.123	0.054	0.219	0.028	−0.073	0.067	0.192	−0.085	−0.081	**0.570**	0.046	0.020	−0.059	−0.148	−0.028
	Q1-14	0.070	0.067	0.109	0.024	0.000	0.041	0.007	−0.022	0.018	**0.746**	0.050	−0.054	0.008	0.016	0.054
	Q1-15	0.123	0.090	0.132	0.137	−0.037	0.034	0.114	0.040	0.204	**0.715**	−0.036	0.046	0.035	0.068	0.117
	Q1-16	−0.011	0.071	0.080	0.177	−0.079	0.013	0.074	0.118	0.156	**0.742**	0.079	0.036	−0.030	0.036	0.010
	Q1-17	0.048	0.016	0.036	0.045	−0.021	0.055	0.122	0.074	0.059	**0.723**	0.063	0.088	−0.052	0.053	0.044
风险承担	Q1-19	0.206	−0.037	0.073	−0.114	−0.010	0.129	0.098	−0.040	0.170	0.068	**0.566**	0.010	−0.062	−0.172	0.075
	Q1-20	−0.019	−0.007	0.095	−0.042	0.010	−0.008	−0.045	0.008	0.043	0.089	**0.603**	−0.040	−0.075	−0.060	−0.084
	Q1-21	0.144	0.005	−0.030	−0.024	0.054	−0.008	0.137	0.015	0.122	0.028	**0.695**	−0.030	0.010	−0.062	0.193
	Q1-22	0.095	0.016	0.164	0.224	−0.070	−0.099	0.224	0.249	−0.023	0.077	**0.629**	0.042	0.040	0.051	−0.095
	Q1-23	0.081	−0.021	0.191	0.225	−0.055	−0.047	0.127	0.225	−0.010	0.157	**0.583**	0.044	0.016	0.140	−0.236
	Q1-24	−0.055	−0.068	0.011	0.076	0.008	−0.076	−0.023	0.006	0.005	−0.081	**0.653**	−0.075	−0.014	0.084	0.045

续表

变量	条款	成分 1	2	3	4	5	6	7	8	9	10	11	12	13	14	15
尊重员工	Q1-25	0.113	0.018	0.343	**0.668**	-0.016	0.085	0.146	0.128	0.110	0.089	0.055	0.110	0.073	-0.019	0.020
	Q1-26	0.171	0.072	0.169	**0.735**	-0.013	0.102	0.154	0.149	0.166	0.099	0.030	0.044	0.083	0.073	0.080
	Q1-27	0.284	0.080	0.092	**0.734**	0.016	0.029	0.166	0.080	0.135	0.043	0.040	0.043	0.072	0.076	0.072
	Q1-28	0.174	0.131	0.130	**0.712**	-0.055	0.016	0.140	0.216	0.044	0.115	0.048	0.089	0.061	0.020	0.041
	Q1-29	0.186	0.105	0.319	**0.619**	-0.028	0.057	0.114	0.261	0.131	0.072	0.037	0.066	-0.016	0.009	0.135
	Q1-30	0.187	0.188	0.201	**0.528**	0.035	0.024	0.082	0.167	0.197	0.179	0.002	0.057	-0.020	-0.061	0.212
社会责任	Q1-32	0.201	0.116	0.251	0.161	-0.027	0.023	0.182	0.051	**0.629**	0.137	0.102	0.014	0.005	-0.065	0.142
	Q1-33	0.235	0.058	0.169	0.141	-0.046	-0.023	0.168	0.180	**0.672**	0.147	0.092	0.072	-0.035	-0.016	-0.013
	Q1-34	0.234	0.089	0.156	0.180	-0.019	-0.013	0.130	0.186	**0.697**	0.060	0.099	0.068	0.012	0.059	0.020
	Q1-35	0.207	0.057	0.148	0.143	0.030	0.038	0.189	0.137	**0.675**	0.053	0.061	0.057	0.014	0.010	0.150
	Q1-36	0.282	0.112	0.127	0.066	0.063	0.042	0.198	0.190	**0.603**	0.086	0.035	0.031	0.048	0.019	0.063
团队导向	Q1-38	0.173	0.089	0.129	0.219	0.029	0.064	0.135	**0.717**	0.045	0.131	0.026	-0.016	0.083	-0.044	0.049
	Q1-39	0.190	0.072	0.127	0.223	-0.036	0.015	0.137	**0.743**	0.140	0.055	0.033	0.019	0.024	-0.041	-0.019
	Q1-40	0.229	-0.011	0.117	0.077	-0.002	0.080	0.140	**0.723**	0.233	-0.041	0.064	0.009	-0.028	0.004	-0.019
	Q1-41	0.098	-0.004	0.194	0.128	0.008	0.060	0.159	**0.646**	0.226	0.026	0.154	0.068	0.020	-0.061	0.162
	Q1-42	0.184	0.097	0.171	0.221	0.004	0.014	0.046	**0.598**	0.078	-0.028	0.046	0.037	0.066	0.088	0.372
容忍冲突	Q1-43	0.276	0.073	0.145	0.242	0.002	0.031	0.148	0.226	0.171	0.134	-0.026	0.139	0.039	0.065	**0.683**
	Q1-44	0.253	0.095	0.089	0.246	-0.001	0.018	0.114	0.153	0.203	0.188	0.022	0.102	0.015	0.047	**0.643**

续表

变量	条款	成分 1	2	3	4	5	6	7	8	9	10	11	12	13	14	15
伦理道德	Q1-49	**0.711**	0.060	0.194	0.130	0.019	0.024	0.147	0.119	0.202	0.043	0.070	0.026	0.097	0.049	0.190
	Q1-50	**0.748**	0.027	0.111	0.219	0.008	0.003	0.137	0.187	0.117	0.113	0.061	0.023	0.096	0.051	0.175
	Q1-51	**0.758**	0.094	0.112	0.212	0.055	−0.006	0.119	0.163	0.158	0.086	0.057	0.047	0.101	0.018	0.064
	Q1-52	**0.775**	0.068	0.131	0.193	0.029	0.006	0.112	0.165	0.171	0.078	0.046	−0.015	0.031	0.101	−0.006
	Q1-53	**0.723**	−0.005	0.086	0.035	0.045	0.088	0.068	0.068	0.225	0.035	0.044	0.077	−0.148	0.041	−0.013
	Q1-54	**0.720**	0.114	0.071	0.169	0.019	0.051	0.157	0.134	0.114	0.067	0.076	−0.031	−0.018	0.039	0.067
组织认同	Q2-1	0.050	**0.793**	−0.024	0.106	−0.007	0.145	0.012	0.067	0.008	0.081	−0.055	0.109	0.062	0.039	0.090
	Q2-2	0.020	**0.683**	0.112	0.131	0.065	0.187	−0.009	0.094	−0.020	0.044	0.042	0.143	0.034	0.112	0.102
	Q2-3	0.084	**0.702**	0.135	0.062	−0.038	0.218	0.009	0.021	0.092	−0.025	0.038	0.109	0.104	0.079	−0.024
	Q2-4	0.099	**0.792**	0.002	0.018	0.012	0.106	0.069	0.048	0.058	0.105	−0.103	0.066	0.012	0.147	0.008
	Q2-5	0.012	**0.768**	0.024	0.077	0.022	0.171	0.080	0.005	0.105	0.069	−0.046	0.050	0.065	0.062	−0.032
	Q2-6	0.045	**0.743**	−0.002	0.016	−0.023	0.165	0.071	−0.020	0.081	0.034	0.012	0.136	0.067	0.083	0.015
领导认同	Q2-8	0.024	0.113	0.076	0.040	−0.002	0.015	0.066	0.052	0.076	−0.049	−0.066	0.048	**0.799**	0.097	−0.034
	Q2-10	0.053	0.078	0.049	0.048	−0.031	0.137	0.026	0.044	0.020	−0.047	−0.026	0.107	**0.858**	0.012	0.010
	Q2-12	0.002	0.102	−0.004	0.092	−0.075	0.123	0.000	0.007	−0.074	0.009	−0.020	0.107	**0.829**	−0.050	0.070
贡献行为	Q3-1	0.080	0.275	−0.061	−0.021	0.092	0.155	0.018	−0.017	0.003	0.132	−0.163	0.099	−0.064	**0.631**	0.031
	Q3-2	0.130	0.250	0.066	0.059	0.064	0.301	0.061	−0.023	−0.031	−0.038	0.028	0.072	0.079	**0.692**	0.052
	Q3-3	0.134	0.244	0.082	0.103	0.018	0.395	0.002	−0.059	0.059	−0.026	0.099	0.115	0.104	**0.596**	0.006

续表

变量	条款	成分 1	2	3	4	5	6	7	8	9	10	11	12	13	14	15
支持行为	Q3-6	0.023	0.214	0.108	0.021	0.010	**0.685**	-0.007	-0.017	0.045	0.006	-0.041	0.082	0.067	0.156	0.020
	Q3-7	0.034	0.176	0.079	0.037	-0.017	**0.802**	0.032	0.037	-0.024	0.055	-0.024	0.127	0.037	0.069	0.070
	Q3-8	0.092	0.192	0.015	0.082	-0.025	**0.785**	-0.059	0.011	0.022	0.086	-0.051	0.123	0.044	0.071	0.018
	Q3-9	0.028	0.216	0.017	0.039	-0.017	**0.792**	-0.007	0.070	0.024	0.016	-0.004	0.094	0.066	0.030	-0.066
	Q3-10	-0.050	0.122	0.015	0.012	-0.042	**0.662**	0.096	0.090	-0.013	0.054	-0.002	0.177	0.063	0.126	0.006
趣机行为	Q3-11	0.012	-0.010	-0.036	0.013	**0.794**	-0.025	-0.005	-0.015	-0.013	-0.066	0.023	-0.038	0.037	-0.006	0.003
	Q3-12	0.027	0.022	-0.040	-0.060	**0.862**	0.012	-0.090	0.005	-0.044	-0.012	-0.038	-0.004	-0.021	0.005	0.039
	Q3-13	-0.010	0.040	0.048	-0.072	**0.874**	-0.020	-0.074	-0.002	-0.002	-0.016	0.008	0.056	-0.018	0.068	-0.010
	Q3-14	0.023	0.010	-0.010	0.006	**0.861**	-0.027	-0.032	0.014	0.047	-0.077	0.041	0.002	-0.026	0.052	-0.031
	Q3-15	0.076	-0.025	-0.075	0.058	**0.815**	-0.009	-0.019	-0.007	0.015	0.006	-0.042	-0.051	-0.078	0.004	0.001
留职倾向	Q3-16	0.031	0.183	0.089	0.071	0.097	0.201	0.002	0.041	0.077	0.017	-0.072	**0.731**	0.057	0.099	0.036
	Q3-17	0.063	0.067	0.021	0.038	-0.257	0.062	0.095	0.015	0.066	0.074	-0.013	**0.664**	0.104	-0.073	-0.048
	Q3-18	0.026	0.194	0.075	0.111	0.041	0.206	0.067	0.009	0.043	-0.025	-0.019	**0.797**	0.084	0.113	0.075
	Q3-19	-0.014	0.194	0.056	0.070	0.049	0.216	0.019	0.023	0.007	0.065	-0.026	**0.765**	0.058	0.086	0.108
特征值		16.046	6.160	4.013	2.734	2.499	2.252	1.961	1.906	1.795	1.716	1.580	1.383	1.220	1.142	1.014
方差解释量/%		6.233	5.668	5.535	5.344	5.117	4.858	4.651	4.480	4.254	4.198	3.584	3.499	3.144	2.253	2.142
累计总解释方差/%																64.961

（二）组织价值观量表的验证性因子分析结果

对量表的收敛效度和测量模型适配性检验通过验证性因子分析来实现。组织价值观量表有9个维度，共包含47个条款，利用大规模问卷调研得到的数据对其进行验证性因子分析，得到的结果如表4.6所示。

表4.6 组织价值观量表的验证性因子分析结果

条款	标准化载荷（R）	R^2（标准化载荷平方）	C.R.（检验统计量）	P（显著性）
Q1-1	0.724	0.525	15.702	***
Q1-2	0.794	0.631	16.68	***
Q1-3	0.807	0.651	16.86	***
Q1-4	0.734	0.539	15.918	***
Q1-5	0.648	0.420	14.638	***
Q1-6	0.586	0.343	—	—
Q1-7	0.666	0.444	15.237	***
Q1-8	0.747	0.558	16.596	***
Q1-9	0.760	0.577	16.809	***
Q1-10	0.712	0.507	16.023	***
Q1-11	0.656	0.430	15.062	***
Q1-12	0.613	0.376	—	—
Q1-13	0.507	0.257	12.337	***
Q1-14	0.625	0.391	14.685	***
Q1-15	0.780	0.608	17.169	***
Q1-16	0.760	0.577	16.919	***
Q1-17	0.642	0.413	—	—
Q1-19	0.566	0.320	8.407	***
Q1-20	0.508	0.258	8.064	***
Q1-21	0.579	0.335	8.802	***
Q1-22	0.804	0.647	10.545	***
Q1-23	0.712	0.507	10.338	***
Q1-24	0.514	0.264	—	—
Q1-25	0.721	0.519	17.608	***
Q1-26	0.751	0.563	18.079	***
Q1-27	0.743	0.551	18.033	***
Q1-28	0.757	0.574	18.279	***
Q1-29	0.78	0.609	20.843	***
Q1-30	0.666	0.444	18.65	***
Q1-32	0.715	0.511	19.662	***
Q1-33	0.78	0.609	19.821	***
Q1-34	0.765	0.585	19.231	***
Q1-35	0.762	0.581	—	—
Q1-36	0.691	0.477	—	—
Q1-38	0.69	0.477	14.015	***
Q1-39	0.739	0.546	14.089	***
Q1-40	0.745	0.555	14.02	***
Q1-41	0.737	0.544	13.428	***

续表

条款	标准化载荷（R）	R^2（标准化载荷平方）	C.R.（检验统计量）	P（显著性）
Q1-42	0.673	0.453	—	—
Q1-43	0.709	0.503	21.291	***
Q1-44	0.692	0.479	15.163	***
Q1-49	0.767	0.589	29.529	***
Q1-50	0.834	0.695	25.052	***
Q1-51	0.839	0.704	24.984	***
Q1-52	0.837	0.701	19.683	***
Q1-53	0.683	0.466	21.594	***
Q1-54	0.737	0.543	—	—
拟合优度	χ^2/df=2.714, GFI=0.865, AGFI=0.850, NFI=0.860, IFI=0.907, CFI=0.906, RMSEA=0.046			

***代表 $p<0.001$ 时显著

可以看出，虽然组织价值观整体模型的 GFI、AGFI 和 NFI 小于 0.9，但是都达到了 0.85，而 IFI、CFI 都超过了 0.9，RMSEA 和 χ^2/df 都进入了临界值，这说明测量模型的整体拟合度是可以接受的。另外所有测量模型的路径系数都在 0.001 水平显著，说明组织价值观量表的收敛效度可以接受。

（三）并购后认同量表的验证性因子分析结果

并购后认同量表有 2 个维度，共包含 9 个条款，利用大规模问卷调研得到的数据对其进行验证性因子分析，得到的结果如表 4.7 所示，验证性因子分析中测量模型的路径系数都在 0.001 水平下显著，最小为 0.691，R^2 均大于 0.4。模型的整体拟合优度指标都达到了临界值所要求的范围。其中，GFI、AGFI、NFI、IFI、CFI 都大于 0.9，RMSEA 为 0.080，达到了这些指标的临界值，说明并购后认同量表的收敛效度可以接受。

表 4.7 并购后认同量表的验证性因子分析结果

条款	标准化载荷（R）	R^2（标准化载荷平方）	C.R.（检验统计量）	P（显著性）
Q2-1	0.790	0.624	—	—
Q2-2	0.691	0.478	21.601	***
Q2-3	0.702	0.493	18.88	***
Q2-4	0.787	0.620	19.195	***
Q2-5	0.763	0.583	21.528	***
Q2-6	0.734	0.539	20.883	***
Q2-8	0.799	0.638	24.718	***
Q2-10	0.858	0.736	28.185	***
Q2-12	0.829	0.687	26.308	***
拟合优度	χ^2/df=6.168, GFI=0.959, AGFI=0.929, NFI=0.952, IFI=0.959, CFI=0.959, RMSEA=0.080			

***代表 $p<0.001$ 时显著

（四）员工行为量表的验证性因子分析结果

员工行为量表有 4 个维度，共包含 17 个条款，利用大规模问卷调研得到的数据对其进行验证性因子分析，得到的结果如表 4.8 所示，可以看出，验证性因子分析中测量模型的路径系数都在 0.001 水平下显著，模型的整体拟合优度指标都达到了临界值所要求的范围。其中，GFI、AGFI、NFI、IFI、CFI 都大于 0.9，RMSEA 为 0.047，小于 0.05，达到了这些指标的临界值。

表 4.8　员工行为量表的验证性因子分析结果

条款	标准化载荷（R）	R^2（标准化载荷平方）	C.R.（检验统计量）	P（显著性）
Q3-1	0.520	0.270	—	—
Q3-2	0.754	0.568	16.811	***
Q3-3	0.596	0.355	10.506	***
Q3-6	0.689	0.475	—	—
Q3-7	0.818	0.669	18.204	***
Q3-8	0.801	0.641	16.816	***
Q3-9	0.767	0.588	17.052	***
Q3-10	0.628	0.394	15.379	***
Q3-11	0.729	0.532	—	—
Q3-12	0.840	0.705	22.246	***
Q3-13	0.862	0.742	20.503	***
Q3-14	0.832	0.692	16.849	***
Q3-15	0.757	0.573	—	—
Q3-16	0.716	0.513	25.525	***
Q3-17	0.476	0.226	25.098	***
Q3-18	0.888	0.789	24.556	***
Q3-19	0.794	0.631	55.361	***
拟合优度	\multicolumn{4}{l}{χ^2/df=2.817, GFI=0.948, AGFI=0.931, NFI=0.942, IFI=0.962, CFI=0.962, RMSEA=0.047}

***代表 $p<0.001$ 时显著

综上结果，验证性因子分析说明认同量表的测量模型是有效的。

二、量表的信度分析

研究采用内部一致性指标克龙巴赫 α 系数（Cronbach's α coefficient）对量表的信度进行检验，该值越大，表示该变量各个条款间的相关性越高，即内部一致性程度越高。Cronbach's α 值大于等于 0.7 时，属于高信度；Cronbach's α 低于 0.7 但大于 0.35 时，属于尚可；Cronbach's α 小于 0.35 的时候，属于低信度（黄芳铭，2005）。分别对删除条款后的 15 个子量表进行信度检验。各因子的内部一致性 Cronbach's α 分别为 0.8684、0.8581、0.7969、0.7316、0.8855、0.8526、0.8497、0.7615、0.9045、0.8822、0.8200、

0.7140、0.8558、0.9010、0.8076，均超过了 0.7，表明测量量表都有较高的信度，结果如表 4.9 所示。

表 4.9 测量工具的信度检验

维度	测量条款	CITC	删除条款后的 Cronbach's α	Cronbach's α
革新性	Q1-1	0.715	0.8373	0.8684
	Q1-2	0.781	0.8250	
	Q1-3	0.730	0.8350	
	Q1-4	0.653	0.8484	
	Q1-5	0.589	0.8590	
	Q1-6	0.534	0.8681	
关注细节	Q1-7	0.638	0.8362	0.8581
	Q1-8	0.718	0.8212	
	Q1-9	0.662	0.8318	
	Q1-10	0.683	0.8278	
	Q1-11	0.619	0.8396	
	Q1-12	0.565	0.8486	
结果导向	Q1-13	0.558	0.7953	0.7969
	Q1-14	0.580	0.7577	
	Q1-15	0.641	0.7381	
	Q1-16	0.639	0.7383	
	Q1-17	0.577	0.7586	
风险承担	Q1-19	0.537	0.7003	0.7316
	Q1-20	0.546	0.7120	
	Q1-21	0.510	0.6813	
	Q1-22	0.564	0.6650	
	Q1-23	0.515	0.6804	
	Q1-24	0.506	0.7134	
尊重员工	Q1-25	0.678	0.8693	0.8855
	Q1-26	0.750	0.8576	
	Q1-27	0.720	0.8624	
	Q1-28	0.712	0.8635	
	Q1-29	0.724	0.8614	
	Q1-30	0.611	0.8793	
社会责任	Q1-32	0.650	0.8262	0.8526
	Q1-33	0.679	0.8184	
	Q1-34	0.694	0.8142	
	Q1-35	0.669	0.8212	
	Q1-36	0.631	0.8309	
团队导向	Q1-38	0.706	0.8106	0.8497
	Q1-39	0.691	0.8138	
	Q1-40	0.665	0.8186	
	Q1-41	0.644	0.8229	
	Q1-42	0.596	0.8321	
容忍冲突	Q1-43	0.620	0.6839	0.7615
	Q1-44	0.650	0.6752	

续表

维度	测量条款	CITC	删除条款后的 Cronbach's α	Cronbach's α
伦理道德	Q1-49	0744	0.8868	0.9045
	Q1-50	0.785	0.8804	
	Q1-51	0.783	0.8809	
	Q1-52	0.784	0.8807	
	Q1-53	0.634	0.9024	
	Q1-54	0.701	0.8927	
组织认同	Q2-1	0.744	0.8548	0.8822
	Q2-2	0.785	0.8693	
	Q2-3	0.783	0.8666	
	Q2-4	0.784	0.8560	
	Q2-5	0.634	0.8603	
	Q2-6	0.701	0.8639	
领导认同	Q2-8	0.622	0.8022	0.8200
	Q2-10	0.730	0.6937	
	Q2-12	0.672	0.7542	
贡献行为	Q3-1	0.606	0.7348	0.7140
	Q3-2	0.628	0.5227	
	Q3-3	0.519	0.6061	
支持行为	Q3-6	0.616	0.8409	0.8558
	Q3-7	0.745	0.8061	
	Q3-8	0.713	0.8148	
	Q3-9	0.714	0.8149	
	Q3-10	0.571	0.8509	
越轨行为	Q3-11	0.688	0.8931	0.9010
	Q3-12	0.786	0.8723	
	Q3-13	0.797	0.8697	
	Q3-14	0.784	0.8725	
	Q3-15	0.716	0.8876	
留职倾向	Q3-16	0.636	0.7528	0.8076
	Q3-17	0.554	0.8356	
	Q3-18	0.742	0.7004	
	Q3-19	0.678	0.7323	

第五章　并购影响员工行为的实证分析

为确定依据理论推理得出的变量之间的关系是否存在，我们采用结构方程来验证变量之间的假设关系。根据第三章提出的理论概念模型，考虑到研究模型中多变量的特点，采用结构方程模型进行具体的模型拟合以及对比分析。因为结构方程模型不但允许前因变量和结果变量同时有测量误差，还能对多个结果变量实施并行处理，收到与逐步回归方法同样的效果。

第一节　方法适用条件检验

采用结构方程方法检验理论假设关系，为了保证结果的科学性，需要说明数据是否遵循正态分布、是否存在调研偏差以及缺失值如何处理等问题。

一、数据正态分布检验

各变量测量条款评价值的描述性统计如表 5.1 所示。应该说数据在各个测量项上的分布并非遵循严格的标准正态分布，其偏度介于 −1.361 和 0.240 之间，峰度介于 −0.892 和 2.341 之间。但黄芳铭（2005）认为，得益于极大似然估计法的稳健性：当数据偏度绝对值小于 3，峰度绝对值小于 10 的时候，数据的这种非严格正态分布特性不会对参数估计后果造成显著影响。特别是用利克特五点（或以上）量表进行测量的时候，还可用协方差矩阵代替相关矩阵输入运算，来消除数据非正态分布带来的负面影响。

表 5.1　各变量测量条款评价值的描述性统计

条款	样本量	均值	标准差	偏度		峰度	
	统计	统计	统计	统计	标准差	统计	标准差
Q1-1	406	3.26	1.250	−0.263	0.085	−0.892	0.171
Q1-2	406	3.39	1.166	−0.284	0.085	−0.748	0.171
Q1-3	406	3.55	1.116	−0.478	0.085	−0.414	0.171

续表

条款	样本量	均值	标准差	偏度		峰度	
	统计	统计	统计	统计	标准差	统计	标准差
Q1-4	406	3.51	1.110	−0.432	0.085	−0.430	0.171
Q1-5	406	3.29	1.096	−0.245	0.085	−0.443	0.171
Q1-6	406	3.42	1.108	−0.252	0.085	−0.467	0.171
Q1-7	406	3.13	1.144	−0.068	0.085	−0.559	0.171
Q1-8	406	3.28	1.119	−0.154	0.085	−0.543	0.171
Q1-9	406	3.43	1.163	−0.270	0.085	−0.719	0.171
Q1-10	406	3.37	1.129	−0.315	0.085	−0.517	0.171
Q1-11	406	3.36	1.105	−0.295	0.085	−0.489	0.171
Q1-12	406	3.22	1.034	−0.103	0.085	−0.221	0.171
Q1-13	406	3.07	1.101	−0.121	0.085	−0.528	0.171
Q1-14	406	3.17	1.086	−0.125	0.085	−0.504	0.171
Q1-15	406	3.24	1.079	−0.293	0.085	−0.377	0.171
Q1-16	406	3.33	1.114	−0.267	0.085	−0.610	0.171
Q1-17	406	3.28	1.094	−0.163	0.085	−0.555	0.171
Q1-19	406	3.05	1.077	0.111	0.085	−0.384	0.171
Q1-20	406	3.32	1.010	−0.137	0.085	−0.078	0.171
Q1-21	406	3.11	1.088	0.090	0.085	−0.552	0.171
Q1-22	406	3.28	1.079	−0.093	0.085	−0.517	0.171
Q1-23	406	3.31	1.048	−0.165	0.085	−0.422	0.171
Q1-24	406	3.11	1.166	−0.061	0.085	−0.639	0.171
Q1-25	406	3.31	1.147	−0.210	0.085	−0.598	0.171
Q1-26	406	3.31	1.068	−0.193	0.085	−0.365	0.171
Q1-27	406	3.30	1.076	−0.238	0.085	−0.307	0.171
Q1-28	406	3.32	1.164	−0.237	0.085	−0.658	0.171
Q1-29	406	3.27	1.114	−0.121	0.085	−0.532	0.171
Q1-30	406	3.19	1.065	−0.150	0.085	−0.372	0.171
Q1-32	406	3.34	1.124	−0.166	0.085	−0.588	0.171
Q1-33	406	3.33	1.093	−0.196	0.085	−0.430	0.171
Q1-34	406	3.31	1.127	−0.196	0.085	−0.516	0.171
Q1-35	406	3.32	1.054	−0.048	0.085	−0.339	0.171
Q1-36	406	3.30	1.089	−0.097	0.085	−0.433	0.171
Q1-38	406	3.25	1.091	−0.039	0.085	−0.559	0.171
Q1-39	406	3.31	1.069	−0.113	0.085	−0.495	0.171
Q1-40	406	3.29	1.089	−0.057	0.085	−0.509	0.171
Q1-41	406	3.32	1.059	−0.177	0.085	−0.325	0.171
Q1-42	406	3.18	1.131	−0.069	0.085	−0.583	0.171
Q1-43	406	3.11	1.180	0.016	0.085	−0.748	0.171
Q1-44	406	3.20	1.085	0.019	0.085	−0.476	0.171
Q1-49	406	3.14	1.122	−0.042	0.085	−0.380	0.171
Q1-50	406	3.14	1.050	−0.066	0.085	−0.124	0.171
Q1-51	406	3.23	1.035	−0.100	0.085	−0.154	0.171
Q1-52	406	3.20	1.037	0.014	0.085	−0.146	0.171

续表

条款	样本量	均值	标准差	偏度		峰度	
	统计	统计	统计	统计	标准差	统计	标准差
Q1-53	406	3.21	1.046	0.058	0.085	−0.214	0.171
Q1-54	406	3.27	1.050	−0.108	0.085	−0.058	0.171
Q2-1	406	3.81	1.030	−0.775	0.085	0.295	0.171
Q2-2	406	3.82	1.008	−0.834	0.085	0.471	0.171
Q2-3	406	3.86	1.001	−0.801	0.085	0.329	0.171
Q2-4	406	3.69	1.058	−0.607	0.085	−0.143	0.171
Q2-5	406	3.78	1.036	−0.663	0.085	0.059	0.171
Q2-6	406	3.74	1.072	−0.665	0.085	−0.062	0.171
Q2-8	406	3.35	1.168	−0.298	0.085	−0.785	0.171
Q2-10	406	3.43	1.220	−0.462	0.085	−0.735	0.171
Q2-12	406	3.42	1.220	−0.427	0.085	−0.804	0.171
Q3-1	406	3.66	1.048	−0.556	0.085	−0.129	0.171
Q3-2	406	3.75	1.007	−0.817	0.085	0.404	0.171
Q3-3	406	4.05	0.937	−1.205	0.085	1.593	0.171
Q3-6	406	4.04	0.954	−1.234	0.085	1.690	0.171
Q3-7	406	4.04	0.904	−1.275	0.085	2.074	0.171
Q3-8	406	4.04	0.895	−1.026	0.085	1.331	0.171
Q3-9	406	4.10	0.870	−1.259	0.085	2.227	0.171
Q3-10	406	4.13	0.903	−1.361	0.085	2.341	0.171
Q3-11	406	2.76	1.167	0.041	0.085	−0.888	0.171
Q3-12	406	2.69	1.140	0.167	0.085	−0.677	0.171
Q3-13	406	2.75	1.159	0.044	0.085	−0.817	0.171
Q3-14	406	2.63	1.164	0.188	0.085	−0.842	0.171
Q3-15	406	2.61	1.205	0.240	0.085	−0.855	0.171
Q3-16	406	3.52	1.193	−0.590	0.085	−0.530	0.171
Q3-17	406	3.62	1.158	−0.590	0.085	−0.446	0.171
Q3-18	406	3.52	1.159	−0.541	0.085	−0.482	0.171
Q3-19	406	3.61	1.172	−0.656	0.085	−0.330	0.171
有效的 N	406						

二、调研的偏差控制

（一）不同调研方式之间的偏差

研究采用单因素方差分析，对获取的数据进行分组对比讨论。检验结果表明，调研方法的选择对于绝大多数测量条款都没有显著的影响。F 检验的显著性概率均大于 0.1（在 0.05 的显著水平上，两组数据几乎在所有条款上没有显著差异）。由此可以断定，由于调研方式不同所获取的数据彼此之间没有显著差异。

（二）非响应偏差

本次调研活动持续近四个月的时间，跨两个年度，以年度为标准，将问卷划分为两组，以两组数据进行独立样本 t 检验，结果表明，绝大多数条款均无显著差异，其显著性概率大于 0.1。据此推断，非响应偏差并不严重，不会对统计分析结果造成显著影响。

（三）共同方法偏差

在调研过程中，通过如实告知问卷测量的目的、保护受访者的匿名性、平衡条款顺序效应以及改进条款内容等程序性手段，对有可能出现的共同方法偏差进行事前控制。另外，研究还运用统计方法对无法消除的同源效应进行检验。选用的方法是最为常用的 Harman（赫尔曼）单因子检验法，如果共同方法偏差大量存在，在进行因子分析的时候，或者析出单独一个因子，或者是一个公因子揭示了大部分的变量的变异。进行探索性因子分析时，将全部条款一起纳入探索性因子分析，结果析出 15 个特征值大于 1 的公因子，共解释了总方差的 64.961%，其中，解释力度最大的公因子特征值为 16.046，揭示了总方差的 6.233%。由此可见，共同方法偏差可能造成的影响可以忽略不计。

三、缺失值的处理

问卷存在不完整现象，将缺失项多于五个的问卷作为无效问卷处理。对于依然存在的少数缺失值，我们进行了有效的处理。一般情况下，使用 SPSS 统计软件进行分析的时候，对于缺失值的处理方法通常有三种：一是剔除有缺失值的观测单位；二是对缺失值进行估计后补上；三是将缺失值作为常数处理，如"0"。方法一是以牺牲样本量来换取信息量的完备，通常会造成大量的资源浪费，也忽视了被丢弃样本中的一些隐藏信息；而方法三将缺失值作为常数处理，主观性比较强，没有统一的标准，科学性受到限制。因此，本书采用第二种方法处理缺失值。

SPSS17.0 提供了四种后补数据的方法：①以列的算术平均值替代；②以缺失值临近点的算术平均值替代；③以缺失值临近点的中位数替代；④根据缺失值前后的两个观测值进行线性内差估计和替代。我们选择最后一种插补方法对样本缺失值进行处理。

四、变量赋值

根据因子分析的结果得到 15 个测量变量。变量的赋值采用变量对应

测量条款的算术平均值作为变量测量分值的方法。各变量的描述性统计如表 5.2 所示

表 5.2　研究变量的描述性统计

维度	样本量	均值	标准差	偏度		峰度	
	统计	统计	统计	统计	标准差	统计	标准差
革新性	406	3.4046	0.88715	−0.359	0.085	−0.262	0.171
关注细节	406	3.3021	0.85202	−0.401	0.085	0.187	0.171
结果导向	406	3.2190	0.81305	−0.305	0.085	−0.185	0.171
风险承担	406	3.1970	0.70508	−0.109	0.085	0.551	0.171
尊重员工	406	3.2821	0.88227	−0.141	0.085	−0.134	0.171
社会责任	406	3.3199	0.87056	−0.074	0.085	0.066	0.171
团队导向	406	3.2745	0.82451	0.009	0.085	0.107	0.171
容忍冲突	406	3.2513	0.78942	0.408	0.085	0.140	0.171
伦理道德	406	3.1972	0.86964	0.083	0.085	0.302	0.171
组织认同	406	3.7778	0.83329	−0.600	0.085	0.657	0.171
领导认同	406	3.3998	1.03170	−0.368	0.085	−0.537	0.171
贡献行为	406	3.7612	0.79662	−0.579	0.085	0.636	0.171
支持行为	406	4.0692	0.72132	−0.961	0.085	1.774	0.171
越轨行为	406	2.6892	0.98776	0.005	0.085	−0.549	0.171
留职倾向	406	3.5663	0.93211	−0.432	0.085	−0.191	0.171
有效的 N	406						

第二节　假设检验与结果分析

采用结构方程模型检验研究假设，大样本是基本前提，样本量不够会导致模型收敛失败，从而影响到参数估计的准确性（侯杰泰等，2004）。赛卡瑞安（2005）认为样本规模数量应该是研究变量数目的 10 倍以上，底线是 100 到 150。我们共获得有效样本 406 个，可满足结构方程模型的处理要求。

一、组织价值观对组织认同与领导认同的影响

我们分析的组织价值观有九个，都可能对组织认同和领导认同产生影响，因此先构建了九个价值观对组织认同和领导认同影响关系的全模型，样本的分析结果如下。

表 5.3 显示了净化条款后保留下来的前因变量（组织价值观）对中介变量（组织认同和领导认同）的影响关系，可以看出拟合效果良好，其中，

χ^2/df 为 2.460，小于最高上限 5；GFI、NFI、IFI 与 CFI 指标值分别为 0.855、0.861、0.916、0.915，都超过了 0.85 的建议值，RMSEA 为 0.058，小于 0.08，表明该影响模型可以接受，AGFI 为 0.820，没有达到 0.85 水平主要是样本数量不够大导致的，扩大样本量该值会提升。

表 5.3　组织价值观对认同的影响分析

假设回归路径	标准化路径系数	显著性概率
组织认同←尊重员工	0.116	0.019
领导认同←尊重员工	0.187	0.005
组织认同←伦理道德	0.158	0.003
组织认同←结果导向	0.092	0.012
领导认同←结果导向	−0.286	0.044
组织认同←风险承担	−0.625	***
领导认同←风险承担	−0.510	***
组织认同←社会责任	0.192	0.004
拟合优度	\multicolumn{2}{l	}{χ^2/df=2.460, GFI=0.855, AGFI=0.820, NFI=0.861, IFI=0.916, CFI=0.915, RMSEA=0.058}

***代表 $P<0.001$ 时显著

可以看出，结果导向、尊重员工、社会责任和伦理道德与组织认同有显著正相关关系（标准化路径系数分别为 $\beta=0.092$，$P<0.1$；$\beta=0.116$，$P<0.1$；$\beta=0.192$，$P<0.01$；$\beta=0.158$，$P<0.01$），假设 H3a、H5a、H6a 和 H9a 得到支持；风险承担与组织认同有显著的负相关关系（标准化路径系数为 $\beta=-0.625$，$P<0.001$），假设 H4a 得到支持；尊重员工与领导认同有显著的正相关关系（标准化路径系数为 $\beta=0.187$，$P<0.01$），假设 H5b 得到支持；结果导向与领导认同有显著的负相关关系（标准化回归系数为 $\beta=-0.286$，$P<0.1$），假设 H3b 认为结果导向与领导认同是正相关关系，因此该假设没有得到支持，二者是反向相关关系；风险承担与领导认同有显著的负相关关系（标准化回归系数为 $\beta=-0.510$，$P<0.001$），假设 H4b 得到支持。

根据以上模型可以看出在组织价值观对组织认同和领导认同的影响方面存在以下共同点。

第一，影响组织认同的主要价值观有结果导向、尊重员工、社会责任、伦理道德和风险承担。我们假设组织价值观是认同的影响因素，并以革新性、关注细节、结果导向、尊重员工、社会责任、团队导向、风险承担、容忍冲突、伦理道德九个组织价值观作为测量工具，实证结果证实了这个假设。结果显示，伦理道德、结果导向、尊重员工、社会责任、风险承担与组织认同有显著的相关关系。

组织认同是个体对于组织成员感、归属感的认知过程，它体现了个人与组织在价值观上的一致性，员工越是欣赏组织的价值观，其组织成员感越强，归属感也越强。完成收购之后，并购方应该大力倡导哪些价值观念才能赢得组织成员的赞同呢？新组织倡导结果导向的价值观，是以提高组织业绩为导向的，能够让员工看到希望，尽管对个人来说可能增大了工作压力，但对于组织的发展还是大有好处的。如果说原组织更多地强调论资排辈，报酬和业绩联系不紧密，那么人们就会怀疑组织的发展前景，就不会产生较高的组织认同。尊重员工是和员工个人利益最直接相关的组织价值观，以人为本，关心组织成员的个人发展，平等对待每个人，使他们有主人翁的感觉，是其形成组织认同非常重要的因素。社会责任是与组织认同显著相关，而与领导认同不相关的变量。一个勇于承担社会责任的企业，不仅要赢得社会大众的尊重，也要关注员工的需求。承担社会责任的组织，往往和大气、规范、竞争力强联系在一起，倡导社会责任的组织通常会受到员工的欢迎。风险承担与组织认同有显著的负相关关系，可能的解释是，人们在并购后担心自己的工作、职位、收入会发生不利的变化，如果过多地强调风险，就可能会让员工感到危机，内心和组织的距离感就会增强。如果员工总感觉到组织是在给自己设置风险因素，那么就很难把自己看作和组织一体。伦理道德与组织认同有显著的正相关关系。注重企业伦理道德建设，可以获得良好的企业形象和社会美誉度，获得忠诚的顾客群体，能够真诚地与员工、客户、社区、投资者等利益相关者合作，也更能被加入新组织的员工所接受。

第二，影响领导认同的价值观有尊重员工和结果导向。并购发生以后，新领导进入并购组织，要想在短期内得到员工的认同，"新官上任三把火"一定要烧到位。实证结果表明，尊重员工与领导认同是正向的相关关系，就是说，在一个新的组织中，领导要关心员工的利益，公平地对待员工，为员工的职业发展着想，才能赢得员工的认可。结果导向是和组织认同和领导认同都相关的组织价值观，有趣的是，结果导向与组织认同是正相关关系，而与领导认同是反向关系。一般来说，并购发生后，人心不稳，如果新领导大刀阔斧，过于强调结果，过于看重员工的短期贡献，甚至对员工有过高的绩效期望，过重的工作压力，就会引起负面作用，影响员工对他们的认同感，加强员工的不稳定感，使员工感到担忧，因此，对于领导者而言，要提高组织成员的认同度，应尽可能地表现出亲民的一面，扎实的一面，而大刀阔斧改革的形象可能会起到反作用。当然，事物是两方面的，并购后大胆改革创新，对提高员工的组织认同还是有好处的，而对组织的认同度提高了，即使影响一些领导认同，也不会有太多的负面作用。所以，虽然组织层面的薪酬制度设计能够提高员工的认同程度，但是新的领导者不宜过多地强调短期的考核目标，因为本来实施并购以后，员工就会有强烈的不安全感，如果领导者本人过度地强调业绩考核，用业绩来说话，就会让员工和领导产生距离感，从而降低对领导的认同。因此结果导向对于组织和个人是有差别的，组织强调结果导向可以增加认同感，而领导个人过多强调会影响对其认同。所以，领导者不能过度表现出"以成败论英雄"来，而应该采用巧妙的方式推动绩效考核办法的改变。

第三，风险承担对组织认同和领导认同都起反向的作用，符合中国的传统文化，也可能与我们选择的样本有一定关系。根据 Hofstede（1991）的研究成果，一般来说，大多中国人，尤其是受传统文化影响深刻的中国人不喜欢冒险，喜欢平稳的生活，风险承担价值观一般也就不会受到员工的欢迎。并购过程本来就伴随着比较大的动荡，特别是在那些由于经营、管理不善被其他组织并购的组织中，员工本来就有"被占领"的感觉，前途命运掌握在别人手中，时刻担心降职或解聘。这种情况下如果过多地灌输风险意识，可能会引发更多的担心，对组织产生不信任，就会大大影响认同的产生。另外，产生这个结果的原因也可能与研究样本的选择有一定的关系。一些地方，特别是北方地区的人受传统思想观念束缚较重，做事求稳，不愿意承担风险换取更高质量的生活，如果过多地强调承担风险，只能加剧他们的焦虑。这样的文化趋向于保守，缺乏开拓精神，因此风险规避意识比较浓厚，以这样的样本作为实证研究主体，得出风险承担与组织认同和领导认同有反向相关关系的结论比较自然。如果在一个高风险承担的社会里，提倡高风险高收益的政策，可能会赢得员工的欢迎，或者如果主要以市场经济比较发达的地区作为研究样本，也许会有不同的研究结果出现，因为这里的人们已经习惯了高风险、高收益的市场经济模式，工作中敢于创新，勇于承担风险，不因循守旧，与研究样本地区的文化有一定的差异。但总体看，这个研究结果基本符合中国的文化背景，因为规避风险是我们这个社会的一个普遍心理。

二、组织价值观对员工行为的影响分析

由表 5.4 可知，组织价值观对员工行为的影响关系模型中，χ^2/df 为 2.210，小于最高上限 5；GFI、AGFI、NFI、IFI 和 CFI 指标值分别为 0.869、0.832、0.876、0.899 和 0.897，其中四个过了 0.85 的建议值，RMSEA 为

0.055，低于 0.08 的标准，表明该影响模型能够接受，AGFI 没有达到 0.85 水平主要是样本数量不够大导致的，扩大样本量该值会提升。

表 5.4　组织价值观对员工行为的影响分析

假设回归路径	标准化路径系数	显著性概率
贡献行为←伦理道德	0.154	***
贡献行为←尊重员工	0.151	***
贡献行为←风险承担	−0.261	0.001
支持行为←风险承担	−0.300	0.007
支持行为←团队导向	0.346	***
越轨行为←关注细节	−0.158	0.017
留职倾向←尊重员工	0.279	***
留职倾向←风险承担	−0.321	0.009
留职倾向←社会责任	0.365	0.002
拟合优度	χ^2/df=2.210，GFI=0.869，AGFI=0.832，NFI=0.876，IFI=0.899，CFI=0.897，RMSEA=0.055	

***代表 $P<0.001$ 时显著

可以看出，伦理道德和尊重员工对贡献行为有显著的正向影响（标准化路径系数分别为 $\beta=0.154$，$P<0.001$；$\beta=0.151$，$P<0.001$），而风险承担与贡献行为有负相关关系（标准化路径系数为 $\beta=-0.261$，$P<0.01$）；团队导向与支持行为有显著的正相关关系（标准化路径系数为 $\beta=0.346$，$P<0.001$），而风险承担与支持行为有显著的负相关关系（标准化路径系数为 $\beta=-0.300$，$P<0.01$）；对越轨行为产生影响的价值观较少，而且显著水平也比较低，只有关注细节与越轨行为有显著的负相关关系（标准化路径系数为 $\beta=-0.158$，$P<0.1$）；尊重员工和社会责任与员工的留职倾向有显著的正相关关系（标准化路径系数分别为 $\beta=0.279$，$P<0.001$；$\beta=0.365$，$P<0.01$），同样，风险承担与留职倾向也有显著的负相关关系（标准化路径系数为 $\beta=-0.321$，$P<0.01$）。

根据以上模型可以看出，组织价值观对员工行为影响方面存在以下规律。

第一，伦理道德、尊重员工是带来员工贡献行为的最重要的组织价值观，均在 0.001 水平上显著。从尊重员工对组织认同和领导认同的分析中可以看出，尊重员工在并购发生以后的作用非常重要，有助于形成员工的组织认同和领导认同。而分析组织价值观对员工的行为影响后同样可以发现，企业高度重视伦理道德建设，给予员工足够的尊重对于员工的贡献行为有重要的影响。本书中的贡献行为与文献里的组织公民行为比较接近，意思是员工的行为超出了组织的必须要求,是一种额外的贡献,它是一种自发的奉献行为,员工只有发自内心地对组织产生热爱,才会超额完成任务,才会不计报酬地为组织默默奉献。并购发生后,对于并购方的员工来说,往往会产生"被占领"的心理,随时有被解雇的危险,如果并购方能够高度关注员工的利益,能够给予更多的尊重,表现出更高的伦理道德水平,那么员工就会产生认同感,他们的积极性、主动性和创造性就会被调动起来,从而更多地贡献有利于组织发展的行为。

第二,风险承担均在 0.01 水平上与支持行为、贡献行为、留职倾向有反向的显著关系。在多数组织并购过程中,目标公司的员工对新组织需要一个较长的适应期,要让员工在很短的时间内产生相当多的"贡献行为"是不现实的。这里提出的"支持行为",相当于文献研究中的符合组织规范的"角色内行为"。这些行为是组织保持稳定、维持正常运转的基础。对于多数员工来说,能够表现出支持行为,是并购后组织顺利运作的前提。风险承担之所以会反向显著地影响员工的支持行为、贡献行为和留职倾向,表明并购组织如果过多地提倡风险意识,采用风险型的报酬手段,就会加剧员工"被占领"的意识,产生内在的恐惧心理,从而形成抵触情绪。

第三,尊重员工与留职倾向在 0.001 水平上显著。实证分析的结果表明,尊重员工不仅对组织认同、领导认同和贡献行为的影响巨大,对留职倾向也有直接的影响。并购发生后,并购方通常会调整经营方向、组织结构、工作团队等,伴随而来的可能是裁员,因此员工的不稳定心理肯定会很严重。同时,在原组织中受到重用的一些管理人员、技术人员乃至普通员工,也有可能因为失去原有的地位、工作环境而产生离职倾向。如何稳定被并购组织的员工队伍,特别是对组织发展有重要作用的人员,是并购中的一个重要课题。实证分析的结果表明,在影响员工留职倾向的各因素中,尊重员工的作用最为明显。也就是说,虽然并购给原组织带来了冲击,但是让员工感受到新组织对他们的重视,消除并购带来的隔阂,就会赢得员工的信赖,从而产生留下来的愿望,而一旦失去"民心",必然会产生离职情绪,这一点在 TCL 并购法国汤姆逊和阿尔卡特的过程中表现得尤为明显,相反,在冀中能源并购华药集团案例中,员工的稳定性做得很好,员工流失率非常低,这与组织对待员工的态度密切相关。

第四,伦理道德与贡献行为有显著的正向相关关系;关注细节对越轨行为有显著的负向相关关系;社会责任与留职倾向有显著的正向相关关系。团队导向与支持行为有显著的正向相关关系。本书设想在组织中倡导传统的伦理道德观念,有助于培养员工高尚的思想品德,如为人正直、谦虚、忠诚、诚实守信、讲究职业道德、辈分伦理等。一个道德修养不好的人，很难用组织的价值观来塑造自己，因此也就很难形成对组织的认同，而拥有了良好的道德修养，往往容易形成对组织的热爱，提高对组织的认同和对领导的认同。况且，在调研过程中我们也发现，并购完成后，各种矛盾错综复杂，各项工作千头万绪，对于道德层面的软文化因素，一般的组织都还没有提上议事日程，不会大力号召，更不会采取切实有效的措施来塑造伦理道德文化，因此，这个价值观念对于贡献行为的影响就比较小了。

三、组织认同和领导认同对员工行为的影响

本书分析的组织认同和领导认同都可能对四种员工行为产生影响，因此先构建了组织认同和领导认同对贡献行为、支持行为、越轨行为和留职倾向的影响关系全模型，样本分析结果如下。

由表 5.5 可知，中介变量（组织认同和领导认同）对结果变量（贡献行为、支持行为、越轨行为和留职倾向）的影响关系模型整体拟合较好，其中，χ^2/df 为 2.518，小于最高上限 5；GFI、AGFI、NFI、IFI 和 CFI 指标值分别为 0.869、0.838、0.871、0.912 和 0.912，其中四个大于 0.85 的建议值，RMSEA 为 0.067，小于 0.08 的标准，表明该影响模型拟合可以接受。AGFI 没有达到 0.85 水平，主要是样本数量不够大导致的，扩大样本量该值就会提升。

表 5.5　并购后认同对员工行为的影响分析

假设回归路径	标准化路径系数	显著性概率
贡献行为←组织认同	0.387	***
支持行为←组织认同	0.306	***
留职倾向←组织认同	0.470	***
越轨行为←组织认同	−0.116	0.047
越轨行为←领导认同	−0.093	0.045
支持行为←领导认同	0.077	0.010
留职倾向←领导认同	0.156	***
拟合优度	χ^2/df=2.518，GFI=0.869，AGFI=0.838，NFI=0.871，IFI=0.912，CFI=0.912，RMSEA=0.067	

***代表 $P<0.001$ 时显著

由表 5.5 可以看出，组织认同与贡献行为、支持行为和留职倾向均有显著的正相关关系（标准化路径系数分别为 β=0.387，$P<0.001$；β=0.306，

$P<0.001$；$\beta=0.470$，$P<0.001$），与越轨行为具有显著的负相关关系（标准化路径系数 $\beta=-0.116$，$P<0.1$），假设 H10a、H11a、H12a、H13a 得到支持；领导认同与越轨行为有显著的负相关关系（标准化路径系数为 $\beta=-0.093$，$P<0.1$），与支持行为和留职倾向有显著的正相关关系（标准化路径系数为 $\beta=0.077$，$P<0.1$；$\beta=0.156$，$P<0.001$），H12b 和 H11b、H13b 得到支持。

可以看出，组织认同和领导认同在对员工行为影响方面存在以下规律。

第一，组织认同和领导认同对于员工的支持行为、留职倾向都有积极的影响，但是作用强度不同，组织认同对员工行为的影响要强于领导认同。组织认同对员工的四种行为都有影响，而领导认同只影响到其中的三种行为。本书的实证检验结果证实了组织认同与贡献行为的正相关关系，这与 Ashforth 和 Mael（1989）的研究结论基本一致，他们证实了组织认同对员工的态度与效能产生重要的影响。组织认同程度高，员工会发生较多的合作和组织公民行为，即使在没有他人监督的情况下也是如此。因为组织认同是员工发自内心地接受组织的价值观，把自己看作组织的一分子，心甘情愿地为组织作贡献。然而，实证检验的结果也显示，领导认同与贡献行为没有显著的相关关系。可能的解释是，一般并购发生后，高层领导通常会换成并购方的高管，在新的组织中，新领导往往会采取一系列大胆的革新活动，带来新的组织文化。目标公司往往是在经营活动中出现了失误，他们的员工对于新的领导充满了期待，如果新领导推行的政策或采取的行动深得"民心"，那么就会快速形成对新领导的认同，但由于认同是在短期内形成的，可以说是脆弱的，因此这种认同对于高层次的贡献行为没有明显的作用，也就是说只是认同领导，还不足以带来员工的贡献行为，只有对组织的认同才是贡献行为产生的源泉。

对于支持行为的影响，尽管两种认同对支持行为的影响都显著，但是组织认同对支持行为影响的显著性水平为 0.001，而领导认同对支持行为影响的显著性水平为 0.1，说明组织认同对支持行为的预测力更强。本书中的支持行为，相当于角色内行为，使员工履行自己的基本职责，维护组织的利益，是组织对其成员的基本要求，它是常规绩效的基础，如遵循组织的使命，达到组织要求的工作水准，遵守公司的规章制度，按标准对待客户、消费者等，假如员工履行不好角色内行为，就会受到相应惩罚。因为支持行为是对组织成员的基本要求，所以只要组织成员有基本的职业道德，就会保持支持行为。当然，如果能够让员工产生认同感，无论是对组织的认同，还是对领导的认同，支持行为的出现就是很自然的结果，本书的实证分析结果证实了这个假设。

在对留职倾向的影响上，虽然都在 0.001 水平上显著，但组织认同的路径系数明显高于领导认同。徐玮伶和郑伯壎（2003）研究指出，组织认同有助于培养员工在工作中的价值感、归属感和控制感，与组织绩效、组织公民行为正相关，与员工离职率、离职倾向负相关。不仅如此，因为组织认同是一种以员工身份定义自我的状态，所以即使个体离开了组织，认同依然存在。并购发生后，人员稳定是个大问题，特别是对于一些高层次的员工，如果不满意，跳槽的概率就会大大增加。要减少这个现象，就要增加他们的认同程度，这个认同不只是组织认同，领导认同同样可以起到这个效果。也就是说，并购后员工的组织认同、领导认同程度越高，越希望留在现在的组织中。总体看，领导认同在诱发积极行为方面的作用要低于组织认同，说明只有拥有发自内心对组织的热爱，才会有自发的、主动的行为产生，领导认同对一般的积极行为有显著影响，但产生不了反映更高思想觉悟的贡献行为，也就是说，要想调动员工的积极性、主动性和创造性，必须营造组织认同的环境。组织认同是对组织不同层面的肯定，能够带来贡献行为，在这一点上，组织认同超过了领导认同的作用，表明对于组织的认同，比对领导者的个人认同作用大。当然，由于本书是以并购组织为研究对象的，领导在组织中的时间不长，员工对领导的认同可能还不是很牢固，如果是稳定状态的组织，领导在最高管理岗位上的时间比较长，已经深入人心，那么领导认同也可能会带来员工的贡献行为，这是因为并购组织存在着特殊性质。另外，领导认同除了与贡献行为没有显著的相关关系外，与支持行为、留职倾向是显著的正相关关系，而与越轨行为是显著的负相关关系，两种认同对员工行为的影响是一致的，对积极的行为（贡献行为、支持行为和留职倾向）有着积极的影响，而对消极的越轨行为有着抑制作用，说明不管形成哪种认同，对于组织的绩效都是有帮助的。

第二，领导认同与越轨行为成反比关系，组织认同与越轨行为之间的关系较弱，只是在 0.1 水平上显著。出现这个结果可以从两个角度去解释，一方面，领导认同程度比较高，说明组织的氛围比较好，员工本身的越轨行为就比较少；另一方面，因为问卷测量的是同事的越轨行为，领导认同程度比较高的话，可能存在对自己同事的庇护问题，因为他们对同事有充分的了解，对于同事偶尔出现的上班迟到、早退一会儿等，也会给予包容；他知道同事很热爱组织，因此背后说自己组织的不足之处，不看作煽动别人对组织的不满情绪，而是"恨铁不成钢"，不能算作越轨行为，甚至可以理解为对组织的爱护，所以很有可能员工对自己的组织越是认同，越感觉到同事们的行为是合理的，填答问卷的时候他们可能就不认为这些现象值得报告。因此，如果新派来的领导不能令他们满意，他们就会感觉到新的政策不利于组织的长远发展，越轨行为就会越多，甚至还可能会用越轨行为抵制并购活动，严重的时候还会爆发更激烈的越轨行为，等等。

四、组织认同和领导认同的中介作用模型

本书对中介效应的检验，采用结构方程建模技术进行分析，具体依据Baron和Kenny（1986）、温忠麟等（2004）提出的中介效应检验条件和步骤进行。

（1）检验中介变量对自变量的回归系数，达到显著水平。

（2）检验因变量对自变量的回归系数，达到显著水平。

（3）检验因变量对中介变量的回归系数，达到显著水平。

（4）因变量同时对自变量和中介变量进行回归分析，中介变量的回归系数达到显著水平，自变量的回归系数减少。如果自变量的回归系数减至不显著水平，说明中介变量起到了完全的中介作用，自变量完全是经过中介变量影响到了因变量，而当自变量的回归系数减小，但是自变量对因变量的作用依然显著的时候，说明中介变量只是起到了部分中介作用，即自变量一方面直接对因变量起作用，另一方面还通过中介变量影响因变量。

这种检验方法得到了广泛使用，如Blader和Tyler（2009）也采用同样方法检验了社会认同在程序公正与组织成员角色行为间的中介效应。他们首先验证了程序公正与社会认同有显著正相关关系（$\beta=0.06$，$P<0.01$），其次是验证了社会认同对组织成员角色外行为也有积极的影响（$\beta=0.49$，$P<0.01$），最后将程序公正和组织成员角色外行为都代入回归方程后，之前程序公正和角色外行为的显著关系（$\beta=0.27$，$P<0.01$）变得不再显著（$\beta=-0.05$，ns），说明社会认同在程序公正与组织成员角色外行为之间起到完全中介效应，即程序公正完全通过社会认同产生影响。

中介变量对前因变量的回归结果显示，对组织认同或领导认同有显著影响的组织价值观，有尊重员工、伦理道德、结果导向、风险承担和社会责任五个；结果变量对前因变量的回归结果显示，对员工行为有显著影响的组织价值观，有伦理道德、尊重员工、风险承担、关注细节、团队导向和社会责任六个；结果变量（员工行为）对中介变量（认同）回归的结果显示，组织认同对四种行为，领导认同对支持行为、越轨行为和留职倾向都有显著影响。综合以上分析结果，只有伦理道德、尊重员工、风险承担和社会责任四个组织价值观满足中介效应检验的三个条件，可以通过第四步检验组织认同和领导认同的中介作用。

该部分同时考虑尊重员工、伦理道德、社会责任和风险承担对员工贡献行为、支持行为、越轨行为和留职倾向的直接和间接作用,得到组织认同和领导认同的中介作用模型(M1),由此对组织认同和领导认同作为中介变量的有效性进行验证。由表 5.6 可以看出,该中介模型的拟合效果基本符合要求,其中,χ^2/df 为 2.634,小于最高上限 5;GFI、AGFI、NFI、IFI 和 CFI 指标值分别为 0.853、0.829、0.867、0.896 和 0.895,其中四个超过了 0.85 的建议值,RMSEA 为 0.065,小于 0.08,表明该影响模型拟合可以接受。AGFI 没有达到 0.85 水平主要是样本数量不够大导致的,扩大样本量该值就会提升。

表 5.6　中介作用模型的参数估计

假设回归路径	标准化路径系数	标准误差	临界比	显著性概率
领导认同←尊重员工	0.195	0.074	2.636	0.008
组织认同←尊重员工	0.224	0.056	4.019	***
组织认同←伦理道德	0.136	0.053	2.538	0.011
组织认同←社会责任	0.211	0.059	3.550	***
组织认同←风险承担	−0.426	0.084	−5.064	***
领导认同←风险承担	−0.305	0.100	−3.049	0.002
支持行为←风险承担	−0.300	0.097	0.097	0.007
贡献行为←伦理道德	0.124	0.039	3.179	0.001
贡献行为←尊重员工	0.027	0.041	0.647	0.518
留职倾向←尊重员工	0.268	0.065	4.141	***
贡献行为←风险承担	−0.186	0.060	−3.077	0.002
留职倾向←风险承担	−0.275	0.096	−2.877	0.004
留职倾向←社会责任	0.215	0.067	3.224	0.001
贡献行为←组织认同	0.334	0.052	6.480	***
支持行为←组织认同	0.298	0.044	6.704	***
越轨行为←组织认同	−0.119	0.063	1.900	0.057
留职倾向←组织认同	0.274	0.070	3.917	***
支持行为←领导认同	0.068	0.030	2.264	0.024
越轨行为←领导认同	−0.101	0.049	−2.045	0.041
拟合优度	\multicolumn{4}{l}{χ^2/df=2.634, GFI=0.853, AGFI=0.829, NFI=0.867, IFI=0.896, CFI=0.895, RMSEA=0.065}

***代表 $P<0.001$ 时显著

由表 5.6 可以看出,尊重员工与领导认同、组织认同有显著的正相关关系（标准化路径系数分别为 β=0.195，P<0.01；β=0.224，P<0.001）；伦理道德、社会责任与组织认同均有显著的正相关关系（标准化路径系数分别为 β=0.136，P<0.1；β=0.211，P<0.001）；风险承担与组织认同、领导认同、贡献行为、留职倾向均有显著的负相关关系（标准化路径系数分别为 β=−0.426，P<0.001；β=−0.305，P<0.01；β=−0.186，P<0.01；β=−0.275，P<0.01）；伦理道德与贡献行为有显著的正相关关系（标准化路径系数为 β=0.124，P<0.01）；尊重员工、社会责任与留职倾向有显著的正相关关系（标准化路径系数分别为 β=0.268，P<0.001；β=0.215，P<0.01）；组织认同与贡献行为、支持行为和留职倾向均有显著的正相关关系（标准化路径系数分别为 β=0.334，P<0.001；β=0.298，P<0.001；β=0.274，P<0.001）。领导认同与支持行为、越轨行为均有显著的相关关系（标准化路径系数分别为 β=0.068，P<0.1；β=−0.101，P<0.1），其中对越轨行为的作用方向为负。

在研究考察模型中加入对中介变量"组织认同"和"领导认同"的考虑后，组织价值观对员工行为的直接影响路径系数均有所减小，如表 5.7 所示，尊重员工与贡献行为、风险承担与支持行为等之间不再存在显著相关关系，表明组织认同和领导认同在这些关系之间起到了完全中介的作用；伦理道德和贡献行为之间的关系仍然显著，但是显著水平下降，路径系数由 0.154 降至 0.124，显著性水平由 0.001 下降为 0.01；表明组织认同和领导认同在两个变量之间起到了部分中介作用；尊重员工与留职倾向之间关系依然显著，而且路径系数没有明显的变化，表明组织认同和领导认同对尊重员工和留职倾向没有起到中介作用，也就是说，企业中尊重员工可以直接影响员工的留职倾向，所以假设 H14 得到部分支持。

表 5.7 组织价值观对员工行为的直接和间接作用比较

假设回归路径	直接作用模型		中介作用模型	
	标准化路径系数	显著性概率	标准化路径系数	显著性概率
贡献行为←伦理道德	0.154	***	0.124	0.001
贡献行为←尊重员工	0.151	***	0.027	0.518
贡献行为←风险承担	−0.261	0.001	−0.186	0.002
支持行为←风险承担	−0.300	0.007	−0.065	0.191
留职倾向←尊重员工	0.279	***	0.268	***
留职倾向←风险承担	−0.321	0.009	−0.275	0.004
留职倾向←社会责任	0.365	0.002	0.215	0.001

***代表 P<0.001 时显著

在中介作用模型（M1）的基础上删除不显著的关系路径，进而得到修正后的中介作用模型（M2），分析结果见表 5.8。修正后的中介模型的拟合效果基本符合要求，其中，χ^2/df 为 2.523，小于最高上限 5；GFI、AGFI、NFI、IFI 和 CFI 指标值分别为 0.873、0.846、0.886、0.905 和 0.904，其中四个超过了 0.85 的建议值，RMSEA 为 0.064，小于 0.08，表明该影响模型拟合可以接受。AGFI 没有达到 0.85 水平主要是样本数量不够大导致的，扩大样本量该值就会提升。

表 5.8 中介作用修正模型的参数估计

假设回归路径	标准化路径系数	标准误差	临界比	显著性概率
领导认同←尊重员工	0.199	0.073	2.735	0.006
组织认同←尊重员工	0.228	0.056	4.082	***
组织认同←伦理道德	0.142	0.054	2.640	0.008
组织认同←社会责任	0.201	0.060	3.353	***
组织认同←风险承担	−0.444	0.087	−5.132	***
领导认同←风险承担	−0.340	0.101	−3.367	***
贡献行为←伦理道德	0.143	0.041	3.484	***
留职倾向←尊重员工	0.263	0.065	4.082	***
贡献行为←风险承担	−0.190	0.062	−3.063	0.002
留职倾向←风险承担	−0.280	0.098	−2.859	0.004
留职倾向←社会责任	0.217	0.067	3.254	0.001
贡献行为←组织认同	0.355	0.052	6.882	***
支持行为←组织认同	0.315	0.044	7.200	***
留职倾向←组织认同	0.287	0.070	3.945	***
支持行为←领导认同	0.081	0.031	2.580	0.010
越轨行为←组织认同	0.115	0.061	1.870	0.061
越轨行为←领导认同	−0.098	0.049	−2.018	0.044
拟合优度	χ^2/df=2.523, GFI=0.873, AGFI=0.846, NFI=0.886, IFI=0.905, CFI=0.904, RMSEA=0.064			

***代表 $P<0.001$ 时显著

可以看出，在模型中加入对中介变量"组织认同"和"领导认同"的考虑后，组织价值观对员工行为的直接影响路径系数均有所减小，表明组织认同和领导认同在组织价值观和员工行为之间起到了完全中介或部分中介的作用。

第一，组织认同和领导认同在尊重员工和贡献行为之间起到了完全中介作用。组织认同和领导认同介入后，尊重员工对员工贡献行为的影响不再显著，表明两种认同在它们中间起到了完全中介作用，表明尊重员工组织价值观会通过组织认同和领导认同起作用，会完全通过两种认同对员工的贡献行为产生影响，表明在企业中组织认同和领导认同的中介作用更加强烈，一些组织价值观可以完全通过组织认同和领导认同的中介作用影响员工行为。

第二，组织认同和领导认同在尊重员工与留职倾向之间未起到中介作用。尊重员工与留职倾向之间关系依然显著，而且路径系数没有明显的变化，表明组织认同和领导认同对尊重员工和留职倾向没有起到中介作用，即企业中尊重员工可以直接影响员工的留职倾向。

第三，风险承担和支持行为等关系之间不再存在显著相关关系，表明组织认同和领导认同在这些关系之间起到了完全中介的作用。值得注意的是，风险承担价值观在直接作用于员工行为的时候，与留职倾向和支持行为有显著的负向相关关系，但是加入组织认同中介变量后，完全通过组织认同中介对员工行为产生影响，而组织认同对员工支持行为和留职倾向是正相关关系，即一旦有了组织认同，风险承担对留职倾向和支持行为的负面作用将被化解。

第四，伦理道德和贡献行为之间的关系仍然显著，但显著水平下降，表明组织认同在两个变量之间起到了部分中介作用。这个结果表明，伦理道德组织价值观在企业中对员工贡献行为的影响比较强，即使形成了组织认同，仍然能够对员工的贡献行为直接产生一定的影响。

五、假设检验结果汇总与研究发现

提出的假设验证汇总见表 5.9，分析实证结果可以发现以下规律。

表 5.9　假设检验结果汇总

编号	内容	检验结果
H1a	革新性与组织认同有显著的正向相关关系	不显著
H1b	革新性与领导认同有显著的正向相关关系	不显著
H2a	关注细节与组织认同有显著的正向相关关系	不显著
H2b	关注细节与领导认同有显著的正向相关关系	不显著
H3a	结果导向与组织认同有显著的正向相关关系	支持
H3b	结果导向与领导认同有显著的正向相关关系	不支持，负向相关
H4a	风险承担与组织认同有显著的负向相关关系	支持
H4b	风险承担与领导认同有显著的负向相关关系	支持

续表

编号	内容	检验结果
H5a	尊重员工与组织认同有显著的正向相关关系	支持
H5b	尊重员工与领导认同有显著的正向相关关系	支持
H6a	社会责任与组织认同有显著的正向相关关系	支持
H6b	社会责任与领导认同有显著的正向相关关系	不显著
H7a	团队导向与组织认同有显著的正向相关关系	不显著
H7b	团队导向与领导认同有显著的正向相关关系	不显著
H8a	容忍冲突与组织认同有显著的正向相关关系	不显著
H8b	容忍冲突与领导认同有显著的正向相关关系	不显著
H9a	伦理道德与组织认同有显著的正向相关关系	支持
H9b	伦理道德与领导认同有显著的正向相关关系	不显著
H10a	组织认同与贡献行为有显著的正向相关关系	支持
H10b	领导认同与贡献行为有显著的正向相关关系	不显著
H11a	组织认同与支持行为有显著的正向相关关系	支持
H11b	领导认同与支持行为有显著的正向相关关系	支持
H12a	组织认同与越轨行为有显著的负向相关关系	支持
H12b	领导认同与越轨行为有显著的负向相关关系	支持
H13a	组织认同与留职倾向有显著的正向相关关系	支持
H13b	领导认同与留职倾向有显著的正向相关关系	支持
H14	组织价值观会通过并购后认同来影响员工行为	部分支持

（1）并购后组织价值观通过组织认同、领导认同的中介作用影响员工的行为。企业通过价值观的塑造，构建希望的企业文化，从而影响员工的行为，其内在机理在于影响员工的认同，这个认同包括组织认同和领导认同等，只有建立在认同基础之上的价值观才能够真正影响员工，所以不能一味地强调让员工接受企业价值观，而应该培育他们的认同感，让他们发自内心地接受这些价值观，才能够产生真正的效果。黄义良（2013）的研究也证明，目标企业对收购企业文化认同越高，愿意进行文化变革的程度也越高，越愿意承担文化融合的心理成本，从而有助于跨国并购文化整合的成功。他还通过仿真研究方法证明，如果并购双方的文化差异很大，但是采用分离的融合模式，并购双方并不需要做出太多文化方面的调整，那么并购双方产生文化冲突的可能性也就很小，从而并购双方的文化整合风险就很小，对并购的结果不会产生太大的影响。很多情况下，企业虽然

强调并购发生后要重视组织文化的建设，但是对于组织文化的作用机制不是很清楚，在进行文化整合的过程中，没有结合组织认同的培育来进行。企业并购完成后，虽然在企业文化整合方面做了许多工作，却得不到被并购一方的员工认可，出现了大量并购方不希望出现的行为。

（2）组织价值观可以划分为两大类型，即"个体指向"的价值观和"组织指向"的价值观。结果导向、尊重员工、风险承担和社会责任等四种价值观与员工个体利益密切相关，本书称之为"个体指向"的价值观，革新性、关注细节、团队导向、容忍冲突、伦理道德等五种价值观更多的只是关系到组织利益，本书称之为"组织指向"的价值观。研究发现，对认同有显著影响的组织价值观多属于"个体指向"价值观，对认同影响不显著的组织价值观多属于"组织指向"价值观。并购发生后，培育"个体指向"的价值观才会影响员工的认同和行为，"组织指向"的价值观虽然重要，但对组织认同培育的效果并不明显。"个体指向"的价值观更多体现的是并购方对目标企业员工尊重的程度。黄义良（2013）也认为中国企业对国外企业进行并购时，目标企业往往有很长的历史，文化底蕴非常深厚，企业员工对自己的组织文化一般有很高的认同感，他们中的相当一部分员工甚至不愿意改变自身的文化。不可否认，这么悠久的组织文化必然有其优质的一面，所以，在整合过程中要吸收目标企业文化中的优质成分。另外在整合过程中双方企业要相互尊重，特别是收购企业对目标企业更是如此，这样更容易获得目标企业员工的认同。

（3）常态化的组织中，领导认同的作用强于组织认同，而在并购组织中，组织认同的作用超过了领导认同。企业领导者是一个企业的"灵魂"人物，企业文化很大程度上和企业领袖的性格密切关联，著名企业的文化特征都深深地刻着企业领袖的印迹，所以许多学者的研究结果表明，常态化的组织，领导认同对员工行为的影响非常大，超过了组织认同的作用，但是，在并购企业中，领导认同的作用却弱于组织认同，原因可能在于目标公司的员工更加关注并购他们的企业是什么性质的，而对于并购方的领导关注程度并不高。当然，如果研究样本是民营企业，结果可能会有所不同。

（4）结果导向的组织价值观对组织认同有积极的作用，但会反向影响领导认同。并购发生后，目标公司企业的员工担心并购方企业就是奔着"利益"来的，本来他们的企业归属他人已经使其产生了失落感，此时如果再去强调让他们多产出、多贡献，这种"被剥夺感"就会更加强烈。通常状态下，"结果导向"组织价值观对于激励员工作用明显，有助于提高员工的组织认同，但在并购企业中，如果让员工感受到领导对业绩过于看重，就会影响对领导的认同感。

因此，并购企业进行文化整合时要高度关注认同的作用，特别是要重点关注"个体指向"的价值观培育，给予员工更多的关怀，充分重视员工并购心理的变化，重视企业形象的塑造，对于员工个人业绩不能表现出过度的在意。

第六章　并购冲突与企业文化整合

　　本书的实证结果表明，价值观层面的差异会影响组织认同，进而会影响员工的行为，所以说文化差异一定会对并购绩效产生影响。大多数学者的研究结果表明，文化差异对企业并购会产生消极的影响。Datta（1991）研究了 1980 年至 1984 年间 73 起美国本土的企业并购案例，发现高管领导风格的差异对企业并购绩效产生了消极作用，这一点在本书的实证部分也得到了验证，领导认同对于员工的留职倾向、支持行为和越轨行为都有显著的影响作用，表明比较接近的领导风格容易得到被并购企业员工的认同，从而产生积极的影响，如果领导风格差异比较大，可能会导致被并购企业员工的不适应，从而产生消极作用。文化一致性不能确保并购成功，而组织文化差异性的确会带来紧张的局面，从而影响企业的财务和管理及绩效。当然，也有学者认为适度的冲突在组织发展过程中是必要的，为了激发创新，作为管理者还需要适当的创造冲突的机会。持有相同观点的学者认为文化差异未必带来的都是负面影响，由于文化的互补性或者员工对新文化的推崇，并购中的文化差异也可能会带来积极的影响。尽管实证研究的结论不同，但从实务界来说，文化冲突应该引起高度重视，在一定幅度内的文化差异或许不会引起什么不好的结果，甚至可能出现激发创新、互通有无这样的正面作用，但较大的文化差异带来文化冲突则是必然的，因此，做好并购后的文化整合非常重要。

　　戴姆勒-奔驰和克莱斯勒并购完成 10 年后，在进行并购经验总结时，戴姆勒-奔驰董事会主席蔡澈表示，其实两家公司在车型和技术上的融合非常容易，但文化方面的巨大隔阂是阻止双方走得更近的关键。汽车界向来不缺少并购失败的案例，如福特在 1990 年至 2000 年的黄金十年期间收购了日本马自达汽车公司、瑞典沃尔沃、英国捷豹、路虎，未能很好消化，最后只得甩手转卖给其他公司。Stahl 和 Voigt（2008）指出，企业在并购初期都会遇到困惑或沟通障碍，出现并购综合征，主要原因在于文化差异，文化冲突是并购综合征的表现形式，它们可能决定着并购的成败，处理不好，企业必然会陷入文化冲突。这些冲突产生的原因，大都是对并购企业文化不认同产生的价值观冲突，所以说从组织认同角度分析员工对组织价值观的接受状况，是研究并购特别是跨国企业并购文化整合的有效途径。

第一节　并购后文化冲突的原因

对于并购企业，特别是我国企业并购国外企业来说，引起文化冲突的原因多种多样，有宏观层面的因素，如政治体制差异、宏观政策导向、民族文化差异等因素，也有企业自身发展历史的长短、价值取向不同、员工个体素质差异等因素，应该进行充分分析。

一、国家层面的原因

2000 年至 2014 年间我国有过海外并购的 46 家企业为样本的研究表明，我国与目标国的文化差异，对并购企业短期绩效有反向作用，也就是文化差异越大，短期并购绩效越差（冯梅和郑紫夫，2016）。2007 年至 2010 年间，以我国 A 股上市企业发起的 134 起海外并购案例为样本的研究发现，目标国与我国文化差距越小，上市企业跨国并购的绩效表现就越好，文化差异是企业海外扩张的重要障碍，企业总是在具有相似文化的背景中谋求更高的收益（倪中新等，2014）。这种观点很多学者是认同的，他们认为较大文化距离的存在，使得跨国并购发生后企业内部管理整合难度大。大量的实证文章对此进行了证明，当然也有不一样的研究结论，如田海峰等（2015）以 2000 年至 2012 年 126 起中国上市企业跨国并购的案例数据为样本，研究发现目标国与我国的文化距离与并购绩效呈负相关关系，但这种相关关系在统计上并不显著，说明中国与目标国的文化距离并没有对我国企业的跨国并购绩效产生显著影响。林季红和刘莹（2013）以 2001 年至 2011 年 110 家中国 A 股上市公司的海外并购作样本的研究也得出相同的结论，我国与目标企业国家的文化差异越大，并购绩效反而越高，而且，随着时间的推移，文化差异的正效应会越来越明显。刘璐等（2019）以 2015 年中国上市公司的 73 起跨国并购为样本，研究证明我国与目标国的文化实践距离、文化价值观距离与并购绩效之间均不存在显著的相关关系。尽管个别实证结果表明两国之间的文化差异对并购绩效产生正面影响或者没有影响，但实际并购活动中，国与国之间的文化差异还是必须引起高度重视的。根据 IBM 公司对全球数千名员工的调查，Hofstede（1991）提出了衡量民族文化差异的四个维度，即权力距离、不确定性规避、个人主义与集体主义、男性化与女性化。十年后又提出了第五个维度，即长期倾向与短期倾向。对于开展跨国并购的企业来说，文化冲突产生的原因可能首先来自国家层面，对并购双方产生分歧的影响表现在政治方面，包括政治体制、政治制度、政治局势、政策方针、法律法规、意识形态等。国家层面的差异也可能来自经济体制方面，我国实行的是社会主义市场经济体制，与世界上其他国家如典型的西方市场经济体制国家、政治动荡的中东地区、相对比较落后的非洲地区等，采用的经济体制都不尽相同，导致企业经营中的行为方式也不一样，经济体制是企业生产经营最重要的外部环境之一，必然对企业产生影响。再比如工会政策，不同国家的工会政策不一样，对于工会成立的方式、运作模式、在企业中的作用等，都是不一样的，这些政治因素都会造成并购企业之间的文化冲突。

在一个国家内部，往往还有多个民族，每个民族都有自己特殊的风俗习惯，民族差异往往是跨国并购企业文化冲突最直接也是最明显的原因。所谓民族，就是指经过长期的历史发展而形成的稳定共同体，是在地域、文化、语言、行为、心理素质等方面与其他人群有明显界限的群体。跨国并购必然涉及民族问题，有些民族方面引起的冲突来自历史，会使并购双方一开始便有文化冲突的隐患。当然，民族方面的冲突还主要体现在文化的内部结构中，社会背景、利益集团、婚姻制度、宗教信仰、文化艺术、语言形式、价值取向、生活习俗、道德评价等，由于存在差异，不同群体之间产生了冲突的可能。不同的群体出现在同一个企业组织中，在一个战略目标的指导下开展生产经营活动，各种文化差异会面临直接的冲突，仅价值观冲突就体现在多个方面。在各种因素的作用下，不同国家往往会形成比较固定的行为方式，两种不同文化的企业并购后，要想改变对方的做法是件非常困难的事情，吉利集团为了说服沃尔沃开发高端的汽车，花了很大的精力，因为沃尔沃高层固执地认为沃尔沃汽车和奢华从来都没有任何关系，同样三一重工并购普茨迈斯特后，提出生产混凝土搅拌车设想，德国管理者坚决不同意，他们坚持自己是泵车设备提供商，经过长时间的沟通，才答应上混凝土搅拌车生产线。实践证明，两家中国公司的决策都是非常正确的，都为公司创造了良好的发展前景。

二、企业层面的原因

通常来说，企业文化很少有完全一致的，文化差异的存在是客观的。企业并购的时候要充分考虑双方是否能够相互认可对方的企业文化，特别是目标企业的员工要能够接受并购方的企业文化，因为企业文化整合，并购方往往占据主导地位，以并购方企业文化为基础进行文化整合，是并购活动中大多数的做法。如果目标企业员工不认可并购方的企业文化，必然会对其推行的种种政策进行抵触，冲突在所难免。陈传明和张敏（2005）认为，组织是由各个行为主体所组成的系统，组织中行为主体相互作用产生共同体验、共同思想和以协同性为表现的组织文化模型，并逐渐演化成为组织共享的价值观，成为组织文化的显性系统，这种模式通过鼓励团结一致，遵循和分享共同价值观等手段消除任何可能引起混乱的因素，包括文化的变革，从而形成了稳态的企业文化。这种相对稳定的企业文化，也就使得企业文化具有了"刚性"特征，在这种文化下的员工，是不愿意接受文化变革的。但是，并购发生后，文化的变革是必然的，因此文化冲突也就难以避免。黄速建和令狐谙（2003）的研究结果表明，制度冲突、心理冲突、机制冲突和文化冲突等都会降低并购企业绩效。文化冲突尤为关键，并购双方如果文化差异过大乃至互不相容，会极大地增加并购后的整合成本，阻碍企业并购初衷的迅速实现。每家公司都有自己的组织文化、道德规范、风俗习惯、行为方式、崇尚的价值观念等，这些构成了组织文化的基石，当两家具有不同文化的公司合并的时候，文化的冲突成为必然，对管理者构成挑战。企业的宗旨、使命不同，采取的战略、策略也就有差异。企业崇尚的价值观不同，各种制度、规定也就形成了差异，员工的行为表现也不一样，并购完成后，双方可能不会理解对方的做法，冲突自然就会发生。2012年三一重工并购德国的混凝土泵制造商普茨迈斯特，两家企业都高度重视质量，但价值观不同，表现出来的做法也不一样。三一重工的价值观是"嫉慢如仇"，对规模的追求非常迫切，而普茨迈斯特则是遵循稳健的发展思路，不追求大，但是追求财务的健康，追求产品质量和生产技术的领先。发展观念上的差异，导致合并完成后双方对企业经营目标存在争议，并购完成的2012年，半年过去了，企业经营目标还没有达成一致意见。同样，一个成本领先战略的企业，可能无法理解采取差异化战略的公司为了追求某些特性而进行变本加厉的投入。德国戴姆勒-奔驰公司和美国克莱斯勒公司合并以后，美国企业为了尽快推出便宜而实用的新产品，不惜以牺牲产品质量为代价，但奔驰公司对质量的追求达到了极致，宁可推迟新产品的问世，也不会在产品质量上打折扣。某些管理制度方面的差异更是五花八门，如"午休制度"，由于习惯的差异，中国企业大都有"午休"的习惯，或多或少都会给员工留出一定的时间，让他们获得比较好的休整，但是绝大多数国家是没有午休习惯的，特别是西方国家，他们认为刚睡醒几个小时就要睡觉的午休制度是不可理解的。并购完成后，经营战略和目标不同，企业制度和管理规范必然要做相应的调整和重构，目标公司的员工将面临新的制度文化,由于惯性使然,必然会有抵触心理。两家企业文化差异会导致文化冲突,那么文化相似效果是不是会好些呢? Cartwright 和 Cooper(1993)研究发现,即使两家企业的文化匹配程度很高,目标公司员工也会认为并购是件令人紧张的事情。所以,企业层面的文化差距,很大程度上会带来文化冲突。

三、团体层面的原因

团队文化属于企业的亚文化,即使是在强文化的企业中,亚文化也是可能存在的,这里的亚文化可能是部门文化、班组文化,也可能是流行于某个群体的与企业主流文化并不一致的次级文化。亚文化可以是正式的组织文化,也可以是非正式组织文化,企业文化最终要落地,必须通过团队文化层次进行有效的转换和传递。与企业总体组织文化相比,团队亚文化更能体现团队成员的价值追求和达成共识的状态,或者说一些团队通常已经形成了比较稳固的关系,有着大家习惯的行事方法和日常交往模式,有更为具体的愿景作为引导团队前进方向的宗旨,团队成员对团队有强烈的依附感。当并购发生时,团队作为一个相对独立的整体,会对并购企业进行衡量,并形成团队的态度,团队的态度会影响每位成员的态度。所以团队负责人在并购中起着非常重要的作用,并购方如果处理不好,带来的影响就巨大。在企业内部存在着各种各样的团体、组织,企业被并购的过程中,这些团体和组织往往会成为并购冲突的制造者。虽然说并购后文化整合的重点在企业层面,但是如果不关注团体的作用,可能会影响到文化整合的整个进程。在团队层面的文化整合中,尤其要关注一些重点团体,如高管团队、核心技术团队、工会等组织,这些组织对于并购企业的发展至关重要。高管团队不稳定,整个企业的运营就会成问题;核心技术团队成员留不住,以获得技术为最主要目的的并购就会失去意义;而工会如果不能够支持并购工作,那么就会设置许多障碍,影响日常的生产经营活动。上汽并购双龙汽车后,在经营过程中,双龙汽车的强势工会给上汽带来了巨大的压力。据统计,双龙汽车的生产效率远低于国内外企业,平均一辆车的人工费用占总费用的20%以上,而其他竞争企业的这一比例一般只有10%左右;尽管上汽是双龙汽车的第一大股东,但是它对企业的实际控制力并不是很强,尤其是在和韩国工会的对话中更是处于劣势。相反,吉利集团并购沃尔沃后,董事长李书福却高度重视与工会的关系。并购尚未发生的时候,李书福得知沃尔沃工会组织强烈反对可能发生的并购行为后,亲自飞到欧洲与工会组织成员沟通,向他们说明并购的原因和并购完成后的打算，并且还把吉利集团在英国、澳大利亚并购企业相关负责人的联系方式给了工人代表，让他们去了解吉利集团在并购完成后是如何对待目标企业和工人的。李书福的坦诚打动了沃尔沃工会组织，后来工会不仅理解和支持并购行为，还成为吉利集团同福特在专利使用方面谈判的重要砝码。由此可见这些重要团体在并购中的作用。

四、个体层面的原因

员工个体层面的差异，也是并购完成后文化冲突的根源之一。员工个体文化往往源于民族文化，但又不完全一样，由于思维方式、语言沟通、行为习惯、世界观、价值观、年龄等方面的差异，员工个体是形形色色的。个体层面的冲突并非仅仅体现在并购企业，在一个企业内部，员工冲突不可避免，只是在并购企业中，冲突的频率会更高，程度可能会更深。比如，在沟通方面，有的员工比较喜欢直接的方式，有的比较喜欢含蓄的方式，特别是在有关同一个问题的讨论中，率性的员工通常不考虑对方的心理感受，就事论事，追求高效率地解决问题，希望所有事情能够当面说清楚，而含蓄的员工不喜欢不留情面的建议，常常用隐晦的方式指出对方的不足和自己的见解，这就会导致双方的不愉快。之所以出现这样的状况，一方面是因为不同的民族文化形成了人们固有的一些做事习惯，另一方面是由个人的脾气秉性造成的，因为即使在同一个民族文化里，也存在处事风格截然不同的人群，只是在并购完成后，在民族文化、个性差异的双重作用下，因员工个体层面差异导致的冲突会更多，后果也更加严重。

第二节 并购后企业文化整合的内容

一、物质文化的整合

物质文化是指企业产品和物质设施构成的器物形态，属于企业文化最表层的形式，是员工能够看得见摸得着的一种文化形态，是价值观的外在表现，包括：①产品相关的物质文化，如产品的品牌、品质、形象、特色、包装以及企业提供的服务。②环境相关的物质文化，包括企业的整体环境、员工的工作环境和生活环境。整体环境如企业标识、厂区生产环境、自然环境、建筑布局等，绿化、美化、整洁的环境给人以积极向上的感觉；工作环境如车间厂房、操作空间、办公场所等，便利性、规范性、个性化等体现了公司的管理水平和管理理念；生活环境如食堂、咖啡吧等生活设施以及文化体育娱乐休闲设施等，由此可以看出企业对员工的关心程度。③技术设备相关的物质文化，如使用的技术、机器设备等。物质文化蕴含了企业的精神风貌，隐含了企业的价值观，因此也是非常重要的文化形态。对于并购企业而言，相对于企业价值观的塑造，物质文化的改变是最为容易的事情。

企业之间的并购，最主要的是获得目标公司产品、技术，物质文化的整合也就成为重要的整合载体。进入世界 500 强的上汽，由于缺乏产品，导致发展后劲不足，因此，2005 年收购了英国罗孚汽车公司名爵品牌的生产制造服务平台，但是当上汽拿着罗孚的图纸和设备进行生产，并且成功改款出荣威系列车型的时候，发现实际上这款车型的技术含量和制造工艺已经远远落后，相比当时的先进水平差了十多年的时间，加上缺乏制造经验和技术支持，新车出来后叫好不叫座，问题也是频繁出现，再加上新汽车定位过高，最终没有得到消费者的认可，荣威汽车成了 2007 年价格跳水很厉害的车型。对于上汽来说，海外并购失败的案例不止这一次，最著名的是其对韩国双龙汽车的收购案，其作为第一大中国汽车并购案，最后同样以失败告终。上汽收购双龙汽车以后的 4 年里，在提高双龙汽车生产效率、使产品结构多样化、提高竞争力方面完全失败。双龙汽车偏重 SUV（sportutility vehicle，运动型多用途乘用车）和大型轿车的产品结构本身就存在问题，Chairman W、享御、爱腾等主要产品都是 SUV 和大型轿车。上汽一开始就只关心技术转让，反而疏忽了双龙汽车本身的经营状况，仅打算"吸取技术后就退出"。双龙汽车研究所有关负责人表示，"包括双龙汽车的 4 轮驱动车和大型轿车的设计图在内，上汽已经拿走了大部分整车研究技术，并把双龙汽车的 50 多名核心研究人员带到总部"。

二、行为文化的整合

行为文化是企业文化鲜活的体现，通过员工的言谈举止、行为方式以及企业的各种文体活动等表现出来，具体包括公司层面的行为，如企业与企业之间、企业与顾客之间、企业与政府之间、企业与社会之间的行为、商业谈判行为、商业交往行为、习惯的沟通方式等。典型的个体行为，是指员工在生产经营、休闲娱乐活动中产生的文化，包括员工的精神风貌、礼仪规范、行为举止等。TCL 并购法国的阿尔卡特，一开始就遭到对方员工的抵制。TCL 是军事化管理方式，讲究奉献，为了公司的发展努力工作，加班是常态。阿尔卡特更强调人性化管理，员工是在非常宽松而又备受尊重的氛围中工作的，严格按照计划行事，工作和生活有着明显的界限，强调生活与工作同等重要，周末的时间他们都会用来休闲，和家人在一起，他们拒绝接听来自公司的电话，即使是董事会主席的电话，他们对于中方员工五加二、白加黑的工作方式很不理解，也很不认同。这种行为上的不认可，不只是发生在东西方文化差距比较大的企业并购中，即使同样是西方国家，由于文化差异的存在，双方的员工也会互不认可。作为20世纪90年代全球并购浪潮的经典案例，戴姆勒-奔驰与克莱斯勒的重组曾经给汽车界带来了无限的遐想。因为，戴姆勒-奔驰是豪华汽车品牌的领军企业，其豪华轿车和商用车，在汽车行业首屈一指；克莱斯勒则是北美汽车市场"三强"之一，不仅在越野车市场拥有悠久历史传承，在产品研发上的众多独到创意也曾引领世界潮流。尤其值得指出的是，双方在产品线、市场、品牌基本没有什么重叠，这样的并购堪称是完美的互补。然而，戴姆勒-奔驰与克莱斯勒并购完成后，双方爆发了很多冲突。从行为文化来看，双方互不认同，谁都无法理解对方的一些古怪行为。戴姆勒的领导们每周工作六天，而克莱斯勒的领导每周只工作五天，在德国工作的美国同事，星期五早早就下班赶回美国，甚至周五早晨就乘坐飞机回美国。与之对照的是在美国工作的德国专家，总是在周五下午5点准时下班，然后才赶往机场。德国人喜欢开会，繁文缛节令美国同事不适应，他们对德国人的做法很不理解。这些行为方面的冲突看起来似乎只是表面现象，但会因此诱发更为激烈的冲突，从而导致合作的失败。

三、制度文化的整合

制度文化是企业通过道德规范、行为准则以及各种规章来约束员工行为的规则，包括公司的管理制度，如人事管理制度、绩效考核制度、激励制度、生产管理制度、财务管理制度、员工行为规范制度、企业员工手册、宣传制度等。制度文化位居企业文化的中间层次，受企业精神文化的影响，同时对于表层的物质文化、行为文化产生影响。企业的制度文化与企业的生存环境、发展历史、领导层的管理理念等密切相关，带着一个企业的鲜明特色，而且，同样的制度，在不同的文化情境下，执行环节又各具特色。并购企业通常具有不同的制度文化，要整合起来形成双方员工共同认可的制度很难。比如，戴姆勒-奔驰并购克莱斯勒后，只是为了协调员工出差乘坐飞机的座位等次就消耗了大量的精力，因为戴姆勒-奔驰规定一般员工都可以乘坐飞机的头等舱，但克莱斯勒只有高层管理者才享受这样的待遇，为了解决这个矛盾，公司整整花了半年的时间。再比如关系每个高管切身利益的薪酬制度，戴姆勒-奔驰的企业文化强调平均主义，高管与普通员工之间的薪酬差距相对较小，相比克莱斯勒的高管来说，戴姆勒-奔驰的高管的薪酬要远远低于美国同行，合并的第一年，戴姆勒-奔驰公司 10 位管理层成员的薪酬总共才 1100 万美元，而克莱斯勒主席兼首席执行官艾顿一人的薪酬大概就有 460 万美元，并且以股票期权支付的报酬就超过了 500 万美元。当时离职的副总裁卤茨，以股票期权支付的报酬甚至超过了 1300 万美元，这种同工不同酬，显然不会被德国公司的管理者所接受，经过反复的谈判协商，最后双方同意采用低固定薪酬加高绩效激励的薪酬方案，作为妥协，允许个别公司的高层管理者的薪酬保持两年不变。制度文化涉及企业生产经营、员工管理等方方面面，且都是制度化的规定，变更起来相当的困难。

四、精神文化的整合

精神文化的整合是文化整合的核心内容，并购双方文化冲突的根本原因在于价值观的冲突。企业精神文化的整合涵盖了企业战略、企业价值观、企业使命、企业精神、经营哲学、经营理念、领导人理想与信仰、道德观念等，是企业的意识形态部分，是企业文化的核心内容。并购完成后，最先受到冲击且影响最深远的文化是精神文化。因为精神文化是最难改变的，员工的思想和行为已经受到企业文化的深深熏陶，特别是企业文化具有优势且非常强势的时候，想让员工改变价值观，重新建立起对并购企业的组织认同是很困难的事情。如果伴随着并购的发生，在失去物质控制权的同时，要求他们放弃精神控制权，必然会造成其精神支柱的垮塌，对抗心理就会油然而生。上汽并购韩国双龙汽车，获得了 51.3%的股权，但韩国员工无法接受中国企业对他们的控制，双龙汽车工会带领己方员工展开了激烈的对抗。尽管他们知道这种对抗对于企业的经营没有好处，甚至会使员工的处境更加糟糕，但是为了"争口气"，为了维护自己所谓的"尊严"，还是站在了企业的对立面上。双龙的员工之所以会有如此反应，原因在于双龙汽车曾经是一家优秀的汽车企业，是韩国的骄傲，员工们已经深深地打上了双龙汽车的烙印，对公司的认同高度一致，拥有相同的价值观，所以他们会齐心协力来阻止并购企业的经营，最终导致破产的后果。

并购没有实现目的，很多是因为文化整合不力，物质、行为、制度、精神层面的文化都可能会产生冲突，都应该是文化整合关注的内容。许多文献研究的文化冲突，大都是做事风格、规章制度、传统文化等方面的差异，但是这些差异真的那么重要吗？拥有不同文化的人组成一个团队必然会产生冲突吗？这些差异是不可调和的呢，还是基于认知可能会产生冲突，但人们是很容易理解并适应的,甚至会主动相互学习的呢?特别是随着互联网的普及,全球化趋势越来越明显,不同国度的文化的交流也越来越多,可以说是见怪不怪了,甚至文化间相互影响、相互融合,文化共同的成分越来越多。比如,在中国年轻一代就非常习惯 AA 制。所以说,这种表层的文化冲突并不是真正影响并购绩效的关键,并购后文化整合虽然要解决表面上的文化融合问题,但影响并购绩效的真正原因应该是深层次的东西,也是整合过程中需要重点关注的东西,本书的实证结果表明,影响组织认同的价值观应该是文化整合的重点。

第三节　基于组织认同的文化整合

本书提出的文化整合,是基于组织认同的文化整合,整合的原则、过程和模式,都是建立在如何培育员工组织认同基础之上的。

一、文化整合的原则

(一)专人负责原则

没有任何一次并购文化整合与之前是相同的,并购后的文化整合没有可以照搬的模式,不可能按照已有的模板复制,这说明文化整合的复杂性,所以,成立专门的文化整合机构,进行专门的文化整合设计就成为必然。是否有专人负责此项工作,反映了企业对文化冲突在并购中的重要性是否有足够的重视。专门的文化整合机构,就是如同财务整合、业务整合一样对文化整合进行实质性操作,而不是任由文化自由发挥作用。文化整合是一项非常复杂和艰巨的工作,要在尽可能短的时间内获得大多数员工的理解和认可,令员工接受新企业的价值观、领导风格和行为方式。要做到这一点,必须有专门的机构、专业的人员从事这一工作。联想并购 IBM 后,专门成立了文化整合团队,由联想的人力资源高管,IBM 公司的部分员工,以及从社会上聘请的文化管理方面的专家组成,直接向联想的最高管理层负责,统筹企业文化整合的全部过程,包括制订文化整合方案,组织整合计划的实施,沟通双方信息,处理重大事件等。文化整合工作从文化探索开始,探索过程包括问卷调查和访谈。问卷包括"你觉得中国员工和欧美员工之间存在哪些问题""你觉得 IBM 给你带来了哪些不同的感受"等问项,访谈主要是在高管层面进行,问题包括"联想和 IBM 有什么不同""哪种管理方式更好"等。通过文化探索,文化整合团队充分了解两个公司文化的相同点和不同点，成立多个相应的虚拟团队，去探索对应的解决方法，处理各个文化冲突问题，专业团队的这些探索为文化整合提供了具有方向性的指导，其实也就是找到了构建组织认同的关键，准确掌握住构建共享价值观的切入点，成为并购成功的基础。

（二）充分沟通原则

沟通是化解矛盾最有效的方法，并购发生后之所以出现很多冲突，大多是沟通不到位引起的，双方不理解对方的战略、动机、管理、文化等，甚至怀有敌意地看待对方，因此沟通显得尤为重要，特别是并购方，应该积极地寻求各种途径，与目标企业的员工和利益相关者沟通，了解他们的需求，告诉他们并购的相关事项，建立起融洽的关系。沟通的重要内容是文化，让双方相互了解、理解、认同对方的文化很重要，有可能的话可以形成并购文化整合手册，对于禁忌的事情、倡导的事情明确出来，并且可以进行适当的培训。三一重工并购普茨迈斯特，在协议即将达成的时候遭到了普茨迈斯特员工的抗议，先是有上百名的员工在德国的公司总部门口示威，这些工人抗议的理由除了担心并购会导致自己失业外，还因为对这次并购交易毫不知情，一直被蒙在鼓里，感觉没有得到应有的尊重。虽然说普茨迈斯特是一家家族企业，所有者有权决定如何处置企业，但是，德国企业通常有着强烈的自尊，除非遇到金融危机，或者遇到万不得已的事情，否则家族企业很少会放弃对企业的控制权，普茨迈斯特在 2008 年金融危机后遇到了很大困难，销售收入连续下降，资金链断裂，尽管如此，2012 年仍然盈利 600 万欧元，所以有些员工思想上不能够接受并购。由于并购之前没有广泛征求员工意见或者做好充分的解释工作，导致员工的广泛担忧和抵触，后来，普茨迈斯特公司在上海的数百名公司员工又到松江区政府抗议，为并购工作增加了难度。可以看到，充分的沟通相当重要，在这方面，吉利集团并购沃尔沃就做得很好，董事长李书福亲自和沃尔沃的工会成员见面沟通，说明并购的原因和并购完成后的打算，后来工会成员不仅理解和支持并购行为，还成为吉利集团同福特在专利使用方面谈判的重要砝码。2016 年，打印机领域发生了一起"蛇吞象"式的并购，珠海打印机企业纳思达股份有限公司收购全球领先的打印产品及数据解决方案提供商美国利盟国际有限公司，董事长汪东颖说"美国的员工不太愿意被一个中国的企业收购，有点接受不了，尤其是高管"。文化冲突是他最担心的，所以并购完成后，双方每个月都有高层互访，进行充分的了解、沟通，比较好地消除了文化差异带来的影响。

（三）相互尊重原则

并购之所以发生，被并购企业或是因为经营活动陷入困境，或是公司经营方向发生了转变，原有业务不再是公司的重点，总之是处于经济劣势一方。如果并购公司以占领者的姿态出现在被并购企业中，就会引起对方员工的反感。如果被并购企业同时又是发达国家的传统优势企业，这种心理就会更加强烈，员工的抵触情绪得不到排解，并购后的经营管理就不会顺利开展。所以并购完成后，并购方一定要尊重对方的文化，尊重对方的员工，不能够简单地将自己的文化强加给并购方员工，应正确地对待双方文化上的差异，做到求同存异，相互吸收对方文化上的优点，这个原则也被实证分析结果所验证。因为并购前有部分员工抗议，所以三一重工吸取了教训，及时将相关信息传递给员工，打消他们的顾虑。为了降低对方的抵触情绪，三一重工完成对普茨迈斯特的并购的当天，总裁向文波就郑重地向外界做出承诺，一是普茨迈斯特继续保持独立经营，充分尊重对方经营管理方面的自主性，二是保留原来的管理团队，双方构建起"相互独立的组织结构"，三一重工只是派了少数几个中方管理人员，普茨迈斯特原首席执行官继续被委任，三一重工给予其充分的自主权，原来的管理方法得以延续。三是不解雇任何一名德国工人，并且通过有效分工和扩充产品线，不断增加就业机会。同时，三一重工还充分尊重工会组织所提出的建议，严格按照并购条款操作。随着时间的推移，普茨迈斯特的员工对中国企业领导的认可不断增强，不再有抵触情绪，公司上下形成了和谐的氛围，从而走上良性发展的轨道。

（四）系统推进原则

并购企业文化整合是一项系统的工作，体现在两个方面，一方面是文化整合贯穿并购过程的始终。并购之前，需要对并购双方企业的文化进行审查，在充分了解双方文化特点和异同的基础上，制订文化整合方案；并购完成后，有针对性地开展文化培训、文化沟通，增强相互的了解，互相接纳对方的文化；并购后期，文化整合获得初步成功，试图构建新企业文化的时候，还要加强防范，保持密切的监督，防止出现倒退现象，所以说，文化整合是一个全过程的行为，涉及并购的整个环节。另一方面反映在文化整合的复杂性上。组织文化的内容繁多，有理念层、精神层、行为层、制度层、物质层等，文化整合的时候，不能忽视任何层面的整合，但是，每个层面又不是并重的，即使是同一层面，如组织价值观，也包含许多内容,不能够齐头并进,应该分轻重缓急,有次序、有重点地推进整合工作。因此说,文化整合是一个系统工程,要综合考虑,有计划、有步骤地开展这项工作。本书实证分析的结论表明,企业价值观有多种,但在并购发生后,推动"个体指向"的价值观是当务之急,也是最有效的,相反,"组织指向"的价值观可以在之后的文化整合中加以推进。

二、文化整合的过程

范征(2000)把并购文化划分为四个阶段,即探索期、碰撞期、磨合期和拓创期,这个划分与企业并购特别是跨国企业之间的并购文化整合过程比较匹配,因此被国内许多研究所采纳,当然,也有其他学者做了不同的尝试,如王淑娟等(2015)在研究了联想并购IBM公司后,将文化整合过程分为探索、初试、加强和定型四个阶段,每个阶段均从文化环境特征、文化渗透模式和员工采纳范畴三个方面观察企业是如何开展文化整合活动的,可以看出,他们对并购阶段的划分是基于不同的视角,体现的是文化整合的强度。根据吉利集团并购沃尔沃的文化整合实际,我们采用范征(2000)的文化整合阶段划分方式。

(1)探索期。这一时期是文化的诊断阶段,对双方的文化特点、强弱进行诊断,进行文化匹配、文化整合评估,确定文化整合的方式。探索期的主要任务就是要全面系统地考察并购双方文化状况,包括国家、民族、企业、团队、个体等层面存在的文化差异,可能发生的冲突,根据文化诊断结果,制订初步的文化整合方案,构筑共同的企业愿景。探索期需要双方积极主动地了解对方的发展历史、经营特色、管理特点、规章制度、领导风格、员工行为等,找出在价值观、管理理念以及各种管理制度等方面的差异所在,对并购企业形成比较概括的认识。同时,企业也要编制企业文化手册,对员工进行文化知识普及教育,为并购完成后的文化整合提供基础。

(2)碰撞期。这一时期是文化整合开始的阶段,由于组织结构的调整、管理层的改组、经营策略的变化等,原有的利益关系发生了大的改变,双方文化产生正面冲突。目标公司员工会从方方面面比较并购方企业和原有企业的文化,会故意放大文化差距,这一时期文化冲突最激烈,组织氛围会非常紧张,各种小道消息频频出现,士气备受影响,伴随着猜疑、对立、愤怒、敌意等情绪,如果不及时化解矛盾,就会导致混乱状况的发生。因此,这个阶段双方应该本着平等互利、相互信任、相互尊重的原则,主动增进交流,取长补短,虚心学习对方文化的先进部分。作为并购方,切勿以"占领者"身份出现,对于目标公司的先进文化视而不见,只是强调经济上对目标公司的支持等。作为被并购方,特别是发达国家的企业被并购后,不能够以"老资格"自居,觉得并购方其他方面尤其是文化方面,根本不值得学习。如果双方都是这样的态度,那么,并购后的文化整合就无法开展,其他工作也会非常被动。这个阶段进行跨文化的沟通和培训很关键,通过对文化了解、敏感性训练以及矛盾的化解等,可以减少文化分歧,消除文化成见和误解,为文化的整合做好准备。

(3)磨合期。经过碰撞期的文化整合,表面上的一些冲突和矛盾解决掉后,紧张的氛围会暂时缓和下来。不过,尽管"显性"文化冲突可能会被化解,但深层的价值观层面的冲突不可能一下子消除,这些"隐性"文化冲突根深蒂固地存在于员工的头脑里,内化于心中,是最难改变的文化。磨合期的主要任务是并购双方企业文化经过相处、相融后,经过进一步的融合,逐渐形成可以共同接受的文化内容。这个阶段是并购文化整合的关键阶段,也是耗时最长的阶段。要做的工作是寻找可以共同接受的点,构建新的管理制度和行为规范,并通过双方喜闻乐见的方式进行充分沟通,鼓励双方员工以积极的态度迎接变化。通过沟通,做到求同存异,达成共识,通过强化员工的那些利于企业发展的行为,促进文化的融合与发展。

(4)拓创期。在文化不断融合的基础上,并购公司开拓、创新,进而形成全新文化的时期。这个过程是双方文化"弃恶扬善"的过程,将那些优秀的文化基因保留下来,逐步摒弃那些不被对方员工所接纳的部分,构建起共同的文化基因。新文化建立的前提是管理人员和员工建立起了共同的价值观,形成了新的可以持久的基本假设。这一阶段主要任务是深化建立起来的共同价值观,增强企业凝聚力,促进文化整合的不断创新和发展。组织价值观的塑造是企业文化建设的核心,价值观的塑造需要长时间才能够见效,必须不断深化才能形成持久的信仰和基本假设。共同目标的塑造,需要对员工进行价值观教育和引导,使其认同新企业的战略和使命,认同新企业的价值观和理念,提高凝聚力,当组织目标与个人目标一致的时候,才能形成共同的愿景。

三、文化整合的模式

学者们对于并购后的文化整合,提出了许多好的措施,Berry(1980)提出了吸纳、融合、分离和消亡四种整合模式,成为并购后文化建设的重要思想,后面学者提出的文化整合模式理论,大都是以此为依据的,如Nahavandi 和 Malekzdeh(1988)提出的整合、同化、分离、异化模式,范征（2000）提出的吸收、保留、融合、反并购等。总体来说，差别不大，因此，我们采用 Berry 的四种划分方法。

（一）吸纳式文化整合模式

吸纳式文化整合模式是指并购方企业具有非常优秀而且强势的企业文化，并购过程中将自己的企业文化完全注入目标公司中，使得目标公司放弃原来的文化体系，全盘接受自己公司的企业文化。吸纳式文化整合模式适用于并购方企业具备强文化特点，具有非常明显的优势，处于支配地位，并购完成后，并购方的文化完全取代目标公司的文化，使其完全放弃自己的价值观和行为假设，要求其全盘接受自己的价值观。吸纳式文化整合模式以目标公司的文化彻底消失为前提，因此具有变革剧烈的特点，要求并购方具有非常强烈的文化优势，以目标公司员工能够自愿地、自觉地完全接受外来文化为条件，因此文化整合的风险比较大，采用这种方式进行文化整合，要求管理者做出比较准确的判断。一般来说，在跨国并购尤其是我国企业跨国并购整合欧美国家的企业时，不宜采用这种整合方式，一方面由于我国企业市场化经营的时间比较短，文化积淀不深厚，欧美企业员工对我国企业文化的认可度一般不会特别高，另一方面，国家文化、民族文化差距比较大，让他们放弃原有的文化接受一个全新的企业文化，难度很大。

（二）融合式文化整合模式

融合式文化整合模式适用于并购双方都有自己比较鲜明的文化特色，并购后的企业吸收双方的文化优点，相互渗透、相互融合、相互补充，共同塑造一个可以接受的带有双方文化基因的新企业文化体系，形成一个新的价值观，新的企业文化包括双方认可的使命、宗旨、行为规范、行为假设，人们在这些新的文化中仍然能够看到自己企业文化的影子，但又不完全一样，与过去的文化相比较，可能更加先进。这是一种比较理想的状态，可以最大限度发挥不同文化的协同效应，形成相互学习、相互促进的局面。当然，这样的文化整合难度也是非常大的，毕竟文化是根植于人们内心深处的基因，不会轻易改变，很难形成对其他文化的欣赏。所以，采用融合式文化整合模式的前提是并购双方在产品、市场、战略等方面都有了比较好的融合，各方对于各自的文化有了充分的磨合，形成了许多共同的价值观，具备形成共同认可的文化的基础。

（三）分离式文化整合模式

分离式文化整合模式是指在并购完成后，并购双方各自保持独立的企业文化，双方互不侵犯。这种整合模式对于目标公司的员工来说比较容易接受。这种整合模式适用于都是强势企业文化的并购双方，或者企业文化都比较优秀，从而文化深深根植于员工心中，不愿意接受新的企业文化的并购双方。这种情况下，放弃双方原有的企业文化构建新文化就不可行，同时让目标企业的员工接受并购企业的文化也行不通，最好的方式是采用分离式文化整合模式，各自坚持自己的文化，并在日后逐渐相互融合。并购企业如果双方文化都非常优秀，那么不宜采用强迫对方接受一方文化的措施，应该保留双方的优秀文化，各自独立发展，这种并购的协同效应不会非常明显，是一种"无为而治"的状态。对于中国企业并购西方企业来说，采用分离式文化整合模式更具有现实意义，因为双方文化差异比较大，西方人对东方文化中的很多元素是不易接受的，如果硬要双方高度融合在一起，势必会产生比较大的文化冲突。

（四）消亡式文化整合模式

消亡式文化整合模式最为彻底，是并购发生后，双方都放弃现有的组织文化，重新构建大家都能够接受的新文化，这种整合模式一般针对企业文化都不够强势的并购双方，或者都算不上优秀企业文化的企业，重新构建新的企业文化会更加受双方员工的欢迎。如果目标公司经营上遇到困境，员工的利益得不到保障，也可能会引起员工的不满，可能导致许多员工不认可原来的企业文化，甚至盼望尽快让外来文化替换掉现有文化。同时，这些员工可能也不喜欢并购方企业文化，这种情况下，根据新企业的特点，倡导一种全新的企业文化就很有必要。一般来说，应该慎用这种整合模式。

第七章　吉利集团并购沃尔沃文化整合案例分析

沃尔沃集团 1927 年在瑞典哥德堡创立，以轿车起家，发展成为世界著名的商业运输方案提供者，除了轿车外，还有卡车、客车、建筑材料、船只、工业发动机、飞机等零件制造业务，直到 1998 年，沃尔沃一直属于沃尔沃集团。1999 年沃尔沃集团以 64 亿美元的价格将轿车业务出售给美国福特，沃尔沃成为福特集团的全资子公司。沃尔沃被福特并购的 10 年时间里，福特并没有使沃尔沃的活力重新焕发出来，亏损依然不断，在豪华汽车市场的占有率也从 1998 年的 12.6%下降到 7.2%。尽管沃尔沃没有从福特全球化平台战略中找到自己的快速发展道路，福特反倒吸收了沃尔沃在安全领域独有的领先技术。遭遇 2008 年金融危机后，福特的亏损额高达 167 亿美元，沃尔沃从 2006 年开始，亏损数额不断增加，为了扭转公司的不利局面，加之一个福特战略的推行，出售沃尔沃成为福特的必然选择。

吉利集团始建于 1986 年，从生产电冰箱零件起步，发展到生产电冰箱、电冰柜，1989 年转产高档建筑装潢材料，研制出中国第一张镁铝曲板，1994 年进入摩托车行业，生产出中国第一辆豪华型踏板式摩托车，1996 年成立吉利集团，进入规模化发展阶段。1997 年进入汽车行业，1998 年 8 月吉利集团第一辆汽车在台州临海诞生。吉利集团一直专注实业，目前已经发展成为一家集汽车整车、动力总成和关键零部件设计、研发、生产、销售和服务于一体，并涵盖出行服务、金融服务、线上科技创新以及教育和体育的全球型集团。随着规模的扩大，吉利集团的总部搬迁到了杭州，旗下拥有吉利汽车、领克汽车、几何汽车、沃尔沃汽车、极星汽车、路特斯汽车、宝腾汽车、伦敦电动汽车、远程汽车等品牌。在浙江台州和宁波、湖南湘潭、四川成都、陕西宝鸡、山西晋中等地建有汽车整车和动力总成制造基地，并在白俄罗斯等国家和地区建有海外工厂。吉利集团造车历史只有短短二十几年，却发展成为一个全球型的汽车集团，在国内市场的影响力也越来越大，出口汽车规模增长迅速。吉利集团取得这样的成绩，与并购沃尔沃密不可分。

第一节 并购过程与并购绩效

一、并购过程

收购沃尔沃，并非李书福心血来潮，一时的冲动，可以说其对沃尔沃汽车的青睐由来已久。早在2002年吉利集团的一次中层干部会议上，李书福莫名其妙地说"我们要去买沃尔沃，现在起就该准备了"，这令与会者感到不可思议，不知道老板那个葫芦里装着什么药，要知道吉利集团1998年才造出第一辆汽车，2001年11月9日，中国加入世界贸易组织前夕，在中华人民共和国国家经济贸易委员会增发的《车辆生产企业及产品公告》中，吉利JL6360才被正式列入清单中，换句话说就是一年前吉利集团才获批了轿车"准生证"，就是这样一个还不能算真正进入汽车业界的公司，居然想购买世界著名的汽车公司，在所有人看来这是典型的"痴人说梦"吧，估计当时在场的人员谁也没有把李书福的一番话当真。不过，这正是李书福与众不同的地方，他对未来总是有着超人的眼光，也对自己有着绝对的自信。当然，这个时候的并购，或许只是李书福头脑中一闪之念，又或是他的第六感觉，也许连他自己也不会拿它当回事，因为这太不可思议了。

接触阶段。2007年6月吉利集团正式成立"V项目"团队，9月份吉利集团向福特美国总部寄了一封挂号信，阐明了收购沃尔沃的想法，很快他们便得到了福特的回复："对不起，沃尔沃不卖！"其实，福特当时的日子并不好过，前一年亏损了127亿美元，销售量急剧下降，被迫关闭了16家工厂，裁减了4万名工人，按照商业规律，福特这个时候出售沃尔沃应该是情理中的事情。尽管如此，吉利集团没有得到福特的正眼相看，因为吉利集团当时只是汽车界的无名小辈，无法入汽车业巨头福特的法眼，所以即使福特有卖掉沃尔沃的想法，对于吉利集团的请求，也懒得理会，因此沃尔沃并不是卖与不卖的问题，而是什么样的买主才能符合福特的要求。福特是全球知名的汽车工业公司，沃尔沃在福特的经营下虽然不太不景气，但不管怎么说也是发展了几十年的名牌汽车，要是卖给吉利集团这个名不见经传又没有多少造车经验的汽车公司，万一出了什么问题，不只是对沃尔沃，就是福特也会落下一个"不负责任"的坏名声，所以说，就算要出售沃尔沃，福特也会非常慎重地找个不错的买家。2008年7月，吉利集团正式向福特递交了收购沃尔沃的意向书，阐明了收购的意义、收购后的战略、企业基本情况以及并购可能产生的协同效应等，这是一份全面的收购计划说明，不过福特方并没有给予吉利集团一个肯定性答复。随后吉利集团就获悉福特准备运作出售沃尔沃，吉利集团的"研究项目组"加快了工作进程，在上海经过2个月紧锣密鼓的研究后，形成了对沃尔沃详细的分析报告，提出了建设性意见以及收购后的协同效应问题。2008年12月1日，福特正式宣布出售沃尔沃，机会出现了，2009年1月，在底特律福特总部，李书福拜会了比尔·福特和首席执行官穆拉利，详细地向对方介绍了吉利集团6年来对沃尔沃进行的宏大研究，并且详细地阐述了吉利集团收购沃尔沃的优势，这次，吉利集团终于得到了福特的认真对待。

收购阶段。2009年2月，吉利集团组建了实力雄厚的收购团队，并聘请欧洲老牌家族银行罗斯柴尔德银行作为吉利集团收购沃尔沃项目的独家财务顾问，聘请世界上最大的律师事务所富尔德律师事务所作为收购法律顾问，聘请德勤会计师事务所作为财务咨询，由咨询业巨头罗兰贝格负责对收购沃尔沃项目展开100天的内部审计，博然思维集团负责李书福个人形象及收购团队形象的打造和媒体沟通。3月份，吉利集团向福特递交第一轮竞标书，4月份福特向吉利集团开放数据库，供其尽职调查和数据分析，几个月的时间里，并购项目组阅读了6000多份文件，针对福特起草的2000多页合同，进行了1.5万多处的修改，与福特方进行了大量的信息交流，并且构建了完整的财务预测模型，对可能发生的风险都做了定性的和定量的分析，制定了并购完成后的运营战略和计划。7月30日再次递交约束性竞标书，进入第二轮竞选。9月底项目组主要成员在哥德堡与沃尔沃高管进行一对一见面，在与首席财务官的会面过程中，吉利集团财务副总裁尹大庆仔细分析沃尔沃的财务报表后，发现并购发生后的最初几年，福特对沃尔沃的研发和固定资产投资明显减少，经过充分研究，报价由原来顾问团队建议的35亿美元调整为18亿美元，福特方经过董事会磋商，接受了这个报价。12月底之前，福特与吉利集团达成出售沃尔沃的框架协议，但关于知识产权的条款直到正式签约前一周才谈妥。2010年3月28日，吉利集团与福特签署最终股权收购协议。8月2日，吉利集团收购沃尔沃的交割仪式在伦敦举行，吉利集团以18亿美元的价格完成了对沃尔沃100%股权的收购，其内容涵盖品牌、技术、资产、团队和全部的知识产权等多方面，至此，收购过程宣告结束。

二、并购绩效

在收购后的一年半时间里，沃尔沃成为世界上增长最快的汽车制造商，沃尔沃客户满意度达到了84%。沃尔沃的销售额增长了20%，并且收购后在比利时和瑞典创造了 5000 多个就业机会。与此同时，许多欧洲公司却在大幅度裁员。收购后的第一年，沃尔沃汽车和吉利汽车的销售额一直保持强劲增长。沃尔沃 2010 年总共销售了 415 843 辆汽车，比 2009 年增长了 27%，在全球市场增长了 20%，而且在中国市场的份额更是增长了 36%，年度沃尔沃总收入增长了 43%，实现 2005 年以来的首次盈利，要知道 2009 年还亏损 6.53 亿美元。被吉利集团从福特收购后，沃尔沃涅槃重生，销量和利润实现大幅度提升，2013 年成功地扭转了亏损局面，吉利集团收购沃尔沃的价格为 18 亿美元，沃尔沃的价值达到了 120 亿至 180 亿美元，身价对比起并购前上涨了 10 倍左右，不得不说这一次并购对沃尔沃而言是对的。2018 年沃尔沃汽车销量是自 1927 年创立以来首次突破 60 万辆大关，达到 642 253 辆。即使受到疫情影响，沃尔沃汽车的销售量也呈现出稳步增长的态势，2020 年销量达 661 713 辆，2021 年接近 70 万辆，特别是在中国（不含港澳台）市场的销量更是突破了 17 万辆，成为全球市场沃尔沃有史以来单一市场的最高销量。2021 年沃尔沃插电混动式汽车和纯电动汽车 RECHARGE 车型在中国（不含港澳台）市场的销量同比劲增 96%，全球同比增长 63.9%，占全年全球销量的 27%，创历史新高。10 年来的业绩表明，沃尔沃被吉利集团收购以来，真正摆脱了萎靡的市场态势，迎来了快速发展的第二个春天，可以说无论是对吉利集团还是对沃尔沃，这次并购是一次成功的联姻，真正实现了双赢。那么，这次并购为什么这么顺利？文化方面没有遇到障碍吗？当然不是，双方存在的文化差异还是巨大的，只是吉利集团采用了合适的整合策略，避免了激烈的文化冲突，甚至有时还合理地利用了文化冲突，从而促进了企业的发展。

第二节　并购双方文化差异分析

跨国并购中，除了不同的企业文化，还有国家文化的差异，这些都构成并购后文化整合的障碍。吉利集团和沃尔沃之间的并购，最主要的冲突来自两个层面，即国家层面和企业层面。从国家层面看，一个是古老的东方文化，一个是典型的斯堪的纳维亚文化。从企业层面看，吉利集团被认为是"以制造历史短、安全性差、质量有问题的廉价汽车闻名"，当时消费者中流传着"奇瑞奇瑞修车排队，吉利吉利三年下地"的顺口溜，一定程度上反映了当时的国产汽车的口碑。反观沃尔沃，则拥有悠久而骄傲的传统和根深蒂固的企业文化，是以安全和质量著称的世界知名的汽车生产企业，所以，两家企业的合并，无论是国家层面还是企业层面的文化差异都是非常巨大的。

一、国家层面的文化差异分析

范黴等（2014）根据科学网络数据库 2003~2013 年对于企业跨国并购文化的研究发现，霍夫斯泰德的文化价值维度划分是分析国家文化差异和两个组织之间文化差异的主要工具。1967~1973 年，霍夫斯泰德调查了 IBM 公司来自数十个国家的 117 000 位员工的工作价值，1980 年出版了著作《文化之重：价值、行为、体制和组织的跨国比较》(*Culture's Consequences: Comparing Values, Behaviors, Institutions and Organizations Across Nations*) 发现了区分国家文化的四个维度，即权力距离（power distance）、不确定性规避（uncertainty avoidance）、个人主义与集体主义（individualism versus collectivism）、男性化与女性化（masculinity versus femininity）。在后来的研究中，Hofstede 和 Bond（1988）一起在吸收其他学者研究成果基础上，增加了长期导向与短期导向（long term orientation versus short term orientation）、放纵与约束（indulgence versus restraint）两个维度。根据 Hofstede 等有关测量、区分文化距离的研究，我们分析一下中国和瑞典的文化差异。

（一）权力距离

权力距离指某一社会中地位低的人对于权力在社会或组织中不平等分配的接受程度。不同国家由于历史文化背景、政治体制、自然资源禀赋的差异，对权力的理解不尽相同，导致在权力距离文化维度上的差异很大。不同的社会里，权力、阶层、族群、教育、财富等给人们带来各种各样的不平等，有的不平等程度大，有的相对小些。Hofstede（1980）提出的权力距离指标，衡量的不平等实际上是人们对于不平等的接受程度，是一个群体的心理和价值问题，权力距离越大意味着在这个社会中，人们越是能够接受、容忍各种因素带来的不平等；权力距离越小意味着在这个社会中，人们越是不愿意接受不平等，对权力、阶层等带来的哪怕是很小的不平等也会愤愤不平。在权力距离小的企业中，上下级之间更像是相互依赖的协作关系，下级反对上级意见被看作很正常的行为，上级也没有什么特权；相反，在权力距离大的企业中，下级反对上级则是不被允许的。

根据 Hofstede（1980）文化距离测算结果，中国和瑞典在权力距离指标上差距非常大，分别是 80 和 31。由于中国公司的权力距离大，等级结构高，很多情况下决策通常由领导者做出，团队讨论对决策的影响比较小。相反，在以等级差距小和个人主义高为特征的瑞典文化中，公司在最终做出决策前都要经过彻底的讨论。两种文化的企业合并，如果不能很好地定义"权力"在企业管理中的作用，必然会产生冲突。

（二）不确定性规避

该指标是指当社会受到不确定的事件或非常规环境条件威胁时，是否会通过正式的渠道来避免和控制不确定性。不确定性规避指数高的文化中，社会成员常常会表现出焦虑情绪，对可预见性的需求程度也比较高，希望通过一些成文的或者不成文的规则来降低未来的不确定性。不确定性规避指数高的国家，通常比较重视权威、资历、地位、年龄等因素，偏爱职业安全，强调制度建设，不喜欢偏激观点和行为，相信知识和专家评定可以避免这些不安全性。不确定性规避指数低的国家不注重规则制度建设，对于反常的行为和意见比较宽容，在哲学、宗教方面容许各种不同的主张同时存在，人们做事灵活性较大，喜欢变化和新鲜事物，愿意面对来自未知领域的风险和挑战。一般说来，对于不确定的、模糊的、未知的情境，人们都会感到是一种威胁，趋利避害是人的天性，防止危害的发生也就成为当然。但是，不同的社会对于危害的认知程度是不同的，同样的威胁，有的会认为比较严重，有的则认为比较正常，因而就产生了对未来不确定性规避程度的高低之分，感受到威胁程度越高，对于不确定性规避的程度越高，反之则是低不确定性规避。防止不确定性的方法很多，如追求职业的稳定性，订立更多的规章制度，不允许出现越轨的思想和行为，努力拥有更多的能力和知识等。不同民族、国家或地区，防止不确定性的迫切程度是不一样的。相对而言，在不确定性规避程度低的社会当中，人们普遍有一种安全感，倾向于放松的生活态度和鼓励冒险的倾向。在不确定性规避程度高的社会当中，人们则普遍有一种高度的紧迫感和进取心，因而易形成一种努力工作的内心冲动。

不确定性是指对不确定性事物的典型反应，低不确定性表示人们能够忍受模糊的不确定的事物，社会规范和原则不会非常严格；高不确定性表示人们往往会感受到不确定性带来的威胁，所以会尽可能地回避，为此，会制定明确的社会规范和原则以应对不确定性，管理也是以工作和任务为主。通常而言，低不确定性文化中，人们更敢于冒险。浙江省等地区，特别是温州、台州等地，人们到外面闯世界的比较多，形成了敢冒风险的性格，遭到不确定性威胁时，忍受程度比较高，仅从这一点看，浙商文化有着与中国传统文化明显的差异。吉利集团位于浙江，李书福是典型的浙商代表，具有比较高的风险偏好，对于未来不确定性的规避程度比较低。他曾表示，只要有80%的把握就可以干。当人们听说李书福想申请生产汽车的时候，有的人就说他胆量真大，还想搞汽车。瑞典有着良好的社会福利制度，"从摇篮到坟墓"一切需求都由国家安排，因此瑞典人看起来都比较安静、矜持，享受生活是第一位的。Fika是瑞典人下午茶的代名词，是一种休闲的生活态度，每天上午九点半到十点，下午一点半到两点，瑞典人都会停下手中的工作，进入Fika时间，当瑞典人享受Fika时，世间一切都为它而停，即使上班时间也是如此，大家一起喝杯咖啡，吃些点心，就是下班后，大家还要喝一杯，然后再回去准备晚餐。在瑞典人心中，Fika绝对不是喝一杯咖啡那样简单，已经超出了喝咖啡的意义，意思是让自己停下脚步，慢下来享受生活。中国人为了达成目标或者在预定的时间完成某项工程，节假日放弃与家人团聚而加班加点工作，这对瑞典人来说是不能接受的。瑞典人不追求财富的最大化，什么事情都是适可而止，由此可以看出他们的生活态度。中国和瑞典在对待生活态度方面有着巨大的差距，不能说哪种文化优越或者说先进，但区别的确确存在，两种文化的人在一起时，必须正视差异才行。

(三）个人主义与集体主义

该指标衡量某一社会集体是偏向于关注个人的利益还是关注集体的利益。个人主义倾向的社会中，人与人之间的关系是松散的，人们倾向于关心自己及有直系亲属关系的小家庭；集体主义倾向的社会中，人与人的关系是紧密的，人们倾向于关心族群、非直系亲属关系的团体，牢固而紧密的族群关系、团体关系能够给人们提供持续的保护，从而带来每个成员的绝对忠诚。Hofstede（1984）认为在个人主义社会中，社会成员高度重视私人时间，会严格区分工作和生活的界限，他们需要极大的自由来选择职业，喜欢从事具有挑战性的工作。集体主义社会中，社会成员的工作和生活往往没有做严格的区分，他们很容易融入工作团队中，注重自己在工作中是否得到了锻炼，是否有助于能力的提升。

在个人主义指标上，中国和瑞典两个国家有着巨大的差距，中国是20，而瑞典是71。中国强调个人与集体的和谐，不希望个人凌驾于组织之上。

瑞典是极端个人主义社会，在瑞典人那里，没有大家族的概念，很少考虑"我们"如何，自己能做的事情从来不会去麻烦别人，即使是参加朋友的聚会，也会自己带酒过去，没有喝完的酒还会带走。瑞典人性格比较内敛，都不太爱说话，如果你不主动问，他们是不会主动和你沟通的。不太了解瑞典文化的人会觉得他们很冷漠，但是如果他们愿意和你沟通，他们会敞开心扉和你聊天。瑞典人在自己乘坐公交车的时候，他们很少和陌生人坐在一起，通常都是坐在最靠窗的一排，后面上来的人宁愿站着也不愿意和陌生人坐在一起，这种独立的性格可以充分体现出瑞典人内心不喜欢集体主义思想。同样，瑞典的个人主义并没有表现为领导决策中的独断行为，正是因为充分尊重每个人的权利，所以决策过程中人人参与成为瑞典社会管理、企业管理中的一个重要特征。

（四）男性化与女性化

该指标又叫"刚柔性"，代表男性的品质有竞争性、独断性，注重财富和社会资源的积累等；代表女性的品质有谦虚、关爱他人，重人际关系和生活品质等。男性倾向的数值越大，说明该社会男性化倾向比较明显，男性气质越突出，"收入、赞誉、上进、挑战"会体现在大多数社会成员身上，不论男女都会表现出自信武断，争强好胜，执着而坦然地追求财富等特点，这些价值观在社会上占据统治地位，成功是社会广泛的价值取向，女性中的"女强人"形象会被社会赞许；女性偏向的数值越大，说明该社会的女性气质突出，"管理、合作、日常、安全感"成为社会成员的共同气质，不论男女都会表现出来温柔、谦虚和关注生活品质等特征，女性化倾向比较严重的国家，男性会更多地参与家务并且享受购物乐趣。

中国在这个指标上的数据是66，而瑞典是5。中国是男性化国家，男子在社会、家庭中的地位有着明显的优势。长期以来，中国推崇的是儒家文化，从汉武帝采纳董仲舒提出的"罢黜百家，独尊儒术"开始，儒家思想就成为统治中国的正统思想，无论是王公贵族还是普通百姓，儒家思想根深蒂固。大部分的中国古代皇帝都把儒家思想作为自己的政治基础，儒家思想当中存在非常明显的男权主义色彩，儒家文化维护的实际上是以男性为中心的等级制度，倡导男尊女卑价值观，重视父系血缘的延续。中国传统文化中，另一个影响深远的是老子的道家思想，道家强调以柔克刚，阴在前，阳在后，知其雄，守其雌，保留了母系崇拜的色彩。唐朝时期统治者曾将道教奉为国教，在一定程度上提高了女性在社会上的地位。历史上西南地区受道家文化影响较深，所以这一带的女性社会地位一直比较高，时至今日，"耙耳朵"男人在四川、重庆一带也是一个褒义词来形容男人。①虽然道教在一定时期、一定的区域产生了比较深远的影响,但是中国社会主流的价值观还是孔子的儒家思想,特别是宋朝程朱理学发展起来后,儒家思想重新占据了主导地位,之后中华文明男权思想越来越盛行,在明清时期达到了鼎盛。新中国成立后,强调男女平等,女性在社会中的地位开始不断提升。

联合国 2021 年对全球 190 多个国家及地区议会中的女性领导者的比例进行了统计,北欧五国议会中女性比例都非常高,冰岛 48%,瑞典 47%,最少的丹麦也有 40%,部级及部级以上领导中,女性超过半数的国家有 13 个,瑞典和芬兰上榜。北欧五国中政府首脑为女性的国家有 4 个,其中瑞典首相在列。2022 年 3 月英国《经济学家》发布的"玻璃天花板②指数"(glass-ceiling index,GCI)中,瑞典、冰岛、芬兰、挪威包揽了排行榜的前 4 名,丹麦位居第 12 名,说明北欧五国性别差别最小,对女性升迁的限制最少,瑞典已经连续 2 年被评为女性最佳工作地点。瑞典是典型的女权主义国家,与邻国芬兰一起,曾经被联合国评为世界上男女平等"模范国家"。瑞典崇尚男女平等,女性在社会、家庭中的地位比较高。瑞典是一个女权社会,女性具有很高的地位,女性追求与男性平等的意识很强。男性也很尊重女性,从来没有觉得家务活必须由女性来做,男性可以接受妻子比自己挣得更多,自己心甘情愿地在家里做家务、带孩子。夫妻的账户是分开的,很少有女性因为结婚、生孩子就放弃自己的工作,去做全职太太。中国和瑞典在男性化指标上的巨大差距,表明两国在这方面截然不同。

中国的管理者在决策过程中占据主导地位,而瑞典管理者的行动则力求达成共识,管理者的不同取向必然会导致沟通障碍。中国的管理者通常要对公司活动方方面面有充分的了解,因为这对于确定公司目标、做出正确决策和明确责任划分是必要的。在瑞典,管理者的角色是激励下属,协调员工行为,创造团队氛围,提高团队合作效率,通过激发下属的潜力来实现目标。用中国管理者的管理方式管理瑞典员工或用瑞典管理方式管理中国员工都不会产生好的效果。

---

① 耙耳朵,指丈夫在经济方面、家庭地位等方面被妻子控制,对妻子很畏惧,在妻子面前言听计从的男人。
② 玻璃天花板是指在公司企业和机关团体中,限制某些人群(女性、少数族裔)晋升到高级经理及决策阶层的障碍。正如玻璃一样,这个障碍虽然不是明文规定在那里,却是实实在在存在着的。

(五)长期导向与短期导向

长期导向与短期导向是指某一社会中的成员对延迟满足其物质、情感、社会需求的接受程度，或者说人们是否具有以未来导向判断其行为的倾向。Hofstede 和 Bond（1988）认为长期导向文化的社会，强调长期承诺，强调长远发展及为未来着想，具备充满活力的未来主义心态，强调基于地位的关系秩序并要遵守这一秩序，崇尚节俭及坚忍，人们总是想到未来，表现出更强的毅力和韧性。长期导向文化认为过去、现在和将来相互联系、往复循环，三者同样重要。短期取向文化的社会强调实时或短期回报，变革随时发生而不必担心"传统"和"承诺"会成为绊脚石，人们看重现在，表现得更保守稳定，尊重传统，追求及时行乐而非内心的平静。短期导向文化认为过去、现在和将来三者是相互独立的，互不干涉，关注"现在"才有意义，为了将来而牺牲现在的做法不被认可。斯坦福大学著名的心理学家菲利普·津巴多提出"时间视角"来表示人们对过去、现在和未来的不同态度，长期导向文化应该是习惯往前看、为未来谋划的人，这种视角被称为未来视角，人们具有前瞻性，为了完成未来目标，宁愿舍弃当下享乐的机会，时间的利用更有效率，更容易取得比较高的成就，但是由于一直为未来担心，所以幸福感并不强。短期导向文化与享乐主义视角比较接近，具有这种视角的人总以享乐的态度对待当下，人们幸福感较高，但是由于缺乏积极进取的心态，成瘾行为出现的概率比较高。

中国在这个指标上的数据是 87，而瑞典只有 53。很明显中国是一个具有长期导向的国家，人们崇尚节俭、储蓄，面向未来规划生活，忧患意识比较强，喜欢为未来投资。中国长期以来实行的是计划经济，在市场经济建设过程中，长期规划、中期规划等是经济社会管理的重要手段，从另一个方面反映了中国社会希望掌控未来。中国是一个典型的长期导向的国家，主要原因在于中国有着长达数千年的文明史，而且至今还完好地保留并影响着人们的生活，重传统、看长远是典型的中国文化。着眼长远，帮助人们树立大局观，不计较一时得失；重传统可以从前人的实践中汲取经验，不冒险、不激进，稳妥发展，勤俭节约、偏好储蓄就是中国文化长期取向的证明。

瑞典是典型的高薪酬、高福利国家，生活悠闲，无后顾之忧，人们更加关注过去和现在，"活在当下"最为重要，也非常关注社会责任的履行。瑞典作家罗拉·A. 阿克斯特伦所著的《不太多，不太少》一书，详细描述了瑞典人的 Lagom（拉戈姆）生活方式，不过分、不极端、中立、平等的处世态度，有"恰如其分，不多不少"的意思。Lagom生活方式有两条最基本的原则，一个是定量原则，就是满足最基本的物质需求；一个是定性原则，就是应该尽最大可能追求精神需求的满足。瑞典人认为，人们无法保证未来，甚至有可能明天永远都不会到来，因此，人们应该用有意义的生活方式充实当下的每一天。未来会怎样，人们永远不会知道，与其选择忧思焦虑、忙忙碌碌，拼命追求高大上的目标，倒不如放慢脚步，充分享受当下的生活，安于现状也许就是最好的选择。瑞典人秉持"最大限度地珍惜生命，尽情地享受人生"的生活信条，工作有张有弛，生活潇洒轻松，人到了瑞典，感觉时间也变慢了，生活变得悠闲自在。这和我们国家到处生机勃勃，到处是快节奏的人群形成了鲜明的对比。

长期导向与短期导向文化维度对企业的影响主要体现在战略管理和决策方面。长期导向文化中的企业，在战略管理和决策方面倾向于保守化，更注重长远发展计划，对于短期利益关注程度不高。短期导向文化中的企业，在战略管理和决策方面更倾向于激进，关注短期可以看得见的利益，对于未知的将来可能取得的收益关注程度不高。中国的管理模式具有高度的长期导向，这种模式下的组织强烈地面向未来，注重克制短期需求和通过严格执行上级的决定来追求目标。因此，很难使中国的管理模式与瑞典的模式相一致。瑞典人更倾向于采用短期导向方法，认为这才是提高效率和效益的最佳途径，这些文化差异加剧了交流障碍的出现。吉利集团并购沃尔沃后，如果工厂依然留在瑞典，就必须面对高昂的劳动成本，所以吉利集团必然会把生产线搬迁到中国，从而导致瑞典人失业。考虑到两国文化的差异，瑞典人最初的这种担心也是可以理解的。

（六）放纵与约束

放纵与约束指标指社会成员对人的基本需求与享受生活的享乐欲望的允许程度。放纵型文化允许相对自由地享受生活，鼓励人们满足自然的、基本的人类欲望。在放纵型文化中的人们更强调享受生活，生活态度乐观，也会认为自己过得更健康和快乐，放纵型文化有着更少的道德约束，为相对自由的天性满足和人性驱使腾出空间。约束型文化存在大量的明规则和潜规则，长期形成的文化传统成为人们做事的行为规范，社会群体对社会成员有着强大的约束力，人们的行为不仅仅受法治的约束，道德和习俗也是约束人们行为的有效工具。约束型文化往往会压抑人的自我享乐欲望，希望社会成员有更宏观的目标和更多的社会责任，并试图通过严格的社会规范控制社会。

在这个指标上，中国和瑞典是差别很大的，中国是 24，典型的约束型社会，瑞典是 78，是典型的放纵型社会，世界上只有少数国家在这个指标上超过瑞典。中国社会对人们的约束体现在方方面面。传统中国社会是熟人社会，特别是在农村社区，城市的单位社区，人们都非常熟悉，或者祖祖辈辈居住在一起，或者是因为工作关系住在一起，这种环境下人的"社会人"属性体现得非常明显，人们的行为不仅受个体利益的驱使，还要看是否符合社会群体的利益，至少不能违背社会群体的利益。这样的社会有更多的社会规范，有更严格的道德标准和繁杂的社会习俗，在这样的社会文化中，人们的行为是受到广泛制约的。中国酒文化盛行，许多话、许多行为只有在酒后才会说和做，这就表明平时是比较理性的，也就是说是受到约束的。反观瑞典这样放纵型的文化，人的天性得以充分彰显，人们我行我素，虽然也有社会规范，但也是以尊重人的天性为基础。当然，放纵型文化并不是说这个社会没有秩序，可以乱来，相反，瑞典人非常讲究社会秩序，只是涉及个人领域时，则是完全自由的，没有人干涉你的私生活。因此在不同的文化里，人们自由的空间是不一样的，从而对于行为的干预方式和干预程度也不尽相同。

放纵与约束维度实际上描述的是抑制需求满足，并通过严格的制度规范控制人们行为的状态。约束程度高的社会里，企业的规章制度往往严格而细致，做事情的规矩多；放纵程度高的社会里，企业的规则多呈现粗线条，员工的自主性高，如瑞典许多企业上下班时间实行弹性管理，在保证工作时间的情况下，员工可以自己决定在哪个时间段上下班。

（七）语境文化

美国文化学者 Hall（1976）曾提出高低语境文化分析框架，语境文化不是 Hofstede（1984）文化的维度，但对于认识两国的文化非常有益，是对 Hofstede（1984）文化模型的有益补充。就文化语境来说，Hall 认为"有着伟大而复杂文化的中国处在天平的高语境一方"，在这样的文化中，交流过程不需要太多的明示，人们经常使用比较矛盾、晦涩的语言，甚至是含而不露，不喜欢直来直去，尽可能避免正面的冲突。群体在中国文化情境下是非常重要的，人们高度重视情感与人际关系，人与人之间的信任比冷冰冰的制度和规则更重要，"圈内人"和"圈外人"的概念非常明显。"圈内人"之间的沟通没有实质性障碍，而"圈外人"之间的沟通会遇到相当大的困难。中国人进行沟通的时候，经常考虑对方的想法是什么，沟通过程会把人际关系的建立考虑进来，大都会以一种令人体面的方式解决问题，一般不愿意在公开场合进行激烈的讨论,双方都会给对方一个台阶。瑞典是低语境文化的国家,语言传达了他们的大部分信息,语境和其他肢体动作包含的信息很少,他们更讲求规则和制度,没有明显的"圈内人"和"圈外人"概念,小团体意识不明显,沟通中直来直去,使用直截了当的语言,交流的时候需要提供详细的背景信息、前因后果、事情的来龙去脉等,即使沟通中发生冲突他们认为也是正常的,希望通过公开的讨论,激烈的争论,引起关注甚至质疑,从而更有利于问题的解决,冲突并不影响人际关系和情感。因此,来自不同文化的人要建立关系就相对来说比较容易。吉利集团经营哲学中有"方与圆"原则,"方"要求员工坚持自己的原则,也要遵守他人的原则,而"圆"是员工的处世之道,处事过程中要讲究策略和方法,强调把握机会,审时度势,以柔克刚,以退为进。"大方小圆、内方外圆、先方后圆、己方人圆、有方有圆",这一哲学理念生动形象地说明了吉利集团员工之间交往的方式和规则,直接的表达不被认为是聪明的方式,这与西方人的风格完全相反。瑞典作为低语境国家,人们都是直线思维,逻辑简单,"弦外之音、言外之意"对他们来说理解起来非常困难,中国人交流过程中丰富的肢体动作和面部表情都包含了大量的信息,同样一句话语调不同,面部表情不同,或者有附加的肢体动作,表达的意思不尽相同甚至完全相反,这对于瑞典人来说很难理解。所以说来自不同语境文化的中国管理者(高语境文化)与瑞典管理者(低语境文化)沟通起来不是很容易的一件事,产生摩擦也是必然的。

国家层面的这些文化差异,必然导致沃尔沃和吉利集团两家企业并购后存在一些文化冲突,沟通障碍会处处存在,包括缺乏相互理解和期望的具体化,对管理者权力距离的差异,对管理者的不同期望,对发展目标的设定,不同的语言和地理距离,工作动机不同带来的满足感差异等,都会导致沟通上产生问题,文化差异导致的沟通问题需要引起高度重视。

二、企业层面的文化差异分析

(一)战略与使命

吉利集团成立的时间不长,但一开始就有着远大的理想抱负,他们提出的"让世界充满吉利",一方面表达了对世界和平的美好祝愿,另一方面也表现出企业的雄心壮志,那就是让吉利汽车享誉全球,走向世界。吉利集团的使命是"造最安全、最环保、最节能的好车,让吉利汽车走遍全世界!"尽管在造车初期,吉利集团距离这样的目标差距还是非常大的,而且经历了因为造车经验不足，无法保证质量，从而被消费者嘲笑的窘境。但经过20多年的发展，从吉利集团推出的领克、博越、几何等车型来看，吉利集团追求这一目标的过程是认真的。2022年上半年吉利集团完成出口汽车8.76万辆，同比增长64%，发展势头良好。按照这个发展趋势，他们的梦想未必不能实现。

沃尔沃提出的使命"为现代家庭创造最安全、最令人激动的汽车体验"，品质、安全和环保，是沃尔沃的三大核心价值，其中"安全"是最突出的理念，也是沃尔沃汽车的突出特征，其创始人拉尔森和格布里森曾经说过"车是人造的，无论做什么事情，沃尔沃都坚持一个基本原则，安全，过去是这样，现在是这样，以后还是这样，永远如此"。沃尔沃以其安全、可靠、绿色、环保享誉全球，具有从主动安全到被动安全，再到一系列领先的安全技术，如三点式安全带技术、安全车厢、安全玻璃、安全气囊、防抱装置、儿童安全座椅和侧撞保护系统、城市安全系统、全力自动刹车和行人探测碰撞警示系统等，沃尔沃发明的带氧传感器的三元催化器，使汽车尾气的排放量减少了90%。

比较两家公司的使命，尽管从表述上高度一致，都是为了追求生产最安全的汽车，但是考虑到汽车定位和品牌内涵的差异，在实际做法上肯定不一样。吉利汽车价格不高，不可能像沃尔沃那样在材料的选择上可以"大手大脚"，必然要精打细算，但由于产品定位是低端车，低价优势是其最核心的竞争力，不可能为此不考虑成本。"是严守安全、牢靠、含蓄的瑞典风格，还是迎合中国新富的需求，研发德式超级豪华车？"路透社曾经发表独家报道称，2010年吉利集团收购瑞典沃尔沃后，双方高层就沃尔沃的发展战略爆发"文化冲突"。中国汽车流通协会常务理事贾新光认为，这不是什么"文化冲突"，而是双方对市场战略的看法不同而已。法国路透社称，吉利集团试图通过学习宝马、奔驰和奥迪等奢华品牌，摆脱沃尔沃过于严肃的形象，以提高销量，但沃尔沃方认为不应该发展豪华轿车，应该坚守低调、高雅的风格。在中国建厂问题上，吉利集团主张在中国建设三个工厂，实现快速扩张，沃尔沃方却认为应该稳扎稳打，坚持质量第一，暂缓扩张计划。虽然存在着一些分歧，但后来的事实说明，双方的观点不是绝对对立的，可以找到双方均可接受的产品。

（二）理念差异

沃尔沃坚守着制造"世界上最安全的汽车"的核心理念，坚守着全球一个标准的秉性，从设计到制造，孜孜以求，精心打造，使沃尔沃成为众多汽车品牌中气质高雅、卓尔不群的汽车品牌，不会为了追求销量而放弃自己的造车理念，对于控制成本的追求保持在一定的限度。沃尔沃的高品位，一方面体现在车的高品位，追求的是人与自然的融合，以北欧大自然为灵感的低调的豪华设计；另一方面体现在客户群的高品位，是一种简约的高雅、低调的奢华，一种高品位的价值观念和人生态度。沃尔沃的设计风格，体现着北欧简约、优雅的本色，体现着返璞归真、恬淡为上、天人合一的境界。安全环保的理念、经久耐用的质量、简约的设计美学和"以人为本"的技术追求，使沃尔沃从外观到内饰都彰显出"安全、低调、环保、简洁和关爱"的风格。在管理员工方面，沃尔沃把"以人为本"的理念置于一切制度之上，给予员工公平的晋升机会，尊重员工个人习惯，给予员工人性化关爱，使其享受职业发展过程中的乐趣。沃尔沃提倡赋能，在清晰的目标指引下，给员工充分的决策权和自由，鼓励员工勇于尝试和学习新事物，让工作赋予每位员工"获得感"。同时，沃尔沃也注重先进的管理经验在各个区域市场的分享，加强人才在各区域市场的流动和交流，培养员工的全球化视野。此外，沃尔沃对员工生活和工作的平衡也非常重视。此外，沃尔沃非常重视多元文化和谐共融，尊重各个地区员工的特性和文化价值。通常充分结合当地习惯与文化，制定差异化的管理制度，并不断健全基层意见反馈机制，灵活调整管理模式。

  人是沃尔沃的关键因素，也是其取得辉煌成绩的根本保障，公司所有的发展和提升都离不开专业、高素质员工的全身心投入，人是沃尔沃持续发展的原动力。"以人为本"就是一切以人为核心，围绕人的发展和需求展开企业的生产经营活动，最终赢得员工和客户对企业的认同。做到"尊重员工"，员工就会以主人翁的态度投入到汽车的研发、生产和销售中，形成员工对企业文化的认同，造就员工的向心力和凝聚力，这也使沃尔沃拥有众多忠诚度很高的员工，甚至是员工家庭，三代沃尔沃员工家庭也不少见，很多离开的员工重回沃尔沃的比例也较高。"尊重客户"就会令客户形成对沃尔沃汽车文化的认同，公司始终把客户的"安全"和"健康"融入造车的全过程中，才能赢得客户的尊重，才会形成客户长期以来对沃尔沃汽车的信赖和支持。所以，"以人为本"是沃尔沃汽车的核心理念。吉利集团同样也倡导尊重员工的理念，特别是吉利集团的人性化很值得称道，如针对节假日以及员工生日等，吉利集团设置了较为完善的福利体系，并按照国家规定为员工提供年假、病假、产假/陪产假、婚假、丧假等各项假期福利。吉利集团构建梯队化的人才培养模式，按管理干部、专业人才、技能人才、商业伙伴人才、新员工、储备人才等，针对性地设计培养项目。依托任职资格标准体系，建立各类岗位的课程地图，并开展课程、案例开发与讲师培养一体化建设。目前共开发了500多门线下课程，2500多门在线学习课程，培养出了3000余位内训师，为吉利集团战略目标的实现提供了强有力的人才支持。吉利集团之所以比较容易地被沃尔沃接受，倡导人性文化非常关键，这与西方国家倡导的价值观相吻合。

（三）制度差异

吉利集团的文化是"人性化人事管理，军事化高效执行"。这里的"军事化高效执行"不是狼性文化，因为吉利集团的文化中，人性化是第一位的。李书福认为成熟的企业一定要能为社会、为客户、为员工创造快乐。吉利集团高度重视人力资源工作，"尊重人，成就人，幸福人"是吉利集团一直以来秉持的人力资源管理理念，以"三支柱"管理模型不断提升人力资源的服务水平和服务效率。尽管如此，吉利集团的文化还是带有明显的"军事化"色彩，这一点与沃尔沃明显不同。比如，针对一线员工，吉利集团搭建"以岗位技能为基础，以绩效为驱动"的薪酬体系，引导员工持续提升自身技能和产品质量，做好职业生涯发展规划，逐步提高一线员工薪资水平。2017年，为营造"人人争做奋斗者"的企业文化氛围，落地"高绩效、高压力、高回报"的价值衡量与分配机制，吉利集团还制定了星级奋斗者评估规则，根据季度绩效表现，确定1~5星级奋斗者，并给予相应的物质和精神激励。

与吉利集团的军事化基础上的人性化管理不同，沃尔沃的人性化更加具有西方的特点，公司规定上级对待员工要一丝不苟，平易近人，让员工们认识到自己的重要性，和员工打交道的时候都要抱有友好、平等的态度，要认真倾听他们的谈话，帮助他们解决问题，鼓舞员工的士气。领导要积极关注员工特别是一线员工的建议，因为他们更熟悉情况。领导对员工要以诚相待，做到用人不疑。当然，差异也是存在的，如沃尔沃员工出差乘坐商务舱，住宿都是五星级酒店，对于这种的消费方式，提倡节俭过日子的吉利集团员工是很难接受的，但是经过一段时间的融合，也就互相理解了，因为对于这种长期形成的消费文化，强行扭转势必带来不良后果。

（四）行为差异

李书福说，很多中国企业并购之前评估风险的时候，会把工会当作潜在风险之一，这完全是一种文化理念和价值观的差异。中国企业走出去，必须从内心接受对方这些东西，倾听来自基层的声音。工会代表着工人，他们需要的是什么？仅仅是工作，而且他们会很好地工作，这种最基本的需求一定要把握住，其实这些技术熟练的工人都是很宝贵的财富，只要与之进行充分的沟通和交流，告诉他们企业的未来愿景、将要达到什么样的高度，就会完全得到他们的支持。试想一下，作为一个世界知名的汽车企业，要被一个当时仅有十几年造车历史的中国汽车企业收购，沃尔沃员工听说这个消息后的抵触心理是可以理解的，这个时候工会组织出来反对也情有可原，不过，经过吉利集团积极的沟通，沃尔沃员工的顾虑消除了，之后的并购过程中也得到了工会的大力支持。李书福说，经过两年多的谈判，发现工会并非不讲道理。没有谈之前，因为有一些信息还不了解，跟他讲明了他就鼓掌了，马上就什么问题都没有了。董事长李书福表示，沃尔沃工会是很好的组织，他们是真的工会，真正在代表工人的利益。一旦双方谈好了，意见达成一致后，工会组织就会义不容辞地、不折不扣地去做，过硬的产品质量是这样出来的，技术进步是这样出来的，优秀的企业管理是这样出来的，整个企业的竞争力也是这样出来的。瑞典劳动法律里只有30%内容是规定好的，其余的70%都需要工会出面来和雇主谈，背后以协商和谈判作为民主支撑。因此，现在的问题是如何和工会取得良好的沟通、如何听取工会的意见。2010年3月28日签约的时候，沃尔沃的工会首先站出来表示支持，这在全世界的并购案例中都不多见，所以工会绝对不是敌人，更不是成本负担。可能沟通过程中要付出一些努力，但在这时节约成本不重要，关键是这样的沟通对于并购完成以后的运营非常有利，只有取得大家的支持，才有可能将企业运营好。事实上，李书福非常尊重工会，这还体现在沃尔沃首席执行官人选的确定方面。在原任首席执行官专任福特汽车欧洲区首席执行官后，福特把首席运营官推荐给李书福，并且得到了李书福的认可。但是，沃尔沃工会却有不同的意见，工会代表以工会的名义写信给李书福，认为沃尔沃内部没有合适的首席执行官人选，希望从外部遴选，李书福接受了这个建议，最终选中了后来做出突出贡献的斯蒂芬·雅各布，所以说沃尔沃工会在新的公司里面真正得到了尊重。

可以看出，无论是在国家层面还是企业层面，吉利集团和沃尔沃的合并，文化冲突是不可避免的，如果处理不好，可能就会归于七七定律的宿命。

第三节 并购后文化整合研究

吉利集团并购沃尔沃后，采用的是从"分离式整合"到"融合式整合"再到"消亡式整合"的文化整合模式，整个过程是循序渐进的，由最初的相互独立，到最后达到文化的高度融合，有效地化解了文化差异带来的消极影响，并在一定程度上发挥了文化差异在创新中的积极作用，是一个成功的文化整合案例。其实，文化整合模式无所谓先进与否，只要和并购企业的情况相匹配，和并购发展的不同阶段相吻合就是合适的模式。而且，并非只能采用一种并购模式，可以是几种模式的分阶段实行，也可以是几种模式的融合实施。

一、探索期：正视文化差异

探索期的主要任务就是要全面系统地考察、评估并购双方文化状况，包括国家、民族、企业、团队、个体等层面存在的文化差异，预测并购可能带来的冲突，根据文化诊断结果，制订初步的文化整合方案，探索能够被双方大多数员工认可的企业愿景。

虽然说并购之前福特是沃尔沃的东家，但吉利集团收购沃尔沃，并不是吉利集团和福特两家公司的事情，沃尔沃本身的态度也很关键，政府部门、新闻媒体、社会各界给这桩并购交易带来的压力也不容忽视，无论哪方不支持，都会给交易带来困难，甚至最终影响并购的完成，所以说，探索期内弄清楚来自各方的态度，并获得其支持是吉利集团的一项重要任务。事实上，在这个阶段，由于东西方文化差异，吉利集团与沃尔沃两家公司的悬殊对比给这次并购交易带来了相当大的挑战。

沃尔沃方面的这种担心是可以理解的，毕竟并购与裁员、减薪、工厂搬迁等通常联系在一起，中国具备制造业成本优势，一旦吉利集团购买了沃尔沃，很难让人觉得这些事情不会发生。在谈判的关键阶段，外媒报道说沃尔沃工会声称不要中国老板，员工中正在酝酿"反中"声浪，还有消息说八位前沃尔沃高管给福特董事长写信反对吉利集团收购沃尔沃。瑞典《每日新闻》说，沃尔沃不是用钱能买到的。在汽车大规模生产的中国，沃尔沃品牌的精髓将面临被慢慢挖空的风险。他们认为这个当时只有十几年造车经验的小小汽车制造商，对沃尔沃的未来负不起责任。瑞典国务秘书哈格隆在报纸上公开反对中国企业收购沃尔沃，认为由于文化和企业管理理念上的巨大差异，让吉利集团收购绝对不是最佳选择。沃尔沃汽车工程师工会负责人桑德默表示工会不欢迎中国企业来做沃尔沃的老板，由1800位工程师组成的沃尔沃汽车工程师工会，还是希望公司的未来由欧洲人来领导，和沃尔沃的企业文化吻合。2009年8月，沃尔沃工会还联系上全国总工会，希望能够出面制止吉利集团对沃尔沃的收购。可以说，对于这桩生意，无论是瑞典还是西方各界，很少有看好的，因为门不当户不对，即使生意做成了也不会有好的结果。其实，并不是只有国外不看好吉利集团并购沃尔沃，国内持有这种观点的也不在少数，《每日新闻》2009年3月11日报道，上海一位行业咨询师表示：对中方来说，这是一项十分冒险的收购，我怀疑我们是否有足够的能力来消化这项收购。《中国日报》2010年1月11日报道中也表示一些人对收购的担心，认为对于在产量、销量、品牌知名度和市场份额方面仍处于起步阶段的吉利集团来说，要想延续沃尔沃坚固、安全的声誉并不容易。搜狐汽车网2009年2月26日的一篇"中国汽车产业十大最不靠谱并购案"文章，把吉利集团并购沃尔沃的传闻，列为第8个最不靠谱的并购案，不靠谱指数为4星，认为在乱世下，这种收购更像是一种炒作。

看来沟通是非常迫切的了。李书福带队去了瑞典和比利时，先后拜会了工会领袖和相关政府部门，在根特工厂还与沃尔沃工会代表进行了对话，在回答怎样才能表明吉利集团是最合适的竞购方时，李书福非常诚恳地表示自己很喜欢沃尔沃，会爱惜沃尔沃，尊重沃尔沃人的权利，不会干涉沃尔沃的内部事务，并且建议他们去吉利集团收购过的英国锰铜公司和澳大利亚的 DSI[①]自动变速器工厂看看，了解一下吉利集团是不是尊重他们，是不是没有干涉他们的管理权利，并且还要把联络人都告诉他们。有工会会员对李书福说，很多人对沃尔沃有兴趣，你能否用三个词来形容一下吉利集团的优势在哪里？李书福有点措手不及，随后他真诚地说，"I Love You"，看起来是灵机一动的应对，实际上是他内心的表达，如果不是发自内心地热爱沃尔沃，如果不是有了对沃尔沃未来的成熟思路，仅凭小聪明是不会有这么贴切的回答的。李书福以其特有的率真和诚恳，瞬间俘获了工会代表的心，赢得了热烈掌声，工会领袖还将一枚沃尔沃徽章别在了李书福胸前。

2010年1月28日，沃尔沃管理层和工会代表13人专程来到中国考察，管理层包括沃尔沃高级人力资源副总裁、高级制造副总裁、高级质量与客

---

① DSI 是 Drivetrain Systems International（传动系统国际）的缩写。

户副总裁；工会代表有沃尔沃蓝领和白领工会组织的负责人和工人等。代表团对吉利集团的宁波北仑基地生产情况、生产装备、制造工艺、质量控制、现场管理、产品研发及工会工作等进行了详细的考察，与吉利集团方进行了深入的交流。陪同几位工会主席考察生产基地的《工人日报》经济部主任姜文良说，"他们看车看得很仔细，尤其是桑德默，看得很细，坐在车里面闭着眼睛摸车，开关车门几十次，摸前盖和车帮子的缝儿是不是一致，摸座椅的缝线有没有毛茬，是不是有安全隐患，还有方向盘底下膝盖顶到的地方是不是会受伤"（王千马和梁冬梅，2017）。可以说，这次考察给代表团的印象是非常好的，因为2月5日沃尔沃工会就对吉利集团收购沃尔沃发表了声明，如果吉利集团能够遵守此前对于沃尔沃管理团队、公司文化、财务结构等方面的承诺的话，工会将支持吉利集团收购沃尔沃。随后沃尔沃工会也发表声明表示接受吉利集团成为沃尔沃股东（王自亮，2011）。

在李书福看来，工会并不是来敲竹杠的，工会有自己的规范，维护职工的权益是它的职责。事实上，谈判过程中，尤其是关于知识产权的谈判，工会在一定程度上还成了吉利集团的最大帮手。关于知识产权的归属问题，吉利集团和福特曾经一度争论得不可开交，吉利集团当然想最大限度地获得有关沃尔沃的所有知识产权，原本属于沃尔沃的知识产权肯定要拿来，而福特和沃尔沃共有的知识产权至少也要获得无偿使用权，但是作为卖方，福特则想尽可能留住知识产权，即使允许吉利集团使用，也要最大限度地给予限制。当沃尔沃人知道福特的态度后立刻愤怒了，表示强烈抗议，他们认为福特太不把沃尔沃当一回事了，没有知识产权以后还怎么经营？于是他们决定通过罢工争取自己的权利，在这个问题上沃尔沃和吉利集团实际上形成了统一战线，因为这属于他们共同的利益，最后福特被迫做出了让步。可见，工会此时起开始站到了吉利集团一边，客观上推动了并购的整体进程。

并购之初，吉利集团说到做到，没有计划关闭瑞典和比利时的工厂，或者说解雇原有的工人，吉利集团承诺沃尔沃在哥德堡的总部和研发中心都保持不变，并维持原来的管理团队。这些计划和承诺，给沃尔沃员工吃了一颗定心丸，吉利集团确实也遵守了这些承诺。2008年金融危机爆发后，全球汽车工业进入了萧条期，汽车市场极度萎缩，即使是通用、福特这样的汽车界巨头也未能幸免，陷于破产境地，大量工厂关停倒闭。沃尔沃在比利时的根特工厂所在地的其他公司的汽车工厂关闭了三家，沃尔沃的工厂也裁员到了1800人，情况非常危急。李书福拜访该工厂后向比利时副首相承诺，不关闭根特工厂，相反还要继续投放最新车型，扩大生产规模。自从 2010 年沃尔沃被吉利集团并购后，该工厂的产量逐年上升，员工人数增加了两倍，超过了 5000 人。2017 年总产量达到了 24 万辆，占全球沃尔沃轿车产量的一半以上，成为沃尔沃第二大制造基地。

所以，在并购初期，并购方需要评价双方企业文化的建设水平、民族和企业文化特点、文化差异和冲突、文化整合风险等，制订初步的文化整合方案，要有意识地开展文化沟通活动，增进文化了解。"吉利是吉利，沃尔沃是沃尔沃"，以这种隔离方式起步可以规避能力、文化等差距带来的整合失败的可能性。吉利集团与沃尔沃之间存在着明显的差距，从吉利集团方来看，无论是技术研发能力还是品牌知名度，自己与沃尔沃都不在同一个等级，在双方实力如此悬殊的情况下，强行合并的举措并不可取，很可能会造成品牌稀释、文化冲突等一系列不良后果（魏江和刘洋，2020）。所以说，吉利集团在这个阶段采取的文化沟通措施是很有成效的。孟凡臣和谷洲洋（2021）的研究结论同样说明这样做的合理性。在整合前期的动荡阶段，吉利集团采用了沃尔沃相对独立的组织结构，以及在人力整合上给予员工安置的组织承诺，并通过尊重沃尔沃的企业文化来安抚沃尔沃员工的情绪，鼓励更多的知识型员工选择留任，增加了员工联系的紧密度。

二、碰撞期：分离式整合模式

瑞典人对沃尔沃有着特殊的情感，沃尔沃是瑞典人的骄傲，对于任何想把沃尔沃"拿走"的行为，他们都会全力抵触。1993 年沃尔沃差点被法国雷诺公司并购，但协议在最后一刻破裂，因为瑞典人太不想失去沃尔沃了。瑞典人对失去沃尔沃的担心由来已久，不过，沃尔沃最终没有摆脱失去独立的命运，1999 年还是被福特收购了。现在吉利集团也要收购沃尔沃，人们想当然地认为肯定是要将沃尔沃转移到中国，这是当时大多数人的想法。然而，事实并不像人们想的那样，并购完成后，吉利集团并没有迅速将沃尔沃收入囊中，而是明确提出吉利集团与沃尔沃不是父子关系，是兄弟关系，沃尔沃依然是沃尔沃，而且公司总部不离开瑞典，仍然在哥德堡，经营、管理以及产品研发等都最大限度保持独立，吉利集团负责的是公司战略规划的制定，日常的经营管理活动完全交由瑞典公司独立进行。吉利集团清楚，一个有多年历史的世界知名汽车生产商，被一个当时只有十几年造车历史汽车生产企业并购，心理落差必然存在，如果硬要给沃尔沃贴上浓厚的吉利集团标签，让这些瑞典人认同这样的新企业是很困难的事情。吉利集团并购沃尔沃就像当时媒体上说的，是"农村小伙迎娶欧洲公主"，技术差距大，造车经验落后，品牌知名度更不在同一水平线上，在这种情况下如果强行整合势必造成各种冲突，最佳的整合方式是"轻触式整合"，也就是要坚持适度分离的原则。正是基于这样的认识，2011年2月25日下午，沃尔沃在北京香格里拉酒店举行新闻发布会，李书福发表了热情洋溢的演讲，在演讲中他说接下来要把沃尔沃放虎归山，继续推动沃尔沃在安全与环保领域的全球领先地位，继续巩固和加强沃尔沃在欧美的传统市场地位，积极开拓包括中国在内的新兴国家市场。在继续坚持沃尔沃安全、低调、高品位这样的品牌内涵的基础上，将积极地倡导文明、素养、进步的汽车文化，进一步提升沃尔沃北欧设计全球豪华品牌的伟大传统。[①]在"沃人治沃"指导思想下，吉利集团和沃尔沃在品牌形象、产品定位、管理团队、组织结构等方面都保持高度的隔离，"吉利是吉利，沃尔沃是沃尔沃"，并购初期的文化整合就是不进行文化整合，就像李书福在接受中央电视台采访的时候说的那样，吉利集团"根本不考虑或者说根本不急于研究企业文化融合的问题"，在这种思想指导下，文化整合还不是并购整合的重点，"貌合神离"是这个阶段的一个特征，沃尔沃有着高度的自治权力。

对于并购完成后如何管理沃尔沃，从2011年11月5日成立的"沃尔沃-吉利对话与合作委员会"基本就可以看出端倪。委员会由九位成员组成，沃尔沃和吉利集团双方各指派四名，主席李书福先生是委员会的独立成员。委员会旨在构建一种对话机制，双方逐步在汽车制造、零部件采购、新技术研发、人才培养等多个方面开展广泛交流，实现信息共享。每年召开两次委员会会议，会议地点在瑞典及中国轮换。该委员会是一个对话和沟通平台，如果经过协商双方同意进行具体的项目合作，合作具体条款由双方另行签订协议约定。李书福表示，对话与合作委员会的成立是对"吉利是吉利，沃尔沃是沃尔沃"战略的最好诠释，这一沟通机制的建立将确保双方在平等的基础上依法友好地开展对话，从而将沃尔沃在汽车安全环保领域的领先技术优势与吉利集团对中国市场和消费者的深刻理解有效结合，实现优势互补，取得双赢。（王自亮，2021）

李书福为沃尔沃成立了阵容强大的国际化董事会，这是一支真正国际化的管理团队，有奥迪公司的前任首席执行官，德国曼恩的前任首席执行官，国际航运巨头马士基的前任首席执行官以及福特的前任高级副总裁等，13个成员既有工会成员，又有业界知名的管理专家，吉利集团

[①] 腾讯汽车网. 先招谋势 其后谋子 沃尔沃中国战略解读. http://www.ecar168.com.cn/content/276196.html.

方只有担任董事长的李书福和负责中国业务的高级副总裁沈辉 2 个人，这样更能引起沃尔沃员工对领导层的认同。董事会得到了李书福的高度授权，事后证明，董事会作出了超过 100 亿美元的投资决策，在这个过程中，即使作为董事长，李书福对沃尔沃管理层也不去直接下指令做什么事情，他甚至不经常参加董事会，为此瑞典当地媒体还批评他不懂西方企业治理，董事长不参加董事会算是怎么回事呢？实际上李书福不参加董事会是为了给其他董事更多的讨论自由。在福特时期，沃尔沃董事会实际上就是"纸上董事会"，超过 5000 万美元的投资决策需要经福特董事会批准，沃尔沃实际上就是福特的一个事业部，仅仅是福特的八个品牌之一，得不到应有的重视，福特董事会上关于沃尔沃的议题往往都在 15 分钟之内结束。吉利集团并购沃尔沃后董事会获得了真正谋求沃尔沃发展的权利，管理层同样得到了相当的授权，拥有执行商业计划的自主权。

　　吉利集团和沃尔沃的"文化冲突"是外界普遍认为一定会发生的事，因为双方无论从哪个方面看都那么"不匹配"，合作中出现的一些分歧，立马就会被人联想成文化冲突。业界普遍认为，商业并购中文化冲突并不少见，但是像吉利集团和沃尔沃差距如此巨大的却寥寥无几。2010 年 11 月 22 日，《汽车新闻》报道称：沃尔沃及其新所有者中国汽车制造商浙江吉利集团的蜜月期可能已经结束。沃尔沃被吉利集团收购才三个月，已经存在公开的分歧，李书福说，他和这家瑞典公司的老板们在产品和品牌战略上意见不一致。李书福认为沃尔沃应该为中国开发大型汽车，但沃尔沃的经理们更喜欢小型车的燃油效率。并购之初，沃尔沃高层和吉利集团的摩擦不断，2013 年 9 月 10 日，路透社也报道说，吉利集团收购沃尔沃后，双方高层就沃尔沃的发展战略爆发"文化冲突"，争议的焦点是沃尔沃要严守安全、牢靠、含蓄的传统风格，还是迎合中国新富的需求，研发奔驰、宝马那样的豪华汽车？因为沃尔沃管理层把沃尔沃轿车定位成注重安全的精品轿车，向来与豪华不沾边，他们的目标客户与奔驰宝马不同。李书福则建议沃尔沃对标奔驰和宝马，成为豪华车阵营中的一员，希望沃尔沃能够制造出"以中国新富为目标的豪华轿车"。这让沃尔沃方面很是不解，认为那些买奔驰、宝马的人怎么会来买沃尔沃呢？沃尔沃应该坚守"斯堪的纳维亚根基"，况且中国消费者也在发生变化，不再通过拥有德国产的豪华轿车炫耀身份，这是不同发展阶段的一种特殊心理，之前在很多国家也曾出现过。正如雅各布所说：马力和汽缸本身不再是奢华的主要衡量标准，豪华汽车的未来完全在于低二氧化碳排放量和环保责任，以及车内良好的功能性，他认为沃尔沃应该坚持低调奢华的传统，重点发展 S80 四门轿车和 XC90 等核心的中型车产品。这实际上是双方对市场战略的不同看法，但在外界看来，这应该属于价值取向上的冲突。李书福认同沃尔沃的价值观，但毕竟中国市场有其自身的特点。在接受《华尔街日报》采访时李书福说，沃尔沃可以占据道德制高点，坚持沃尔沃品牌低调、温和的传统风格，但这种风格在中国市场上没有未来可言，沃尔沃需要迎合中国富人对超豪华汽车的喜爱。为了让沃尔沃管理层真正懂得中国消费者，他便邀请这些高管以及工会人员和普通员工来中国，让他们游览故宫、住酒店、坐高铁，目的就是让瑞典方亲身感受中国文化，看看中国的消费市场，最后在李书福的不断鼓励下，沃尔沃管理层才下决心向豪华品牌进军。事实证明，李书福主张的战略是成功的，几年后，几款新的车型以高端品牌形象迅速占领了市场，即使是在 BBA①的故乡德国，也得到消费者的广泛认同，位居 2016 年德国最畅销汽车品牌榜单上的首位。可以看出，并购初期吉利集团并未像福特那样居高临下，全面接管沃尔沃，直接派来数百名高管替代原来的沃尔沃总监以上的中高层，财务、人事、销售等重要部门的高管都来自美国，吉利集团则是完全保留了沃尔沃的团队，经营权、管理权都由沃尔沃掌握，吉利集团只是提供建议，帮助其发展。在上海《金融时报》举办的论坛上，李书福曾经表示，有不同意见是正常的，他将继续保持与沃尔沃方面的沟通，直到分歧缩小为止，当然，如果沃尔沃管理层拒绝妥协，他也会让步。事实证明，吉利集团对市场的把握更加准确，也更了解沃尔沃的优势。

于海瀛和董沛武（2019）的研究认为，文化逆势情境下双方文化的主动接触与认知阶段遵循文化认知、融合、重塑的整合过程，双方在文化认知融合阶段互信水平相对较低，中国企业应以"学习者"的姿态出现，尊重外方企业的文化传统、风俗习惯，通过各种形式活动加强彼此的文化交流，用尊重和平等的沟通方式处理和化解文化冲突，消除被并购方的不安全感和焦虑感，营造包容性的文化氛围，提升双方文化转移和共享的责任感和自我效能感。这个研究结论和我们研究的结论一致，吉利集团并购沃尔沃后，认清了自己处于文化逆境的形势，放低了自己的姿态，展现出充分的尊重和平等，消除了对方的误解，从而为并购塑造了一个良好的发展环境，为后面的融合创造了条件。

---

① "BBA" 指奔驰、宝马和奥迪，是中国市场对这三个品牌的简称。

三、磨合期：融合式整合模式

吉利集团实施了"沃人治沃"的管理方针，由于双方都有着强势而优质的企业文化，因此，分离式文化整合模式成为必然选择，吉利集团果断地实行了构建"防火墙"措施，正如李书福说的"吉利是吉利，沃尔沃是沃尔沃"，沃尔沃依然留在瑞典，两个品牌独立发展，吉利集团只会在战略上帮助沃尔沃，不会在产品和销售上直接介入。

事实上，吉利集团对沃尔沃的并购完成后，设置了"企业联络官"职位，专门负责沟通事项，而且，吉利集团从来没有放弃两家企业之间的文化深度融合，融合方式则主要是通过潜移默化的形式，如组织交响乐团到欧洲巡演就是文化沟通的典型方式。并购完成一年后，吉利集团与浙江交响乐团联合组建了浙江（吉利）交响乐团，到意大利、奥地利、捷克、德国、比利时、瑞典六个国家进行巡回演出，并在沃尔沃所在地——瑞典哥德堡市，举办了沃尔沃员工的专场慰问会，沃尔沃全体高层及千余名管理层和员工代表观看了这场精美绝伦、震撼心灵的演出，现场台上所表现出的情感交融、心心相连的感人气氛，让人们深切感到文化相连、人心所向的魅力。开场曲《为了一个美丽的追求》由李书福亲自作词，充分展现了吉利人对汽车事业的追求和拼搏精神，吉利集团文化元素有机地融入交响乐中，让人们在优美的音乐声和艺术家精湛的演奏技艺中，领略到吉利集团的声音，通过音乐这种文化形式，将中国文化和吉利集团文化传递给沃尔沃员工。沃尔沃员工深受感动，纷纷表示希望今后有更多这样的文化交流，沃尔沃员工说，"从你们的演奏里我们看到了一个崭新的中国，看到了中国企业的发展实力和魅力"。这样的活动为企业的发展营造更好、更先进的文化氛围。一位沃尔沃管理层人员在谈到自己的感受时，很认真地说，我希望沃尔沃永远在吉利集团旗下不断发展……许多沃尔沃员工兴奋地说，东方艺术家用西方听众熟悉的交响乐，为大家讲述了一个美妙的吉利故事。沃尔沃首席执行官雅各布说，吉利集团收购沃尔沃虽说才一年时间，但沃尔沃已发生很多、很大的变化，沃尔沃的发展战略、产品开发战略、中国市场战略更明确、更清晰了，大家的意志更统一了，员工的精神面貌发生了根本性的可喜变化，沃尔沃正朝着越来越好、发展越来越快的方向发展。雅各布不认为吉利集团和沃尔沃存在难以跨越的文化障碍，沃尔沃有着其独特的、根深蒂固的欧洲文化，并购完成后，吉利集团给沃尔沃注入了新的能量和思维，但沃尔沃仍然保留着自己独特的文化特色。

尽管"吉利是吉利，沃尔沃是沃尔沃"，但毕竟二者是合并了，文化冲突也就在所难免，业务融合势在必行，伴随而来的是文化整合，否则合并就没有了价值。建立整合管理机构、调整高层管理人员，整合员工队伍，启动一些大项目等，都是整合的手段。

四、拓创期：消亡式整合模式

收购沃尔沃的是吉利集团，吉利汽车公司和沃尔沃是两家独立的公司，吉利集团虽然收购了沃尔沃100%股权，也拥有了其10 963项专利和专用知识产权，但并购协议中明确规定"吉利汽车不得直接使用沃尔沃汽车的技术"，意味着这些专利技术只可用于沃尔沃汽车。要解决这个问题，只能通过合作的方式。吉利集团通过构建新的可以满足吉利集团和沃尔沃产品开发需求的紧凑型模块化架构（compact modular architecture，CMA）基础架构平台，实现了真正的有机融合。2013年，沃尔沃和吉利集团在瑞典哥德堡联合成立了中欧汽车技术（China Euro Vehicle Technology，CEVT）中心，搭建新的基础架构平台CMA，目的是满足双方产品研发的共同需求。中心在运作过程中，吉利集团和沃尔沃各派出一名资深工程师结对，展开真正的深度合作。既然是并购，一直隔离下去并非吉利集团的最终目的，借助沃尔沃的技术优势提高吉利汽车的整体水平，是并购的应有之义。有机融合无论是对沃尔沃还是吉利集团，都有着非常重要的意义，否则就不是真正意义上的并购。

2017年8月，吉利集团与沃尔沃成立了领克汽车合资公司，该公司由吉利汽车公司、沃尔沃、吉利集团按5：3：2的股权结构共同成立。值得注意的是，领克首款车型就采用了沃尔沃T4发动机，并且外观和内饰也由沃尔沃团队设计，连安全配置也向沃尔沃看齐。共同开发领克品牌，是双方完全融合的过程，来自不同国度、不同文化背景的人一起合作，充满了冲突和挑战。无论是产品的设计理念，还是做事风格，都有很大的差异，难免会发生争吵。不过，也正是在这个过程中双方员工相互理解，相互认知，逐渐达成统一的意见。虽然双方的文化差异很大，但如果能够找到和平相处的方式，就会产生意想不到的协同效果，如同领克车本身一样，车子的设计颠覆了传统的审美，色彩搭配、结构设计充满了对立的美学，看上去很不协调，甚至是冲突的，但非常耐看，而且非常符合年轻一代的审美观。领克品牌研究院副院长朱凌表示：领克诞生还有促进双方融合的考虑，做CMA架构就是对沃尔沃技术的传承融合，但这种融合不仅是给你学习资料，大家还在一起开发平台，在平台上对技术积累进行分享、消化吸收，从而双方达到真正的融合。

吉利汽车公司与沃尔沃发布消息称，双方正在讨论将各自现有的发动机业务合并成一个独立的业务板块，主要负责研发、生产领先的高效动力总成及混合动力系统。成立独立的动力部门，显然是吉利集团与沃尔沃合作的新纪元，吉利汽车将更加"正大光明"地融入沃尔沃先进技术，而对于体量较小的沃尔沃而言，可从燃油和混动汽车研发中抽身出来，专注研发纯电动汽车业务以应对未来多元化的动力需求。

在推进双方文化融合的基础上，积极开拓创新，构建全新的双方可以接受的组织文化，是文化融合的最高境界。在文化融合取得一定的成效后，吉利集团提出了建设"全球型企业文化"的设想，于是2012年就在海南三亚成立了"全球型企业文化研究中心"。在李书福心里，试图构建充满理想的全球型企业文化，没有国家背景也没有民族背景，是跨国界、跨民族、跨人种、跨信仰的人人平等、相互尊重的企业文化，所有企业员工都认同一个共同的企业价值。这个企业文化的基础是强烈的组织认同感。在李书福看来，不管什么样的文化，最终都是为了企业发展，吉利集团并购沃尔沃，可能会遇到文化冲突，可能会遇到工会的纠缠，但是，最终还是要看企业是否发展。2012年，吉利集团在本土企业有4万多名员工，其中包括来自23个国家的250多名外籍员工，虽然彼此有不同的信仰，但是气氛融洽，他们在这里工作很开心，完全认同吉利集团的企业文化。吉利集团为了营造平等、公平、和谐的工作环境，规定杜绝种族、国籍、宗教、性别等方面的歧视。吉利集团把人力资源系统看作企业的业务伙伴、战略支持者和价值贡献者，目的是实现企业和员工的共同发展。吉利集团对员工的关心是全方位的，除了给员工安排健康体检，还为全体员工及其家属，包括配偶、子女及父母购买全方位的商业保险，减轻他们因意外或疾病导致的风险和压力，真正增强员工的幸福感，从而提升企业的凝聚力，这种做法得到了员工的真心拥护。吉利集团在全球有5大工程研发中心，还有瑞典哥德堡造型设计中心、上海造型设计中心、英国考文垂造型设计中心，这些中心共有2万多名研发设计人员，来自40多个不同的国家，可以说，这些造型中心是真正的全球型文化的试验田，不仅是中国和瑞典文化差异的交汇处，还是形形色色文化的交汇处，如果没有一个共有的文化，不去求同存异，就很难形成合力，李书福倡导的全球型企业文化在这些研发中心、造型设计中心里就有了发挥作用的空间。

在2012年2月28日沃尔沃全球型企业文化研究中心成立仪式上，李书福说："目前世界上的跨国企业，几乎都有强烈的'原产地'国家背景和鲜明的局部文化。我主张的全球型企业文化，是一种超越国界、宗教信仰、语言和本土文化等因素的全新的企业文化和价值理念,其核心特点是尊重、包容与融合,最终目标是达到合作共赢和实现企业在全球市场的成功。"他表示,吉利集团并购沃尔沃后,沃尔沃这种两个主场的新型企业的出现,标志着全球型企业这种新型组织形式正在出现。伴随着跨国公司向全球型公司的转型,这种新型文化也逐渐形成。在全球越来越成为一个经济关联体的时代,这种组织形式和文化在很大程度上会淡化原有国家、民族、区域文化可能导致的冲突,有利于人类和平事业的发展,会逐步成为一种对全球具有影响力的组织形式与文化向度。全球型企业文化是指跨越国界、跨越民族、跨越宗教信仰,放之四海都受欢迎的企业形态。这种文化有利于推动世界和平发展,有利于人类文明进步、幸福快乐,有利于企业创新、创造,具体体现在用户满意度高、员工自豪感强、管理层成就感大,企业整体全面可持续发展。这种文化极度开放兼容,极具远见卓识,积极承担企业社会责任,勇于挑战科技高峰,勇于探索商业文明,充分体现了依法、公平、透明、相互尊重的企业治理理念。在李书福看来,沃尔沃是一个全球型企业,世界各国都有分支机构,员工来自世界不同民族、不同国家和地区,要通过很多大型活动的影响,使员工能够发自内心地感受到企业要走的方向,从而把沃尔沃、吉利集团乃至全球各个国家不同的机构、不同的分支、不同的人种的追求统一到全球型企业文化这样的价值主张上来。

吉利集团一直践行"全球型企业文化"建设,其核心特点是尊重、适应、包容与融合,最终目标是达到合作共赢,实现企业在全球市场的成功。融合和开放,会让公司淡化或打破原有国家、民族、宗教信仰、语言和局部文化标签,逐渐形成一种开放、包容的企业文化和发展理念。在这样的企业文化氛围下,更有助于提升员工的归属感、自豪感、提高客户的满意度、增强管理层的成就感,赢得社会各界的认可,有利于企业创新及全球适应能力的提高。这些年,吉利集团在美国、英国、比利时、瑞典、白俄罗斯及亚洲、非洲等国家和地区的成功实践和发展,证明了全球型企业文化建设具有一定生命力。

在李书福看来,实践证明吉利集团并购沃尔沃后采用的决策是比较正确的,中西方文化存在差异是正常的,通过全球型企业文化研究,尽量从东方文化出发,包容西方文化,让西方文化在沃尔沃全球管理和经营之中产生正向作用,而不是让东方文化或者让吉利集团管理沃尔沃。

为了让沃尔沃认同吉利集团,吉利集团热情邀请沃尔沃管理层和员工代表来吉利集团考察,同时通过了解中国悠久的传统文化、繁荣的都市面貌、发达的基础设施、优美的自然风光等,增加他们对中国国家和中国企业的认同。"沃人治沃"的理念，进一步消除了瑞典员工的顾虑，李书福自信、坦诚的性格，传奇的创业经历，处处为沃尔沃前途着想的格局，也征服了沃尔沃员工，在非常短的时间内赢得了沃尔沃员工对其个人的认同。组织认同和领导认同的形成，对于文化的整合奠定了坚实的基础。

对于文化差异，李书福的观点印证了本书的实证结果，他认为，文化融合真不是什么难事，只要能够以人为本，真正懂得并善于尊重人，不只是文化，一切差异都将不融自合，"天堑变通途"，而这种融合更多地要去交流、去寻大同去小异，正所谓"因其不争，故天下莫能与之争"[①]。福特并购沃尔沃后，表现出强烈的不尊重感觉，引起沃尔沃员工的不满意，最终导致失败。根据实证分析的结果，"尊重员工"是并购后求得组织认同、领导认同最重要的文化价值观。吉利集团并购沃尔沃后的一系列操作，如不派管理层进入沃尔沃，给董事会充分的决策权力，不裁减工人，吸收工人进入董事会等措施，都是建立在对沃尔沃的充分尊重之上的，赢得了人心，也激发了对方员工重新振兴沃尔沃的热情，所以文化冲突就被降到了最低程度，而且有条件构建双方都能接受的全球价值观。

对于吉利集团并购沃尔沃后期的文化整合，孟凡臣和谷洲洋（2021）的研究也得到同样的结论。在并购后期的协同阶段吉利集团通过积极完成多元化合作项目的研发和生产任务，推动双方价值观的文化融合，构建共同愿景，进一步深化认知维度，加强关系维度，从而深化知识转移的广度和深度。所以，吉利集团采用的文化整合措施，与本书的实证结果分析是一致的。从客观上证明了实证结果的正确性，对于指导企业跨国并购实践具有参考意义。

---

① 吉利集团用"交响乐"代言 开启走向欧洲之旅. https://auto.ifeng.com/roll/20110916/676166.shtml.

第八章　并购企业文化整合的建议

结合实证研究的结果，本部分将提出并购完成以后进行组织文化建设，合理引导员工行为的一些建议，为了说明建议的有效性，书中将结合吉利集团并购沃尔沃、冀中能源并购华药集团、上汽并购双龙汽车、TCL并购阿尔卡特和汤姆逊等案例来阐述。

第一节　文化整合必须与员工的认同结合

根据第五章的实证分析结果，可以看到，尊重员工与贡献行为、风险承担与支持行为，在加入组织认同和领导认同两个中介变量后，不再存在显著相关关系，表明两个认同在这些关系中间起了完全中介作用。尊重员工与留职倾向仍然存在显著相关关系，但路径系数由 0.279 降至 0.268，表明两个认同在两个变量间起到了部分中介作用，所以说，组织认同和领导认同的中介作用还是非常明显的。"风险承担"组织价值观对贡献行为和支持行为是一种显著的负相关关系，加入组织认同变量后，风险承担价值观念不再直接影响员工的贡献行为和支持行为，而是通过组织认同产生影响。组织认同和领导认同在组织价值观和员工行为中间起到了中介作用，那么，并购完成后，并购方要想推行自己的价值观，从而使之为目标公司员工所接受，进而影响员工的行为绩效，必须与员工并购后的认同结合起来才能产生好的效果，不注重组织认同的培养，企业文化的作用就会大打折扣。

中介作用模型的分析结果表明，虽然组织价值观、组织认同和领导认同都会影响员工的行为，但是作用机制是不同的。与组织价值观相比，组织认同和领导认同对员工行为的影响可能更直接，因为组织价值观是组织层面所推崇和倡导的，但能不能转化为员工个体的价值观很重要，而组织认同和领导认同是发生这种转化的前提，只有形成了对并购后组织和新领导的认同，那么这种转化才可能顺利完成。因此，并购完成以后，作为并购方来说，推行组织价值观一定要结合员工认同的培育，没有认同的形成，组织价值观对员工行为的影响就会打折扣。组织价值观除了直接对员工的行为产生影响外，还会通过组织认同或领导认同发挥作用，并购发生后要塑造组织价值观，需要结合员工认同的培育，组织价值观的作用才会更加明显。

并购后员工行为的形成机制不同于一般组织员工行为的形成机制，处于稳定环境的组织中，领导认同对员工行为的影响可能会强于组织认同和团队认同，但是，在并购发生后，组织认同的作用要强于领导认同，主要原因在于领导在新组织的时间比较短，而且通常是以"占领者"身份出现的，因此，并购后领导认同的作用受到了限制。Becker（1992）比较了主管承诺和组织承诺对员工工作绩效影响方面的差异，结果发现，主管承诺与员工绩效的相关系数为 0.16，而组织承诺与员工绩效的相关系数只有 0.07，说明主管承诺对员工的绩效影响更大。另外，他们还专门研究了主管承诺中认同主管维度与工作绩效的关系，结果显示，认同主管与工作绩效的相关系数为 0.14。Chen（2001）的实证结果表明，中国社会员工的主管承诺对工作满意度和留职意图的影响，都要大于组织认同对它们的影响。[1]本书的结果显示，员工对领导的认同对员工行为的影响远不如组织认同，特别是体现在对贡献行为的影响上，组织认同对员工的贡献行为有积极的影响，然而领导认同对贡献行为却不起作用，也就是说，对于领导的认同，不能够引起员工对整个组织的高度关注，不能诱发员工的主动行为，显然这是在并购时期的一种特殊规律，与一般的组织不同，说明并购后的领导认同不是靠长期的领导影响力形成的，员工只是凭借对领导的短期了解形成的认同，这种认同的作用是受到限制的。得出这样的实证结果可能是由于测量的是高层领导而不是直接主管，不过一定程度上也说明，并购后的员工行为与一般组织中的员工行为影响机制是不同的。在这里组织承诺、主管承诺与本书使用的组织认同、领导认同有一定的相似性，其内在作用机制相同。不一样的是主管承诺可能对员工的影响更直接一些，而对高层领导的认同对员工的影响可能更间接一些。

在没有得到目标企业员工广泛组织认同和领导认同的前提下，如果强行并购，不仅难以达到并购目的，有可能还会产生严重的后果。

在上汽并购双龙汽车案例中。双龙汽车曾经是韩国的第四大汽车生产商，主要生产豪华轿车和 SUV，有着先进的汽车生产技术，年生产能力为 18 万辆，在韩国的市场占有率超过了 10%。上汽是中国四大汽车集团之一，与德国大众、美国通用合作，生产一系列畅销产品，也是 A 股市场规模最大的汽车公司。两家公司并购可以说是强强合作，对于双龙汽车来说，规

---

[1] 转引自周明建和宝贡敏（2005）。

模巨大且增长速度极快的中国市场将为其带来广阔的市场前景。一个具有技术优势，一个具有市场优势，看起来是一个双赢的并购。但是，后来的情况并没有按照上汽管理者设想的那样进行。因为韩国工人对自己企业的认同相当高，对于韩国的工人、管理人员来说，过去的双龙汽车，不仅意味着节节上涨的工资，更意味着化屈辱为力量、独立奋斗、改变命运的成就，在这种背景下，赢得韩国员工认同非常重要。2004年10月，上汽并购双龙汽车之初，韩方原管理层就提出了开展"新开始、新思路、一条心"运动计划，期待中韩双方通力协作，以促进企业的进步，很多韩国员工开始学习中文，期待在新的企业中有良好的发展。上汽也早在并购前就开始熟悉韩国文化，以求双方能够良好合作。但是，2005年3月，由于上汽向双龙派驻的部分高管较为年轻并且缺乏国际经验，引起了注重资历的韩方管理层的不满，双龙汽车员工的平均工龄是12年，他们对双龙汽车的感情是非常深厚的，而且韩国是非常讲究资历的。2005年1月，作为双龙汽车最大控股股东的上汽在双龙汽车召开的董事会上，向双龙汽车派出4位高管董事，和原来双龙汽车的社长苏镇琯一起管理双龙。4名董事中，除了1人58岁外，平均年龄只有44岁，最年轻的才37岁，显然很难让韩国工人服气，更谈不上认同了。2005年11月，上汽为加强对双龙汽车的控制，撤掉原双龙汽车总裁苏镇琯，此举引发工人的情绪波动。苏镇琯是双龙汽车辉煌时期的领导者，也亲自促成了双龙汽车与上汽的并购，但上汽入驻刚一年，就以经营不善为由辞退了苏镇琯，这让很多韩籍老员工扼腕叹息、心情复杂。2006年5月，由于韩国国内市场萎缩、政府结束对柴油汽车的补贴等原因，双龙汽车面临经营危机，7月10日，上汽向工会发送公文，提出裁减生产工人728人、管理层204人（裁员比例为13%）的裁员计划，最终导致韩方员工的抵触。接手仅仅一年半，上汽就以一个现代企业管理者的姿态，试图大刀阔斧地减员增效，外资大股东的这种强势主张，令双龙汽车老员工产生本能的抵制，而这种情绪正好为工会所用，上汽无意中透露的"控权者的姿态"，引起了韩国员工的抵制。

　　实际上，并购初期，在上汽的精心管理下，双龙汽车取得了不错的业绩。2006年通过整顿长期散乱的生产秩序，建立精益生产体系，实施"全面振兴计划"进行质量控制，当年主营业务实现了盈利。2007年，在克服了韩国政府取消柴油车补贴政策的不利影响下，进一步整体扭亏为盈。2008年金融危机爆发后，双龙汽车资金链断裂。2009年2月6日，当韩国首尔法院正式对外宣布"批准双龙汽车依据韩国相关法律的规定进入企业回生程序"，法院提名的两位韩国法定管理人走马上任，失去控制权的上汽撤回其派驻的所有中国员工。财务数据显示,截至 2008 年 11 月 30 日,上汽拥有双龙汽车 18.51 亿元的权益。即使上汽按 18.51 亿元权益的 60%~70%计提减值损失,损失也在 10 亿元以上。

由此可见,文化差异引起了员工对高管团队的不认同,导致冲突加剧,最终并购以失败而告终。造成这种不认同的原因或是文化差异,或是并购方不恰当的措施,但都激发了目标企业员工的反感心理,更加强化了对原有企业的认同感,从心底里不接受这个外来企业。

第二节 个体指向价值观是组织价值观培育的重点

组织价值观是影响员工认同的重要前因变量,但是由于组织价值观对于员工认同的影响有差异,并购完成后组织文化的建设要分轻重缓急,应该着力倡导对员工认同影响大的组织价值观,一般来说,在并购发生初期,"个体指向"的价值观比"组织指向"的价值观对员工认同感的影响更强,并购完成后,管理者应该对这类价值观重点加以关注,如果不加区分全面推进组织文化建设,不仅花费大量的人力、物力和时间,效果也不一定明显。

根据表 5.3 的实证分析,九种组织价值观中,只有尊重员工、伦理道德、结果导向、风险承担和社会责任五种价值观与组织认同有显著相关关系;尊重员工、结果导向、风险承担与领导认同有显著相关关系,这些价值观都属于本书定义的"个体指向"的价值观。关注细节、团队导向、容忍冲突、革新性组织价值观与组织认同和领导认同在统计上均未达到显著水平。

分析这些组织价值观的特性可以发现,对认同有影响的价值观,大部分属于"个体指向"的价值观,如尊重员工、风险承担、结果导向等,它们直接关系着员工的自身利益,组织倡导这类价值观的目的是改变对待员工的方式。对认同影响较小的价值观,如革新性、关注细节、团队导向、容忍冲突等,大部分属于"组织指向"的价值观,目的是塑造一种符合管理者理念的工作氛围,培育一种与并购组织文化匹配的环境文化,与员工的个人利益没有直接的关系。

之所以"个体指向"的组织价值观对认同的影响比较大,而"组织指向"的价值观对认同影响较小,是因为认同是个体对于组织成员感、归属感的认知过程,是一种将自己真正融入组织的心理感知。"组织指向"的价值观，目的是让员工适应组织的文化，使其行为、理念与组织的要求相匹配，而与个体本身的利益关系不大，这种价值观一般短期内很难影响员工对领导者或者对组织本身的认同感。相反，尊重员工、风险承担和结果导向等价值观，直接关系着员工的切身利益，因此容易对组织认同或领导认同产生正向或者负向的影响。并购发生初期，组织处于不稳定中，影响员工个人利益的不确定因素增多，人们对于与自身利益相关性较小的组织价值观不是非常在意，相反，对于组织是否关注自己、业绩如何考核以及工作面临的不确定性有多大等十分关心，因此，相应的组织价值观就会受到重视。如果组织倡导的价值观与员工的预期相符合，就会促进员工对组织和领导的认同感。如果组织倡导的价值观与员工的预期相违背，就很难让被并购方的员工对新的组织和新的领导产生认同感。

这个实证结果为并购后的组织文化建设明确了方向。组织需要推行的价值观有好多种，但是不能齐头并进，要分轻重缓急，应该重点关注"重要而且迫切"的"个体指向"组织价值观，努力使这些价值观与员工的期望相吻合，从而提高员工的认同感，这样，组织文化建设可以起到事半功倍的效果，是组织短期内打开并购局面的捷径。相比"个体指向"的组织价值观来说，"组织指向"价值观属于"重要但不迫切"，对于这些价值观的培育可以逐步展开。所以，并购完成后的组织文化建设，可以分阶段、分层次推进，如果不加区分全面进行组织文化建设，就会耗费大量的人力、物力和时间，而且效果不一定明显。

一个具有强文化的组织，能够为员工提供价值观念、行为规范方面的引导，也就为成员的组织认同提供了核心的内容。在强文化环境里，员工对组织、对领导容易产生认同感，员工的价值观与组织的价值观产生高度一致，从而能够自觉地、自发地去贯彻组织的宗旨和目标，这样，组织文化才能够真正落到实处，而不是仅仅挂在墙上，停留在口号中，高认同带来高的执行力，即组织文化影响着组织认同，强组织文化带来高的组织认同。同样，组织认同对于组织文化的传播起着积极作用，只有通过组织认同才能实现组织文化的个体转化，只有转化成员工的认同，组织文化才得以广泛而深入地传播（魏钧，2008）。

组织价值观能否对组织成员的认同产生影响，关键在于组织成员对组织价值观的感知。当他们认可组织提倡的价值观，能够心甘情愿地践行这种价值观的时候，组织价值观才能够发挥作用，事实上，只有主观上愿意接受的组织价值观才会对组织成员的行为产生影响，否则只是组织的一厢情愿。并购发生之前，员工已经接受了原来组织的价值观，而当并购发生后，新组织所提倡的价值观与原来的价值观未必一致，甚至可能是相反的。比如，对于创新问题的态度，有的组织可能强调执行，强调服从，因为组织性质决定了执行和服从是组织效率的关键，而有的组织非常强调创新，因为创新是这类组织生存的关键。当不同文化的组织合并时，价值观上的差异就会给组织成员带来价值观冲击，如果没有明显的文化优势，这种价值观差异越大，可能带来的不认同感越强。当然，由于员工内心有自己最认可的价值观，或者说一些价值观是人们所普遍期望的，那么，当新的组织文化比原来的组织文化更符合人们内心价值观的时候，就会得到组织成员的拥护，从而产生认同。

在组织平静的发展阶段，组织认同问题常常不会被人们意识到，尽管人们可能共享着某种隐含的显著区别于其他组织的特性，具有共同的认知（Ashforth and Mael，1996）。但是，一旦组织遇到外在威胁，或者组织发展的延续性终止的时候，如并购发生时，人们才会意识到这种认同的存在（Dutton et al.，1994）。根据社会认知理论的观点，组织成员为了提高自己所在群体的相对地位，一般都偏爱自己群体内的成员，而对群体外的成员持否定态度。当感觉到有外部威胁（如有人要接管自己的公司）的时候，群体内就会存在一些"我们对他们"的想法。当并购发生的时候，被并购组织的成员就会产生这种心理，从而增加凝聚力，导致并购有可能被终止，娃哈哈拒绝法国达能公司的收购，就是由于娃哈哈公司员工的这种对外群体的强烈否定心理，最后上万名员工联名抵制并购，支持他们的董事长宗庆后，表现出极强的凝聚力。另外，收购方有可能有一种优越感，有一种"占领"的感觉，他们认为目标公司的员工天然地就是他们的下级。如果不考虑目标公司组织文化的特点，强行推广自己的组织文化，仇视、憎恨和厌恶的情绪就会蔓延，目标公司的员工很难形成对新组织和新领导的认同。

并购发生后，两种不同性质的组织文化被人为地组合在一个组织中，不同组织文化主体强调的行为规则不尽相同，当两种组织文化都很强势且有比较大的差异的时候，就会在同一个组织中形成"二元组织文化"。这种二元组织文化的存在，使员工的价值观念受到冲击，一面是新组织倡导的价值准则，另一面是同事中已经形成的做事原则，这样，要想让全体成员在短时期内形成共同的企业信念和准则就比较困难。一旦一个组织没有统一的信念和准则，员工的行为就很难形成合力。二元组织文化的存在，形成了企业事实上的两套信念和行为准则，必然导致员工无法共同遵守原来的规章制度，造成企业的内耗增加，治理成本上升，治理效率下降；严重的话还会导致组织的无序行为、混乱行为，甚至导致并购失败，上汽并购双龙汽车的失败，原因就是严重的二元文化冲突。

前面实证分析的结果表明，"个体指向"的组织价值观对员工的认同有显著影响，而"组织指向"的价值观对认同的影响不太显著。因为认同是个体对于组织成员感、归属感的认知过程，是一种将自己真正融入组织的心理感知。"组织指向"的价值观，目的是让员工适应组织的文化，使其行为、理念与组织的要求相匹配，而与个体本身的利益关系不大，这种价值观一般短期内很难影响员工对领导者或者对组织本身的认同感，相反，尊重员工、风险承担和结果导向等"个体指向"的价值观，直接关系员工的切身利益，因此容易对组织认同或领导认同产生正向或者负向的影响。根据这个特点，并购完成后组织文化的建设要分轻重缓急，重点建设"个体指向"的组织价值观，提高员工的认同感，这是在短时间内收到文化建设效果的保证。如果不加区分全面推进组织文化建设，需花费大量的人力、物力和时间，而且效果不一定明显。

"组织指向"的价值观，往往忽略对人的关注，管理过程中强调数字化、程序化、制度化，这样会使被并购组织的员工感到新公司过于严格、缺乏灵活性、不讲情面、重视预算超过重视控制等，难免会引起误解和矛盾。浙江传化在并购天松公司的时候，天松公司濒临倒闭，公司管理上存在严重问题，货款回不来，报销手续不规范，工作过程松松垮垮，尽管有市场形势很好的产品，经营却难以为继。浙江传化并购该公司后，为了彻底改变过去天松公司松散的工作状况，开展了以规范管理为核心的内部改革，从严肃整顿工作纪律入手，严格制定财务制度，严格明确采购、销售流程和工作规范，当然，并不是所有的员工都习惯这种由松散向严格管理的转变，那些松散惯了的员工感到很不适应。最初，一些旧体制下的既得利益者带有明显的抵触情绪，普通的员工因为工作强度加大而牢骚满腹，但由于浙江传化属于强势收购，大家都不敢明着抵制，不过，并购似乎遇到了困难，许多工作开展都不顺利。针对这种情况，公司迅速跟进其他的措施，特别是表现出对员工的关爱，如给员工过生日，探望生病员工，高管人员定期与普通员工沟通，平等对待每一位员工，构建完整的职业培训计划等，天松公司的员工很快发现，现在的天松公司才是一家真正的现代企业，做事讲究规矩，关心员工的发展，注重员工的福利，高层领导责任心强，真正把天松公司当作自己的事业，在这样的公司工作，尽管劳动强度大，但看到了前途，看到了希望，以前的做法虽然自由，但企业做不好，员工的利益从何谈起，企业怎么可能做到可持续发展呢？调查中发现，并购仅仅一年多的时间，很多员工完全转变过来观念，他们认为，这样的企业才有前途，只有规范管理公司才可以长久，以前的做法虽然自由，但员工的利益得不到保证，现在天松公司员工的积极性很高，很少有越轨行为发生，说明这种做法已经深入人心，员工对公司的认同和对四名浙江传化派遣高管的认同都达到了相当高的程度。可见，并购初期，贯彻落实好了员工"个体指向"的组织价值观，就可以促进组织认同和领导认同的形成。

组织价值观对员工行为有着重要的影响，但作用程度不同，与价值观在认同中的作用一样，"个体指向"价值观对员工行为的影响要远远大于"组织指向"价值观，管理者同样要关注"个体指向"价值观在影响员工行为中的作用。

根据表 5.4 的实证结果可知，在与贡献行为有显著相关关系的组织价值观中，尊重员工、伦理道德和风险承担是关系最为密切的组织价值观，尊重员工和风险承担是典型的"个体指向"价值观，而伦理道德虽然归属为"组织指向"，但由于与员工的切身利益相关，因而具有相关关系。革新性、关注细节、团队导向、容忍冲突等"组织指向"非常明显的价值观与贡献行为则不存在显著的相关关系。在对留职倾向的影响方面，尊重员工、风险承担和社会责任对留职倾向有显著的影响，这三个组织价值观都是"个体指向"的价值观，革新性、关注细节、团队导向、容忍冲突、伦理道德等"组织指向"的价值观与员工的留职倾向不存在显著的相关关系。在对支持行为的影响方面，实证分析的结果表明，对支持行为有显著影响的组织价值观是风险承担和团队导向，风险承担属于"个体指向"价值观，与支持行为是负向相关关系，团队导向属于"组织指向"价值观，对于员工的支持行为有积极的影响。在对越轨行为的影响方面，所有价值观中，只有关注细节与越轨行为有显著的负相关关系，说明在约束人的行为方面，旨在塑造环境氛围、制度规范的"组织指向"价值观作用更加明显一些，而"个体指向"价值观的塑造不会导致员工越轨行为的增加或者减少。

根据组织价值观对员工认同和行为影响的实证分析结果，可以得出结论，总体来看，并购发生后，那些与员工个人利益、自身发展密切相关的"个体指向"性质的价值观，对员工行为影响非常明显，应该重点塑造此类价值观。那些偏重组织规范塑造的"组织指向"价值观在并购发生后对于员工认同和行为的影响都相对较小，尽管也很重要，但并不是并购后迫切需要建设的企业文化，这与孙健敏和姜铠丰（2009）的研究结论一致,他们认为在中国文化中,如果领导表现出对员工需要的关心,给员工提供资源和支持,鼓励员工克服困难去完成目标,那么,员工就会认为领导关心他们并相信他们的能力,愿意为这样的领导死心塌地、赴汤蹈火,并能够建立起更积极的自我概念。相反,如果得不到应有的尊重,就会对原来的自我概念产生怀疑并改变对组织的看法。所以,并购完成后,一定要尊重员工的权利,坚持以人为本的治理理念,在工作中调动员工的积极性,决策中积极征求员工的意见和建议。对员工一视同仁,平等地对待原来组织和被并购组织的员工,不能让员工产生不公平感。要关注员工的职业发展,让员工看到在并购后组织中的职业发展前景。此外,还要给员工稳定感,不能轻易裁员,管理岗位人员更换需特别慎重,不适宜大面积更换管理者,否则会引起管理层的恐慌,进而波及普通员工层面。这些都事关员工的切身利益,直接影响着员工的认同,也就决定了员工的工作表现。

关注细节的领导往往做事严格、规范。如果组织是由于管理混乱而导致被并购的话,那么,新组织推行强硬、细致的改革措施就会赢得广大员工的拥护。华药集团在冀中能源进入之前,管理混乱,广大干部职工看在眼里,痛在心上,工作积极性受到极大压抑。为此,新的领导机构成立后,马上祭出"五条禁令":①华药集团公司执行层高管人员一律不得在下属子分公司兼职,所兼现任职务自然解除,并报冀中能源党委备案;集团公司所有管理人员一律不得擅自在本单位以外的各类公司和法人实体兼职,或充当实际控制人,违反者一经发现,就地免职。要坚决制止乱办公司、乱兼职、私自参股及交叉持股等侵蚀、损害国有资本权益的有害行为,全面清理不良产股权责任主体,切实增强国有资本的控制力、影响力和带动力。②华药集团公司所属单位的一切对外营销业务,实行集中统筹管理,一个出口,一致对外,切实维护"华药"这一民族工业著名品牌的国际声誉,严禁企业内部多头对外,相互倾轧,恶意竞争,自毁形象,违反者一经发现,就地免职。③所有原料和大宗物资采购,一律通过比质比价或招标采购实行厂家直供,严禁通过中间商进货,违反者一经发现,就地免职。④华药集团所属单位生产的上游产品,能沿下游产业链自行消化的,一律不得擅自外销,原料销售必须经过严格审批,严把出口,违反者一经发现,就地免职。⑤严格实行资金账户的集中统一管理,严禁私设小金库、搞账外账和体外循环,违反者一经发现,就地免职。

"五条禁令"是华药集团严肃的组织纪律和工作纪律,冀中能源、华药集团的纪律检查委员会共同组成联合督查组,协调有关部门制定严格执行"五条禁令"的具体办法，进行专项督查。违反"五条禁令"，除就地免职外，还要严肃追究相应的领导责任，对涉嫌违法犯罪的要移送司法机关处理，绝不姑息袒护。"五条禁令"的颁布和实施，一下子让华药人看到了希望，将员工的心紧紧联系在了一起。许多员工纷纷在"百度贴吧"等平台表达了激动的心情。

可见，对于一个曾经陷入管理困境的公司，并购完成后如果并购方实施严格、规范的控制，试图彻底扭转原来的被动局面，那么，即使各种手段都非常严格也会赢得被并购方员工的认可。当然，如果是因为战略并购，并不是由于原来公司管理出现了问题而实施的并购，并购方如果急于改变固有的制度和规定可能会适得其反，所以一定要具体问题具体分析。

第三节 组织认同比领导认同的培育更加重要

组织所处的环境不同，员工行为的形成机制就会有所差异。处于常态化环境的组织中，组织认同和领导认同都会影响组织成员的行为，由于环境是稳定的，人们对组织的概念可能不是非常强烈，这个时候领导的作用就会很强。李旭培等（2011）研究过组织认同对公务员组织公民行为的影响，发现在不同的上级信任水平上，组织认同的作用是不一样的。公务员对上级领导的信任水平（与本书研究的领导认同比较接近）较高的时候，组织认同对公务员帮助他人、谏言等组织公民行为有显著的正向作用，而当公务员对上级领导的信任程度比较低的时候，组织认同对公务员的这些组织公民行为影响不显著，这表明公务员对领导的认同更为重要。所以他们认为，尽管通过培养员工的组织认同感和上级信任感都有助于让员工表现出更多的组织公民行为，但是相对于组织认同来说，上级信任感的作用更为重要，它制约着组织认同作用的发挥。Chen（2001）的实证结果也表明，员工的主管承诺对工作满意度和留职意图的影响，都要大于组织承诺对它们的影响，也就是说，一般企业中，领导认同的作用是大于组织认同的。在另外一项研究中，Chen等（2002）比较了员工组织承诺和主管承诺对其工作绩效和组织公民行为的不同影响，发现控制了人口统计变量和主管承诺后，组织承诺对工作绩效和组织公民行为都没有显著影响，而控制了人口统计变量和组织承诺后，主管承诺对员工组织公民行为和工作绩效的影响都显著。在这里组织承诺、主管承诺与本书使用的组织认同、领导认同有一定的相似性，其内在作用机制相同，也就是说，常态组织中，领导认同对员工行为的作用通常超过了组织认同。因此说，对于一般性组织来说，领导认同对员工行为的影响大都会强于组织认同，领导认同的培育尤为关键。从原理上看，一般来说，组织认同和领导认同的主体认同对象不一样，可以说有着本质的差别，领导认同的对象是具有性格、能力、心理差异的鲜活的个体，同员工在日常的工作乃至生活中都有着密切的联系，更接近员工，与员工有着频繁的互动关系，因而领导认同产生的是实实在在存在的影响。组织认同的对象则是距离员工比较远的，而且是概念化的，是需要具体的形象或者事物来代表的，因此两者给员工带来的情感是不同的。但是，根据第五章的实证分析结果，在完成并购后的组织中，情况就不同了，组织认同的作用要强于领导认同。表 5.5 的研究结果显示，在并购组织中，组织认同对贡献行为有显著影响作用，但领导认同对贡献行为没有显著影响。组织认同对支持行为的影响也明显强于领导认同，组织认同对支持行为的影响系数为 0.306，显著性水平为 0.001，而领导认同对支持行为的影响系数为 0.077，显著性水平为 0.1，说明组织认同对支持行为的预测力更强。这个研究结果说明，并购后员工行为的形成机制不同于一般常态组织员工行为的形成机制。并购组织中，领导认同对员工行为的影响远不如组织认同，特别是体现在对贡献行为的影响上，组织认同对员工的贡献行为有积极的影响，然而领导认同对贡献行为却不起作用，也就是说，对于领导的认同，不能够诱发员工的主动行为，显然这是在并购时期的一种特殊规律，与一般的组织不同，说明并购后的领导认同不是靠长期的领导影响力形成的，这种领导认同的作用非常有限。

并购实施后，高层领导赢得员工的认同很关键，因为一旦员工不认同新来的高层领导，就会出现很多消极行为。不过，与领导认同相比，更重要的还是组织认同。领导认同可以带来一定的支持行为，也可以减少越轨行为，但是要真正激发出员工的贡献行为，还是需要组织认同发挥作用。只有培育出员工对组织的认同，才会有员工的大力支持和额外的贡献行为。对于并购方来说，并购发生后，需要通过一些措施塑造领导的形象，使领导得到员工的认可，以便顺利地开展工作，但是塑造员工的组织认同更为重要。高层领导需要特别关注能够带来员工组织认同的价值观的培育，同时加强对并购后组织发展前景的宣传，让员工充分认识到并购带来的好处，消除员工对并购的误解，使其对组织的未来充满期望和信心，从而提高员工的组织认同水平。在不认可并购方组织的情况下，派过去的高管无论怎么优秀都很难得到员工的认同，如果高管的表现不好，必然会引起员工的反感，在吉利集团并购沃尔沃的过程中，吉利集团董事长李书福欧洲之行，与沃尔沃管理层、工会会员的坦诚相待，很快就赢得了沃尔沃员工的心，他们非常欣赏这位来自东方的创业者，他们的认同为并购协议的签署奠定了基础，似乎前景一片向好。然而，只有领导认同还不能真正得到对方的肯定。就在2010年3月28日收购协议签署媒体见面会上，李书福表示："沃尔沃跟奔驰、宝马比起来规模还是不够的，但是它的研发投入我猜测跟奔驰、宝马是差不多的，所以它形成了大量的知识产权，形成了大量的技术。由于相对规模比较小，所以每一辆车的成本比较高，因此就亏钱，所以我们要想办法把它这些技术成分发挥，把这些产品扩大销量。只有把规模扩大了，每一辆车所摊的成本才能下降，利润才会出现。"事实其实正如李书福分析的那样，沃尔沃拥有品牌、技术和知识产权优势，吉利集团拥有大规模制造的优势，双方具有明显的互补性，吉利集团所具备的成本控制优势是赋能沃尔沃的最佳选择，可以说吉利集团已经做好了充分的合作准备，这也是解决沃尔沃问题的有效途径。然而，这个想法却受到沃尔沃董事会的阻拦，态度最坚决的恰恰是李书福任命的新公司的首席执行官雅各布，他坚持认为吉利集团与沃尔沃没有协同基础。为了让对方充分了解吉利集团，李书福积极策划了"高管中国行"项目，邀请每一位董事来中国实地考察，让他们仔细了解吉利集团的产品和技术体系。吉利集团展示出超强的成本控制能力和市场感知能力，打动了沃尔沃董事会，2011年11月，"沃尔沃-吉利对话与合作委员会"宣告成立，双方真正开始步入技术协同阶段。由此可见，没有对并购方组织的认同，仅有领导认同是不够的。

  韦尔奇在回答《21世纪》记者提问的关于并购后如何留住员工的问题时曾经说道，"如果这些员工足够优秀，或者我们认为他们是可造之才，我们会给他们安排适合的工作。原因在于，如果你并购了我的企业，你不给我一份好的工作，我会疯掉的。通常情况下，我们都会在各个工作职位上安排最合适的人，我们并购获得的人才，有很多最后都成为本公司一些部门的管理层"。在这里，最关键的一点是韦尔奇强调说，给他们一份好工作，认可他们的才能，不要让他们觉得在为我工作，意思是说，让并购组织的员工感觉到他对组织的重要性，是为组织工作，而不是为老板打工。在并购活动中，真正影响被并购方员工认同的是并购企业，对企业组织的认同高于一切，没有组织认同，领导认同的培养很难形成。

第四节 谨慎推行结果导向的组织价值观

结果导向的组织价值观在对员工认同方面有着特殊的作用，对员工的组织认同有积极作用，但是对员工领导认同的作用却是反向的，说明推广结果导向的价值观对于组织层面的认同有好处，但不利于对领导者个人的认同。表 5.3 实证结果显示，结果导向与员工的组织认同有着显著的正向相关关系（标准化路径系数为 $\beta=0.092$，$P<0.1$）；结果导向与员工的领导认同有着显著的负向相关关系（标准化路径系数为 $\beta=-0.286$，$P<0.1$）。同样是认同，结果导向对它们的作用方向却不一致。

从组织层面来讲，结果导向比过程导向对于组织绩效的提升更有效果，虽然对个人而言，结果导向比过程导向可能更令人痛苦些，但是员工能够理解，这种考核制度有利于组织的长远发展，最终有利于个人利益。其实，员工希望有一个多劳多得的激励制度，获得好的业绩就能够得到相应的报酬，而不是只重视资历，死气沉沉，按部就班的绩效考核、激励体系，这种激励制度能够调动员工的积极性，能够起到奖勤罚懒的作用，对于绝大多数员工来说，都会拥护这种价值观念，所以结果导向价值观对员工的组织认同会产生正向的作用。

不过，如果让员工感受到领导对业绩过于看重，就会出现相反的效果，因为结果导向与员工的领导认同呈显著负向相关关系，所以，领导者不能过度表现出"以成败论英雄"来，应该采用巧妙的方式推动绩效考核办法的改革，使提升绩效成为内在的、组织的行为要求，特别是对于那些并购之前不是采取结果导向考核政策的组织，更要注意推行的艺术性，否则可能导致员工的不认同，原因可能是过度强调结果导向，会让员工产生不安全感，或者是反感，从而对领导产生不认同。

TCL 并购法国的阿尔卡特和汤姆逊曾经轰动一时，然而最终都以失败告终，其中一个原因在于文化冲突比较严重，以考核为例。TCL 文化的一大特色是诸侯分权。TCL 创始人李东生向来习惯于分权，他看重业绩，不大过问各子公司的管理细节，这种分权文化造就了 TCL 昔日的繁荣。并购后的 TCL 试图推行与业绩高度挂钩的考核体系，鼓励员工承担风险，获得高收益，同样沿用了这种方法，在薪酬方面采用"底薪加提成"的方式，业绩上升奖励，做不好则换人。这一点让汤姆逊的员工很不适应，汤姆逊的工资水平比较稳定，以销售业务为例，薪酬水平比较稳定，与销售额关系并不密切。TCL 一直强调艰苦奋斗、先苦后甜、要求 24 小时待命，而汤姆逊的员工注重生活品质，重视闲暇时间，认为该工作就工作，该休息就休息，下班后手机就关了，也没有主动加班的习惯。李东生有一次在周五的时候赶到法国，准备周六召开董事局会议，但等他赶到法国后，连一个董事会的法方人员都找不到，手机也全部关机，因为在法国人的文化中周末就是休息的日子，工作则永远不能打扰私生活。事实上，法国员工，本来就对 TCL 不服气，对并购后组织的前景根本不看好，也就是没有组织认同感，对中方管理者那种不分工作日和双休日的工作作风更是不赞成，很难对领导形成认同感，结果法国方面的员工纷纷跳槽。所以说，在没有员工认同的情况下，盲目推行一些价值观，必然会反向影响员工的行为。

在汤姆逊这样的公司推行以业绩为主的结果导向文化，其结果必然是引起被并购方员工的不满，导致忠诚度下降和离职率的上升，因为在 TCL，只有业绩好、干劲足的人才会受重视。在 TCL 开会，业绩好的部门代表坐在前面，业绩不好的部门代表自动地坐在后排。一些具有企业家精神、敢于冒险、业绩好的 TCL 管理人员被派往汤姆逊高管位置，而汤姆逊原来的高管可能因为不符合 TCL 高管的用人标准而被下调。汤姆逊的员工认为 TCL 指派的大量"内部企业家"独断专横，因此带着明显的 TCL 文化特征的新领导层无法在法国员工面前树立权威。

同样的问题出在 TCL 并购阿尔卡特上，TCL 在并购后的公司中沿用自己的薪酬模式，低底薪加高提成，薪酬水平与业绩挂钩，卖得少或卖不出产品是相当危险的事情，而阿尔卡特则采取行业中等水平的稳定薪酬，卖多卖少和业绩联系不大。在并购的过程中，TCL 在薪酬方面没有充分考虑阿尔卡特员工的接受能力，所以从并购的第一天起，在新公司的办公室里就弥漫着不安全感，同事们对 TCL 文化很难认同，懈怠情绪像病毒般在复制，他们怀念以前的阿尔卡特，归属感急速下降。TCL 派来了一批管理者，他们的到来在法方员工看来更像是异物的入侵，导致公司很多职位被调整，当管理者们按 TCL 的方式发号施令的时候，被动了"奶酪"的员工选择了离开，许多业务骨干则"集体出走"市场人员多数也走了，销售人员离职超过一半，研发人员也纷纷选择离开，高层经理甚至一线市场、销售部门经理相继离职，大批原阿尔卡特员工对并购选择了用脚投票。2004 年 9 月并购后的公司开始运营，但到了年底原阿尔卡特员工基本上都离职了。

由此可见，业绩导向、结果导向在并购初期，特别是在非业绩导向的文化中，推行业绩为主的考核要非常慎重，总体来讲，多劳多得对于组织的发展是有利的，而且也会赢得多数员工的赞同，但是推行这些价值观的方式一定要巧妙，不能让员工产生严重的不稳定感，更不能伤害到员工的感情，否则他们就容易对派来的领导者不认同，而领导认同与员工消极行为是密切相关的，很容易产生破坏行为、离职行为等，TCL 的案例应该引以为戒。

第五节　尊重员工是最重要的企业文化建设任务

尊重员工价值观的推行，能在短期内消除员工的"被并购"心理，从而获得组织认同、领导认同。所以说尊重员工是并购方迅速打开局面，赢得"民心"的关键。对于普通员工来讲，尽管可能对原来的组织存在感情，但是如果谁能够给他们带来更多的利益，能够给予更多的尊重，就会带来更多的积极行为。

表 5.3 和表 5.4 实证结果显示，在九种组织价值观中，尊重员工无论是对员工的认同还是行为，影响都非常大。尊重员工与组织认同、领导认同都有显著相关关系（标准化路径系数分别为 $\beta=0.116$，$P<0.1$；$\beta=0.187$，$P<0.01$）；尊重员工与贡献行为和留职倾向都有显著的正向相关关系（标准化路径系数分别为 $\beta=0.151$，$P<0.001$；$\beta=0.279$，$P<0.001$）。可见，尊重员工作为前因变量，除了对越轨行为和支持行为的影响不显著外，对其他所有的中介变量和结果变量都有非常显著的作用，说明尊重员工的作用很强大，对于员工的认同和行为都有非常显著的作用。这个研究结果与 Shore 和 Tetrick（1991）的研究结论一致，他们认为，员工如果认为自己受到公司的良好对待，作为交换，就会表现出有利于公司的行为，这种回报心理或者交换的意识，会影响到员工对公司的态度，并反映在工作态度或行为上。以人为本的组织文化以尊重组织成员的利益、价值观为特点，有利于组织成员个体的发展，比较容易被绝大部分的组织成员所认同。并购后，并购方政策的透明度高低、对被收购公司的控制程度高低以及在跨文化整合过程中是否授予自主权，都会影响员工对企业的信任程度，从而令员工感受到被尊重（Sachsenmaier and Guo，2019）。

组织价值观能否对组织成员的认同、行为等产生影响，关键在于组织成员能否发自内心地接受组织价值观。当他们认可组织提倡的价值观，并且能够心甘情愿地践行这种价值观的时候，组织价值观才能够发挥作用。

事实上，只有能感受到的组织价值观才会对组织成员的行为产生影响。尊重员工价值观之所以对员工的影响比较大，主要是因为这种价值观倡导以人为本，关心员工的个人发展，平等对待每个人，培养他们的主人翁意识，这样的价值观最容易影响员工。被其他组织并购，或多或少会对员工的心理产生一定的负面影响，如何能够在短时间内消除员工心理问题，赢得员工的支持，对于并购后组织的良好运行非常关键。所以说，并购发生后，无论推行何种组织文化，倡导何种组织价值观，尊重员工都是至关重要的，是并购方迅速消除员工的"被并购"心理、赢得"民心"的关键。实实在在地尊重员工，是并购方快速打开局面，赢得广大员工支持的最关键的组织价值观。TCL并购汤姆逊是个非常失败的案例，"不尊重"体现在方方面面，如并购完成后，公司把英语和汉语作为官方语言。而不是法语和汉语，公司可能考虑自己英语沟通方便一些，毕竟会法语的人数寥寥，但忽略了法国的文化，因为历史的原因，法国人是非常排斥英语的，这样的规定明显伤害了汤姆逊员工的自尊心，没有给予对方必要的尊重。同时，派自己公司的管理人员到汤姆逊担任主要管理岗位。这样做传递出来的强烈信号是汤姆逊的管理不行。再加上强行推广自己的管理模式、营销模式、销售模式等，引起汤姆逊员工的强烈不满，纷纷离职。中联重科在并购意大利赛法（CIFA，Compagnia Italiana Forme Acciaio）过程中，也是强调双方是"一个家庭"、两个品牌，双方的并购不是购买而是合作，不是一个企业并购另一个企业，而是在共同的愿景下，建立共同的利益体，实现共同的发展。并购中坚持了三条原则，保持CIFA公司管理队伍和员工队伍的稳定，维持其独立经营，两家企业共享全球市场资源。这样的并购，中方公司放低了自己的身段，维护了对方职工的切身利益，不以征服者的身份去"改造"对方，从心理上维护了对方的自尊，"尊重对方"成为并购文化整合的主基调。相反，明基电通股份有限公司并购德国西门子手机时，签订合同说不裁员、不减薪，但仅一年就亏损8亿欧元，并购已被证明失败，被迫裁员1900人，最初的承诺没有得到遵守，引起员工的大量不满，明基把自己的管理团队安排到西门子各部门，表现出强烈的不信任，制造了紧张气氛。

华药集团由于经营不善，被冀中能源并购。新董事长上任后，首先宣布为每位员工每月增加400元的工资（几个月后又增加了600元），而过去普通员工每个月的工资只有几百元，工资还经常被拖欠，并购后不仅工资不再拖欠，收入也翻了一倍多。不仅为员工增加工资，还从改善福利方面下功夫。华药集团曾经是亚洲最大的制药企业，计划经济时期非常辉煌，逢年过节都会发好多福利，然而，伴随着企业的不景气，10多年都没有发过东西了。冀中能源的领导利用双节的机会，一下子把员工丢失10多年的热情点燃了。"企业发展要全心全意地依靠职工，更要真心实意地惠及职工，干部心里要时时刻刻地装着职工，各级领导要尽心尽力地服务职工"，这是公司董事长在2009年8月16日并购后第一次华药集团改革发展千人誓师动员大会上的郑重承诺。并购完成后马上面临着中秋节和国庆节，这是冀中能源重组华药集团后迎来的第一个双节。从9月份开始，冀中能源就将"及早着手华药职工的双节福利，确保华药每个职工都能过上一个欢乐、祥和的节日"纳入了工作议程，让华药集团职工真切地感受到冀中能源这个大家庭的和谐与温暖。从9月13日开始，冀中能源就把印有"企业发展，员工幸福，共创、共享、共荣"标志的节日福利运往了华药集团。两万名在册的华药职工都能领到20斤食用油、50斤米、50斤面和一盒月饼，那几天，在发放现场，到处洋溢着节日的欢乐气氛，激动的员工们在"华药"百度贴吧里留下了这样的肺腑之言。

"似乎又回到了华药当年的辉煌时期。米、面、油我们当然需要，但我们更需要的是领导的关怀和惦记。通过这次福利发放，我们知道领导心里有我们这些职工。跟着这样的领导，我们感受到了温暖，看到了希望，为了企业发展，就是再苦再累，也值，心里痛快！"

尊重员工，不仅使董事长在很短的时间内赢得了认同，而且也使员工对新华药充满了期望，自然而然，并购前不曾有的贡献行为、支持行为急速增加。"涨钱了！涨钱了！奥奇德职工'热情高涨'了！因为换高效过滤器连续上班60小时，回家睡上四五个小时接着来上班了！"[①]这是摘自"华药"百度贴吧的帖子，帖子题名为：奥奇德职工"热情高涨"。这种行为的爆发得益于对董事长、对组织的高度认同。岗位描述中并没有规定他们这样加班，这样自发地加班并不一定能够得到公司的正式奖励，即使他们在家多睡几个小时，也不会受到惩罚。但是，这种行为的出现，有利于组织目标的完成——保证公司进度。一个组织中，角色外行为越多，组织目标越容易达成。当所有的部门，所有的员工都在自觉地、自发地履行角色外行为的时候，员工的价值观就会出现高度统一，部门之间、员工之间的和谐就会产生。角色外行为就像"润滑剂"，能最大限度地减少部门之间、员工之间的摩擦，提高组织的绩效。

---

① 文中员工的话语引自"华药"百度贴吧，2009年9月13日。

第六节 研究局限与展望

跨国公司并购中的文化冲突更为激烈，以跨国公司为研究对象，将国家文化、组织文化一并纳入到研究模型中，能够更好地解释由文化差异带来的认同问题。在国内的并购中，没有民族文化的影响，可能出现的结果是即使组织文化差异比较大，但是容易沟通，容易取得认同，而在跨国并购的企业中，即使组织文化差异不大，但是由于民族文化的影响，沟通起来难度大，不易形成组织认同。所以，民族文化差异可能会在组织文化差异与认同之间起调节作用，进一步研究可以选择外资企业并购民族企业，或者民族企业并购外资企业，可以比较民族文化差异和组织文化差异在并购过程中各自发挥的作用。如果能够将民族文化差异对员工的影响纳入研究范围，对于揭示跨国并购企业中民族文化、组织文化共同的作用机制更有价值。

本书主要采用便利抽样法进行样本的选择，虽然研究中注意到了样本选择的代表性问题，但总体来看，本书的研究样本代表性还不够全面，无论是在并购类型的选择，还是地区样本的选择上，还存在差距。在并购类型方面，没有涉及上下游企业的合并样本；在地区样本的选择上，发达地区的研究样本较少，另外，文化距离差别比较大的企业间并购也比较少，如南北方企业之间的并购，东西方企业之间的并购等。特别是有些并购发生后文化冲突非常明显的组织，我们在试图进行调查的时候，受到各种因素影响，没有能够实施调查，可能对于研究结果的代表性带来影响，这一点有待改善。进一步研究中可以选择文化冲突激烈的企业，如联通并购网通等，也可以选择一些具有明显文化优势的企业并购弱势企业作为研究样本，如沃尔玛并购好又多等，因为具有文化优势的组织价值观很容易被员工接受，与文化优势势均力敌的组织之间并购相比，对员工认同的影响肯定有其特殊性，值得进一步研究。也可以选择一些由于员工抵制并购没有能够实施的案例进行研究，如达能并购娃哈哈等。另外，研究样本如果选择非常典型的民营企业，如吉利集团，则研究结果可能会有新的发现。

并购问题一直是经济领域的热点话题，也是理论界关注的焦点问题之一，学者们分别从战略、财务、市场等领域对此进行了探索，自 20 世纪 90 年代以来，文化差异成研究并购问题的新视角，不过多数学者是从组织文化类型差异角度研究的，我们从组织价值观差异感知角度，分析了并购给员工带来的认同和行为方面的影响,是对并购问题研究的有益尝试,也得出了一些值得关注的结论,但是,仍然存在一些研究局限,以及未来研究中需要进一步解决的理论问题。

调查过程中我们采用的是自我报告式的态度测量方法,这种方法可以使研究人员在人力、物力、财力和时间条件受到限制的情况下尽可能多地获得研究资料,并且能够通过科学的方法和抽样过程来保证假设检验结果的可靠性(Creswell,2008;杨国枢等,2006)。虽然调研过程中,笔者通过多种针对性的设计以降低社会称许性带来的负面影响,但社会科学中很难完全消除这样的干扰,特别是对于并购问题的调查,社会称许性的干扰更是难以消除。因为无论是对于组织,还是员工,并购都是一个敏感的话题,填答问卷时存在种种顾虑,可能不愿意表露自己的真实想法。以后的研究可以采用多种研究方法进行交互检验,相互印证,比如他人报告和自我报告,实验研究和态度测量等,这样得出的研究结论可以更加可靠,能够更好地解释内在的规律性。

虽然我们在选择样本的时候考虑到了文化冲突最容易表现的阶段,调查样本基本上都是在并购后的相对较短时间内,这样可以较好地测量出文化冲突对员工思想、行为的影响。不过,这样采集的数据毕竟是横截面数据,虽然在一定程度上也能够反映出组织价值观差异导致的并购后认同问题,但尚不能很好地反映出员工认同的变化过程,如果采用纵向的时序跟踪研究,就能够较好地解决这一问题,了解员工认同在并购前后发展演化的规律,后续研究可以采用时序跟踪方法,进一步挖掘并购过程中由于文化差异导致的认同问题,进而认识员工各种行为产生的原因,通过掌握员工认同发展演变的轨迹,能够更好地预测员工行为,从而使组织更加从容地应对变革,有针对性地开展人力资源管理工作。

参考文献

宝贡敏, 徐碧祥. 2006. 组织认同理论研究述评[J]. 外国经济与管理, 28（1）: 39-45.

曹花蕊, 崔勋. 2007. 领导风格对员工组织承诺的影响研究[J]. 山西财经大学学报, 29（9）: 74-79.

陈传明, 张敏. 2005. 企业文化的刚性特征: 分析与测度[J]. 管理世界, 6: 191-106.

陈春花, 郭燕贞. 2010. 横向并购背景下的文化整合模式研究[J]. 科技管理研究, 30（3）: 179-181, 174.

迪尔 T, 肯尼迪 A. 2008. 企业文化: 企业生活中的礼仪与仪式[M]. 李原和孙健敏, 译. 北京: 中国人民大学出版社.

樊耘, 余宝琦, 杨照鹏. 2007. 基于激励性与公平性特征的企业文化模式研究[J]. 科研管理, 28（1）: 110-117.

范征. 2000. 并购企业文化整合的过程、类型与方法[J]. 中国软科学,（8）: 91-95.

范徵, 杜娟, 王凤华, 等. 2014. 国际跨文化管理研究学术影响力分析: 基于 Web of Science 十年的数据分析[J]. 管理世界,（7）: 182-183.

冯梅, 郑紫夫. 2016. 中国企业海外并购绩效影响因素的实证研究[J]. 宏观经济研究,（1）: 93-100.

何立, 凌文辁. 2008. 企业不同类型组织文化对员工组织认同与工作投入的影响作用研究[J]. 科学学与科学技术管理, 29（10）: 139-143.

侯杰泰, 温忠麟, 成子娟. 2004. 结构方程模型及其应用[M]. 北京: 教育科学出版社: 15-17.

黄芳铭. 2005. 结构方程模式: 理论与应用[M]. 北京: 中国税务出版社.

黄速建, 令狐谙. 2003. 并购后整合: 企业并购成败的关键因素[J]. 经济管理, 25（15）: 6-13.

黄义良. 2013. 中国企业跨国并购文化整合研究[D]. 杭州: 浙江大学.

霍尔. 2010. 无声的语言[M]. 何道宽, 译. 北京: 北京大学出版社.

霍夫斯泰德 G, 霍夫斯泰德 G J, 迈克尔·明科夫. 2019. 文化与组织: 心理软件的力量[M]. 3 版. 北京: 电子工业出版社: 60-130.

李旭培, 王桢, 时勘. 2011. 组织认同对公务员组织公民行为的影响: 上级信任感的调节作用[J]. 软科学, 25（8）: 82-85, 95.

李艳华. 2008. 企业社会责任表现对员工组织行为的影响研究[J]. 当代经济管理, 30（8）: 67-69.

李永鑫, 张娜, 申继亮. 2007. Mael 组织认同问卷的修订及其与教师情感承诺的关系[J]. 教育学报, 3（6）: 29-33.

李霞. 沃尔玛收购好又多[EB/OL].（2007-02-28）[2023-07-04]. https://news.sina.com.cn/o/

2007- 02-28/033011301423s.shtml.
林季红, 刘莹. 2013. 中国企业海外并购绩效研究：以并购整合为视角[J]. 厦门大学学报（哲学社会科学版），（6）：115-124.
刘璐, 杨蕙馨, 崔恺媛. 2019. 文化距离、母公司能力与跨国并购绩效：基于中国上市公司跨国并购样本的实证研究[J]. 山东大学学报（哲学社会科学版），（4）：55-64.
马庆国. 2002. 管理统计：数据获取、统计原理、SPSS 工具与应用研究[M]. 北京：科学出版社：42-320.
孟凡臣, 谷洲洋. 2021. 并购整合、社会资本与知识转移：基于吉利并购沃尔沃的案例研究[J]. 管理学刊，34（5）：24-40.
倪中新, 花静云, 武凯文. 2014. 我国企业的"走出去"战略成功吗？——中国企业跨国并购绩效的测度及其影响因素的实证研究[J]. 国际贸易问题，（8）：156-166.
彭玉树, 林家五, 郭玉方. 2004. 并购公司命名决策公平和组织认同之研究[J]. 人力资源管理学报，4（1）：49-70.
赛卡瑞安. 2005. 企业研究方法[M]. 祝道松，林家五，译. 北京：清华大学出版社：218.
孙健敏, 姜铠丰. 2009. 中国背景下组织认同的结构：一项探索性研究[J]. 社会学研究，24（1）：184-216.
唐炎钊, 王子哲, 王校培. 2008. 跨国并购文化整合的一个分析框架：论我国企业跨国并购的文化整合[J]. 经济管理，30（10）：24-29.
田海峰, 黄祎, 孙广生. 2015. 影响企业跨国并购绩效的制度因素分析：基于2000—2012年中国上市企业数据的研究[J]. 世界经济研究，（6）：111-118, 129.
汪洁. 2009. 团队任务冲突对团队任务绩效的影响机理研究：从团队交互记忆与任务反思中介作用视角的分析[D]. 杭州：浙江大学.
王明辉, 彭翠, 方俐洛. 2009. 心理契约研究的新视角：理念型心理契约研究综述[J]. 外国经济与管理，31（3）：53-59.
王千马, 梁冬梅. 2017. 新制造时代：李书福与吉利、沃尔沃的超级制造[M]. 北京：中信出版社：175-178.
王淑娟, 孙华鹏, 崔淼, 等. 2015. 一种跨国并购渗透式文化整合路径：双案例研究[J]. 南开管理评论，18（4）：47-59.
王先辉, 段锦云, 田晓明, 等. 2010. 员工创造性：概念、形成机制及总结展望[J]. 心理科学进展，18（5）：760-768.
王彦斌. 2004. 管理中的组织认同-理论构建及对转型期中国国有企业的实证分析[M]. 北京：人民出版社：270-284.
王自亮. 2011. 风云纪：吉利收购沃尔沃全记录[M]. 北京：红旗出版社.
王自亮. 2021. 吉利传：一部"不可能史"[M]. 北京：红旗出版社.
魏江, 刘洋. 2020. 李书福：守正出奇[M]. 北京：机械工业出版社.
魏钧. 2008. 组织契合与认同研究：中国传统文化对现代组织的影响[M]. 北京：北京大学出版社.
魏启林. 1993. 掌握企业并购的最适策略[M]. 台北：远流出版事业股份有限公司：98.
温忠麟, 张雷, 侯杰泰, 等. 2004.中介效应检验程序及其应用[J]. 心理学报，36（5）：614-620.

徐金发, 郗河. 2009.企业社会责任对企业软实力的提升机制:以华立集团为例[J]. 经济管理, (2): 133-138.

徐玮伶, 郑伯壎. 2003. 组织认定与企业伦理效益[J]. 应用心理研究, 20: 115-138.

杨国枢, 文崇一, 吴聪贤, 等. 2006. 社会及行为科学研究方法(上册)[M]. 重庆: 重庆大学出版社: 23-24.

叶桂珍. 1995. 道德伦理观与组织承诺、工作满意度、及离职意向之关系研究[J]. 中山管理评论, 3(3): 15-29.

于海瀛, 董沛武. 2019. 跨国并购企业文化整合情景演化与系统仿真研究[J]. 商业研究, (8): 100-109.

张莹瑞, 佐斌. 2006. 社会认同理论及其发展[J]. 心理科学进展, 14(3): 475-480.

赵卓嘉. 2009. 团队内部人际冲突、面子对团队创造力的影响研究[D]. 杭州: 浙江大学.

周浩, 龙立荣. 2004. 共同方法偏差的统计检验与控制方法[J]. 心理科学进展, 12(6): 942-950.

周明建. 2005. 组织、主管支持, 员工情感承诺与工作产出: 基于员工"利益交换观"与"利益共同体观"的比较研究[D]. 杭州: 浙江大学.

周明建, 宝贡敏. 2005. 主管承诺理论研究述评[J]. 心理科学进展, 13(3): 356-365.

Albinger H S, Freeman S J. 2000. Corporate social performance and attractiveness as an employer to different job seeking populations[J]. Journal of Business Ethics, 28(3): 243-253.

Ashforth B E, Mael F. 1989. Social identity theory and the organization[J]. Academy of Management Review, 14(1): 20-39.

Ashforth B E, Mael F A. 1996. Organizational identity and strategy as a context for the individual[J]. Strategic Management, 13: 19-64.

Barge J K, Schlueter D W. 1988. A critical evaluation of organizational commitment and identification[J]. Management Communication Quarterly, 2(1): 116-133.

Barker J R, Tompkins P K. 1994. Identification in the self-managing organization characteristics of target and tenure[J]. Human Communication Research, 21(2): 223-240.

Baron R M, Kenny D A. 1986. The moderator-mediator variable distinction in social psychological research: conceptual, strategic, and statistical considerations[J]. Journal of Personality and Social Psychology, 51(6): 1173-1182.

Bartels J, Douwes R, de Jong M, et al. 2006. Organizational identification during a merger: determinants of employees' expected identification with the new organization[J]. British Journal of Management, 17(S1): S49-S67.

Bass B M. 1995. Theory of transformational leadership redux[J]. The Leadership Quarterly, 6(4): 463-478.

Becker T E. 1992. Foci and bases of commitment: are they distinctions worth making?[J]. Academy of Management Journal, 35(1): 232-244.

Belcher T, Nail L. 2000. Integration problems and turnaround strategies in a cross-border merger a clinical examination of the Pharmacia-Upjohn merger[J]. International Review

of Financial Analysis, 9 (2): 219-234.
Bellou V. 2008. Exploring civic virtue and turnover intention during organizational changes[J]. Journal of Business Research, 61 (7): 778-789.
Bennett R J, Robinson S L. 2000. Development of a measure of workplace deviance[J]. Journal of Applied Psychology, 85 (3): 349-360.
Blader S L, Tyler T R. 2009. Testing and extending the group engagement model: linkages between social identity, procedural justice, economic outcomes, and extrarole behavior[J]. Journal of Applied Psychology, 94 (2): 445-464.
Berry J W. 1980 Acculturation as varieties of adaptation[M]//Padilla A. Acculturation: Theory, Models, and Some New Findings. Boulder: Westview: 9-25.
Boxx W R, Odom R Y, Dunn M G. 1991. Organizational values and value congruency and their impact on satisfaction, commitment, and cohesion: an empirical examination within the public sector[J]. Public Personnel Management, 20 (2): 195-205.
Bullis C, Bach B W. 1991. An explication and test of communication network content and multiplexity as predictors of organizational identification[J]. Western Journal of Speech Communication, 55 (2): 180-197.
Buono A F, Bowditch J L, Lewis J W. 1985. When cultures collide: the anatomy of a merger[J]. Human Relations, 38 (5): 477-500.
Carmeli A, Gilat G, Waldman D A. 2007. The role of perceived organizational performance in organizational identification, adjustment and job performance[J]. Journal of Management Studies, 44 (6): 972-992.
Cartwright S, Cooper C L. 1993. The role of culture compatibility in successful organizational marriage[J]. Academy of Management Perspectives, 7 (2): 57-70.
Cartwright S, Schoenberg R. 2006. Thirty years of mergers and acquisitions research: recent advances and future opportunities[J]. British Journal of Management, 17 (S1): S1-S5.
Chatman J A. 1989. Improving interactional organizational research: a model of person-organization fit[J]. Academy of Management Review, 14 (3): 333-349.
Chatman J A. 1991. Matching people and organizations: selection and socialization in public accounting firms[J]. Administrative Science Quarterly, 36 (3): 459.
Chen L Y. 2002. An examination of the relationship between leadership behavior and organizational commitment at steel companies[J]. Journal of Applied Management and Entrepreneurship, 2: 122-142.
Chen Z X. 2001. Further investigation of the outcomes of loyalty to supervisor[J]. Journal of Managerial Psychology, 16 (8): 650-660.
Chen Z X, Tsui A S, Farh J L. 2002. Loyalty to supervisor vs. organizition commitment: relationships to employee performance in China[J]. Journal of Occupational and Organization Psychology, 75: 339-356.
Cheney G. 1983. The rhetoric of identification and the study of organizational communication[J]. Quarterly Journal of Speech, 69 (2): 143-158.
Cheney G, Tompkins P K. 1987. Coming to terms with organizational identification and

commitment[J]. Central States Speech Journal, 38（1）: 1-15.

Cole M S, Bruch H. 2006. Organizational identity strength, identification, and commitment and their relationships to turnover intention: does organizational hierarchy matter?[J]. Journal of Organizational Behavior, 27（5）: 585-605.

Connaughton S L, Daly J A. 2004. Identification with leader[J]. Corporate Communications: an International Journal, 9（2）: 89-103.

Creswell J W. 2008. Research Design: Qualitative, Quantitative, and Mixed Methods Approaches[M]. Thousand Oaks: Sage.

Dalal R S. 2005. A meta-analysis of the relationship between organizational citizenship behavior and counterproductive work behavior[J]. Journal of Applied Psychology, 90（6）: 1241-1255.

Datta D K. 1991. Organizational fit and acquisition performance: effects of post-acquisition integration[J]. Strategic Management Journal, 12（4）: 281-297.

Denison D R. 1996. What is the difference between organizational culture and organizational climate? a native's point of view on a decade of paradigm wars[J]. The Academy of Management Review, 21（3）: 619.

Denison D R, Mishra A K. 1995. Toward a theory of organizational culture and effectiveness[J]. Organization Science, 6（2）: 204-223.

Doll W J, Xia W D, Torkzadeh G. 1994. A confirmatory factor analysis of the end-user computing satisfaction instrument[J]. MIS Quarterly, 18（4）: 453.

Dukerich J M, Golden B R, Shortell S M. 2002. Beauty is in the eye of the beholder: the impact of organizational identification, identity, and image on the cooperative behaviors of physicians[J]. Administrative Science Quarterly, 47（3）: 507-533.

Dutton J E, Dukerich J M. 1991. Keeping an eye on the mirror: image and identity in organizational adaptation[J]. Academy of Management Journal, 34（3）: 517-554.

Dutton J E, Dukerich J M, Harquail C V. 1994. Organizational images and member identification[J]. Administrative Science Quarterly, 39（2）: 239.

Ellemers N, Kortekaas P, Ouwerkerk J W. 1999. Self-categorisation, commitment to the group and group self-esteem as related but distinct aspects of social identity[J]. European Journal of Social Psychology, 29（2/3）: 371-389.

Farrell D. 1983. Exit, voice, loyalty, and neglect as responses to job dissatisfaction: a multidimensional scaling study[J]. Academy of Management Journal, 26（4）: 596-607.

George E, Chattopadhyay P. 2005. One foot in each camp: the dual identification of contract workers[J]. Administrative Science Quarterly, 50（1）: 68-99.

Glaser S R, Zamanou S, Hacker K. 1987. Measuring and interpreting organizational culture[J]. Management Communication Quarterly, 1（2）: 173-198.

Greenhalgh L, Rosenblatt Z. 1984. Job insecurity: toward conceptual clarity[J]. Academy of Management Review, 9（3）: 438-448.

Griffeth R W, Hom P W, Gaertner S. 2000. A meta-analysis of antecedents and correlates of employee turnover: update, moderator tests, and research implications for the next millennium[J]. Journal of Management, 26(3): 463-488.

Gruys M L, Sackett P R. 2003. Investigating the dimensionality of counterproductive work behavior[J]. International Journal of Selection and Assessment, 11(1): 30-42.

Hall E T. 1976. Beyond Culture[M]. New York: Doubleday.

Hatch M J, Schultz M. 1997. Relations between organizational culture, identity and image[J]. European Journal of Marketing, 31(5): 356-365.

Herrbach O. 2006. A matter of feeling? The affective tone of organizational commitment and identification[J]. Journal of Organizational Behavior, 27(5): 629-643.

Hofstede G. 1980. Culture's Consequences: Comparing Values, Behaviours, Institutions, and Organizations Across Nations[M]. Thousand Oaks: Sage.

Hofstede G. 1984.Cultures Consequences: International Differences in Work-Related Values[M]. Beverly Hills: SAGE: 20-175.

Hofstede G. 1985. The interaction between national and organizational value systems[J]. Journal of Management Studies, 22(4): 347-357.

Hofstede G. 1991. Culture and Organizations: Software of the Mind[M]. New York: McGraw-Hill: 1-27.

Hofstede G. 1993. Cultural constraints in management theories[J]. Academy of Management Perspectives, 7(1): 81-94.

Hofstede G, Bond M H. 1988. The confucius connection: from cultural roots to economic growth[J]. Organization Dynamics, 16(4): 5-21.

Hofstede G, Neuijen B, Ohayv D D, et al. 1990. Measuring organizational cultures: a qualitative and quantitative study across twenty cases[J]. Administrative Science Quarterly, 35(2): 286.

Hogg M A, Terry D I. 2000. Social identity and self-categorization processes in organizational contexts[J]. Academy of Management Review, 25(1): 121-140.

Hogg M A, Terry D J, White K M. 1995. A tale of two theories: a critical comparison of identity theory with social identity theory[J]. Social Psychology Quarterly, 58(4): 255.

King D R, Dalton D R, Daily C M, et al. 2004. Meta-analyses of post-acquisition performance: indications of unidentified moderators[J]. Strategic Management Journal, 25(2): 187-200.

Kristof A L. 1996. Person-organization fit: an integrative review of its conceptualizations, measurement, and implications[J]. Personnel Psychology, 49(1): 1-49.

Lin C Y Y, Wei Y C. 2006. The role of business ethics in merger and acquisition success: an empirical study[J]. Journal of Business Ethics, 69(1): 95-109.

Lipponen J, Olkkonen M E, Moilanen M. 2004. Perceived procedural justice and employee responses to an organizational merger[J]. European Journal of Work and Organizational Psychology, 13(3): 391-413.

Lodorfos G, Boateng A. 2006.The role of culture in the merger and acquisition process: evidence from the European chemical industry[J]. Management Decision, 44(10): 1405-1421.

Mael F A, Ashforth B E. 1995. Loyal from day one: biodata, organizational identification, and turnover among newcomers[J]. Personnel Psychology, 48 (2): 309-333.

Mael F A, Tetrick L E. 1992. Identifying organizational identification[J]. Educational and Psychological Measurement, 52 (4): 813-824.

Marcus B, Schuler H. 2004. Antecedents of counterproductive behavior at work: a general perspective[J]. Journal of Applied Psychology, 89 (4): 647-660.

Martinko M J, Gundlach M J, Douglas S C. 2002. Toward an integrative theory of counterproductive workplace behavior: a causal reasoning perspective[J]. International Journal of Selection and Assessment, 10 (1/2): 36-50.

Meyer J P, Stanley D J, Herscovitch L, et al. 2002. Affective, continuance, and normative commitment to the organization: a meta-analysis of antecedents, correlates, and consequences[J]. Journal of Vocational Behavior, 61 (1): 20-52.

Mignonac K, Herrbach O, Guerrero S. 2006. The interactive effects of perceived external prestige and need for organizational identification on turnover intentions[J]. Journal of Vocational Behavior, 69 (3): 477-493.

Mobley W H, Horner S O, Hollingsworth A T. 1978. An evaluation of precursors of hospital employee turnover[J]. The Journal of Applied Psychology, 63 (4): 408-414.

Nahavandi A, Malekzadeh A R. 1988. Acculturation in mergers and acquisitions[J]. Academy of Management Review, 13 (1): 79-90.

Ogbonna E, Harris L C. 2002. Managing organisational culture: insights from the hospitality industry[J]. Human Resource Management Journal, 12 (1): 33-53.

O'Reilly C A, Chatman J. 1986. Organizational commitment and psychological attachment: the effects of compliance, identification, and internalization on prosocial behavior[J]. Journal of Applied Psychology, 71 (3): 492-499.

O'Reilly C A, Chatman J, Caldwell D F. 1991. People and organizational culture: a profile comparison approach to assessing person-organization fit[J]. Academy of Management Journal, 34 (3): 487-516.

Organ D W, Konovsky M. 1989. Cognitive versus affective determinants of organizational citizenship behavior[J]. Journal of Applied Psychology, 74 (1): 157-164.

Organ D W, Ryan K A. 1995. A meta-analytic review of attitudinal and dispositional predictors of organizitional citizenship behavior[J]. Personal Psychology, 48: 775-802.

Organ D W. 1997. Organizational citizenship behavior: it's construct cleanup time[J]. Human Performance, 10: 85-97.

Palmer G, Parry J, Webb M. 2005. Small unions and mergers: evidence from two case studies[J]. Employee Relations, 27: 340-353.

Patterson M, Warr P, West M. 2004. Organizational climate and company productivity: the role of employee affect and employee level[J]. Journal of Occupational and Organizational Psychology, 77 (2): 193-216.

Paulhus D L. 1984. Two-component models of socially desirable responding[J]. Journal of Personality and Social Psychology, 46 (3): 598-609.

Peterson D K. 2004. The relationship between perceptions of corporate citizenship and organizational commitment[J]. Business & Society, 43（3）: 296-319.

Pettigrew A M. 1979. On studying organizational cultures[J]. Administrative Science Quarterly, 24（4）: 570.

Podsakoff P M, MacKenzie S B, Lee J Y, et al. 2003. Common method biases in behavioral research: a critical review of the literature and recommended remedies[J]. Journal of Applied Psychology, 88（5）: 879-903.

Podsakoff P M, MacKenzie S B, Paine J B, et al. 2000. Organizational citizenship behaviors: a critical review of the theoretical and empirical literature and suggestions for future research[J]. Journal of Management, 26（3）: 513-563.

Pratt M G, Foreman P O. 2000. Classifying managerial responses to multiple organizational identities[J]. The Academy of Management Review, 25（1）: 18.

Reade C. 2001. Antecedents of organizational identification in multinational corporations: fostering psychological attachment to the local subsidiary and the global organization[J]. The International Journal of Human Resource Management, 12（8）: 1269-1291.

Riketta M. 2005. Organizational identification: a meta-analysis[J]. Journal of Vocational Behavior, 66（2）: 358-384.

Robinson S L, Bennett R J. 1995. A typology of deviant workplace behaviors: a multidimensional scaling study[J]. Academy of Management Journal, 38（2）: 555-572.

Sachsenmaier S, Guo Y S. 2019. Building trust in cross-cultural integration: a study of Chinese mergers and acquisitions in Germany[J]. International Journal of Cross Cultural Management, 19（2）: 194-217.

Salgado J F. 2002. The big five personality dimensions and counterproductive behaviors[J]. International Journal of Selection and Assessment, 10（1/2）: 117-125.

Schein E H. 1983. The role of the founder in creating organizational culture[J]. Organizational Dynamics, 12（1）: 13-28.

Schein E H. 1990. Organizational culture[J]. American Psychologist, 45（2）: 109-119.

Schein E H. 1993. On dialogue, culture, and organizational learning[J]. Organizational Dynamics, 22（2）: 40-51.

Schein E H. 1996. Culture: the missing concept in organization studies[J]. Administrative Science Quarterly, 41（2）: 229-240.

Schrodt P. 2002. The relationship between organizational identification and organizational culture: employee perceptions of culture and identification in a retail sales organization[J]. Communication Studies, 53（2）: 189-202.

Schweiger D M, Denisi A S. 1991. Communication with employees following a merger: a longitudinal field experiment[J]. Academy of Management Journal, 34（1）: 110-135.

Scott C R, Connaughton S L, Diaz-Saenz H R, et al. 1999. The impacts of communication and multiple identifications on intent to leave[J]. Management Communication Quarterly, 12（3）: 400-435.

Shore L M, Tetrick L E, 1991. A construct validity study of the survey of perceived organizational support[J]. Journal of Applied Psychology, 76（5）: 637-643.

Singh H, Montgomery C A. 1987. Corporate acquisition strategies and economic performance[J]. Strategic Management Journal, 8（4）: 377-386.

Sluss D M, Ashforth B E. 2007. Relational identity and identification: defining ourselves through work relationships[J]. Academy of Management Review, 32（1）: 9-32.

Smidts A, Pruyn A T H, van Riel C B M. 2001. The impact of employee communication and perceived external prestige on organizational identification[J]. Academy of Management Journal, 44（5）: 1051-1062.

Spector P E. 2006. Method variance in organizational research: truth or urban legend?[J]. Organizational Research Methods, 9（2）: 221-232.

Stahl G K, Voigt A. 2008. Do cultural differences matter in mergers and acquisitions? A tentative model and examination[J]. Organization Science, 19（1）: 160-176.

Steiger J H. 1990. Structural model evaluation and modification: an interval estimation approach[J]. Multivariate Behavioral Research, 25（2）: 173-180.

Tajfel H. 1982. Social psychology of intergroup relations[J]. Annual Review of Psychology, 33: 1-39.

Tajfel H, Turner J C. 2004. The social identity theory of intergroup behavior[M]//Jost J T, Sidanius J. Political Psychology. Hove: Psychology Press: 276-293.

Teerikangas S, Very P. 2006. The culture-performance relationship in M&A: from yes/no to how[J]. British Journal of Management, 17（S1）: S31-S48.

Tepper B J, Henle C A, Lambert L S, et al. 2008. Abusive supervision and subordinates' organization deviance[J]. Journal of Applied Psychology, 93（4）: 721-732.

Turban D B, Greening D W. 1997. Corporate social performance and organizational attractiveness to prospective employees[J]. Academy of Management Journal, 40（3）: 658-672.

Turnley W H, Feldman D C. 1999. A discrepancy model of psychological contract violations[J]. Human Resource Management Review, 9（3）: 367-386.

Tuzun I K. 2007. Antecedents of turnover intention toward a service provider[J]. The Business Review, 8（2）: 128-135.

Tyler T R, Blader S L. 2001. Identity and cooperative behavior in groups[J]. Group Processes & Intergroup Relations, 4（3）: 207-226.

Valentine S, Barnett T. 2002. Ethics codes and sales professionals' perceptions of their organizations' ethical values[J]. Journal of Business Ethics, 40（3）: 191-200.

van Dick R. 2001. Identification in organizational contexts: linking theory and research from social and organizational psychology[J]. International Journal of Management Reviews, 3（4）: 265-283.

van Dick R, Wagner U, Lemmer G. 2004. Research note: the winds of change: multiple identifications in the case of organizational mergers[J]. European Journal of Work and Organizational Psychology, 13（2）: 121-138.

van Dick R, Wagner U, Stellmacher J, et al. 2004. The utinity of a broader conceptualization of organizational identification: which aspects really matter?[J]. Journal of Occuptional and Organizational Psychology, 77: 171-191.

van Knippenberg D, Sleebos E. 2006. Organizational identification versus organizational commitment: self-definition, social exchange, and job attitudes[J]. Journal of Organizational Behavior, 27 (5): 571-584.

van Knippenberg D, van Schie E C M. 2000. Foci and correlates of organizational identification[J]. Journal of Occupational and Organizational Psychology, 73 (2): 137-147.

Vora D, Kostova T, Roth K. 2005. Antecedents of dual organizational identification among mnc subsidiary managers: an empirical test[J]. Academy of Management Proceedings, 2005 (1): U1-U6.

Weber R A, Camerer C F. 2003. Cultural conflict and merger failure: an experimental approach[J]. Management Science, 49 (4): 400-415.

Weber Y. 1996. Corporate cultural fit and performance in mergers and acquisitions[J]. Human Relations, 49 (9): 1181-1202.

附录　调查问卷

您好，我们是浙江大学管理学院课题组，在做"并购后的员工行为"调查，感谢您在百忙中参与！我们郑重承诺：问卷用于学术研究，以匿名方式进行，您的回答会受到严格保密！

第一部分　组织价值观

以下短句描述了公司的价值观，请您比较原来公司与现在公司，哪个更重视该价值观（请打√）	原来公司明显符合	原来公司相对符合	两者相差不多	现在公司相对符合	现在公司明显符合
1-1　鼓励员工创新					
1-2　鼓励员工积极进取					
1-3　及时把握发展机会					
1-4　重视适应环境变化					
1-5　循规蹈矩					
1-6　追求与众不同					
1-7　做事精细					
1-8　关注细节					
1-9　强调理性分析					
1-10　"工作规范"详细					
1-11　严格控制					
1-12　不受规则限制					
1-13　以成败论英雄					
1-14　干多干少一个样					
1-15　业绩好就会受到表扬					
1-16　绩效期望高					
1-17　重资历甚过业绩					
1-18　多劳多得					
1-19　小心谨慎					

续表

以下短句描述了公司的价值观，请您比较原来公司与现在公司，哪个更重视该价值观（请打√）		原来公司明显符合	原来公司相对符合	两者相差不多	现在公司相对符合	现在公司明显符合
1-20	容忍错误和失败					
1-21	做事求稳					
1-22	强调反思					
1-23	强调可预期					
1-24	不怕风险					
1-25	重视员工职业发展					
1-26	尊重个人权利					
1-27	对员工一视同仁					
1-28	以人为本					
1-29	员工自主					
1-30	工作有保障					
1-31	热心公益事业					
1-32	企业声誉好					
1-33	注重质量					
1-34	注重维护市场秩序					
1-35	注重维护社区（睦邻）关系					
1-36	对客户负责					
1-37	工作中强调个人负责					
1-38	团队利益放在第一位					
1-39	强调通过协作完成任务					
1-40	以集体奖励为主					
1-41	侧重考核团队的业绩					
1-42	大家庭精神					
1-43	注重人际和谐					
1-44	冲突尽可能少					
1-45	鼓励竞争					
1-46	追求单一文化					
1-47	敢于直面冲突					

续表

以下短句描述了公司的价值观，请您比较原来公司与现在公司，哪个更重视该价值观（请打√）		原来公司明显符合	原来公司相对符合	两者相差不多	现在公司相对符合	现在公司明显符合
1-48	鼓励达成共识					
1-49	为人正直					
1-50	谦虚美德					
1-51	诚实守信					
1-52	为人忠诚					
1-53	辈分伦理					
1-54	职业道德					

第二部分 并购后认同

请选择一个合适的答案填在后面的空格中：1 表示非常不同意，2 表示不同意，3 表示不确定，4 表示同意，5 表示非常同意。数字从 1 到 5，数字越大，表示您越赞同这句话。

2-1	听到别人批评现在公司时，我感觉就像是在批评自己一样	1 2 3 4 5
2-2	我很想了解别人是如何评价现在公司的	1 2 3 4 5
2-3	当谈到现在公司时，我会说"我们"而不是"他们"	1 2 3 4 5
2-4	现在公司的成功就代表着我自己的成功	1 2 3 4 5
2-5	听到别人称赞现在公司，我感觉就像是在称赞自己一样	1 2 3 4 5
2-6	如果发现媒体批评现在公司，我会感到不安	1 2 3 4 5
2-7	当听到别人批评公司的领导时，我感觉就像是在批评自己一样	1 2 3 4 5
2-8	我觉得说公司领导的坏话无所谓	1 2 3 4 5
2-9	我关心公司领导的声誉和前途	1 2 3 4 5
2-10	我对公司领导没有忠诚感	1 2 3 4 5
2-11	当听到别人称赞公司领导时，我感觉就像是在称赞自己一样	1 2 3 4 5
2-12	公司领导难堪时，我觉得无所谓	1 2 3 4 5

第三部分 员工行为

请选择一个合适的答案填在后面的空格中：1 表示非常不同意，2 表示不同意，3 表示不确定，4 表示同意，5 表示非常同意。数字从 1 到 5，

数字越大,表示您越赞同这句话。

3-1	我的工作业绩超过了公司要求	1 2 3 4 5
3-2	我会向公司提合理化建议	1 2 3 4 5
3-3	业余时间我会从事有益于公司的活动	1 2 3 4 5
3-4	我经常帮助公司中那些有需要的人	1 2 3 4 5
3-5	我愿意为公司的成功作积极贡献	1 2 3 4 5
3-6	我会积极支持领导的工作	1 2 3 4 5
3-7	我在工作中将遵循公司的使命	1 2 3 4 5
3-8	我在工作上能够达到公司要求的水准	1 2 3 4 5
3-9	我能够按公司要求对待客户、消费者	1 2 3 4 5
3-10	我会遵守公司的规章制度	1 2 3 4 5
3-11	我的同事经常浪费公司财物	1 2 3 4 5
3-12	我的同事经常在工作中干私活	1 2 3 4 5
3-13	我的同事会经常少干活	1 2 3 4 5
3-14	我的同事经常迟到、早退	1 2 3 4 5
3-15	我的同事会煽动别人对公司的不满情绪	1 2 3 4 5
3-16	我对现在的工作非常有感情	1 2 3 4 5
3-17	我经常想着辞职	1 2 3 4 5
3-18	继续在现在的公司工作我会很开心	1 2 3 4 5
3-19	我打算在公司长期发展	1 2 3 4 5

第四部分 基本情况

1. 您的性别:
  □男　　□女

2. 您的年龄:
  □20 岁以下　□21~25 岁　□26~30 岁　□31~35 岁　□36~40 岁　□41~45 岁　□46~50 岁　□50 岁以上

3. 您的学历:
  □高中及以下　　□专科　　□本科　　□研究生及以上

4. 您在并购前的公司工作时间：

□不满 1 年　　　□1~3 年　　　□4~6 年　　　□7~9 年　　　□10 年及以上

5. 您现在的职务：

□普通员工　　　□基层管理者　　　□中高层管理者